U0649179

特殊教育系列丛书 杨福义 主编

[美] 安·M.格林伯格 瑞吉娜·米勒 著

Ann M. Gruenberg Regina Miller

苏雪云、吴择效 译

儿童早期融合教育实用指导

A Practical Guide To
Early Childhood Inclusion : Effective Reflection

上海人民出版社

译者前言

融合不仅仅是一个理想或者理念，也是一个全世界各国都在推行的现实和实践。正如美国特殊幼儿协会下属幼儿分会(DEC)与美国幼儿教育协会(NAEYC)关于融合的共同声明里对于儿童早期融合的界定："儿童早期融合包含支持每一个婴幼儿及其家庭的权利的价值观、政策和实践，无论能力如何，他们有权利作为一个完整的家庭成员、社区成员和社会成员参与各种活动和环境。我们期望障碍儿童和无障碍儿童及其家庭的融合经验的结果包括：归属和成员感、积极的社会关系和友谊、通过发展和学习促进其全部潜能的发展。以下融合的特征也可以用于鉴别高质量的早期教育项目，即获得机会、积极参与和系统支持。"

自 20 世纪 80 年代以来，中国开始尝试让残疾儿童进入所在社区的普通小学班级就读。这一首创性实践被称为随班就读，意为"在普通班级中学习"，通常是指儿童在普通学校中接受特殊教育。大多数中国学者认为随班就读是融合教育的一种创新性的形式，它以西方国家融合教育的概念和实践为基础，但是深深植根于中国特殊教育的现实中（刘春玲，2008；Deng and Zhu，2007）。随班就读是解决中国所面临的诸如残疾儿童入学率低、城乡发展不平衡、师资短缺等特殊问题的一种方式。经过 30 年的发展，随班就读被认为是"一项成功的教育实验，一种教育性创新，一种针对中国国情的有效的教育方式"（萧白，2003，p.13）。

随班就读开展 30 多年来，取得了一定的成绩，包括促进了社会融合和残疾儿童的全面发展；改变普通教育系统的管理者和教师的知识和观念；增加义务教育阶段残疾儿童的入学率；为国家和地方政府节约了教育经费投入，但中国的随班就读已经到达一个转折点，面临着许多挑战和问题，需要改变和发展。2017 年新修订的《残疾人教育条例》中特别规定"残疾人教育应当提高教育质量，积极推进融合教育，根据残疾人的残疾类别和接受能力，采取普通教育方式或者特殊教育方式，优先采取普通教育方式。"我国的融合教育到了一个机遇和挑战并重的时代。

本书的翻译可以为我们提供一种反思的参考，因为这本书恰恰非常强调在现实和真实情境下从业者的自我反思。本书从多个维度进行了讨论和分析，包括发展适宜和个体适宜的实践、家庭/团队和沟通、评估、课程调整、游戏和社会发展、语言和读写课程调整、艺术/音乐和运动、数学和科学、专业化发展等主题。相信读者可以依据自己的背景和需要，在阅读本书的过程中通过结合我国国情和具体儿童的独特情况进行的反思，从而获得专业成长。

本书的翻译前后经历三年多时间,由苏雪云负责全书的翻译和审校,吴择效协助进行本书的格式、术语等翻译的初步审核,并参与翻译了第5章和第6章,另外感谢以下同学参与本书初稿的翻译,戴泽天(第2章)、文宇云(第3章)、朱霖丽(第4章)、王利丽(第7、8章)、李爱荷(第9、10章)。翻译是需要再创造的工作,限于译者的精力和经验,翻译中肯定存在很多不足,期待读者的回馈和批评指正。

正如本书作者写道:"融合教育是值得坚守的,还是只是一个趋势?"在我国,学前融合教育才刚刚起步,义务教育阶段的随班就读也有很多挑战。我们首先需要改变对于"残疾"的观念,障碍也取决于社会环境和物理环境的影响,儿童的特殊需要并不一定都是消极的,同时,还需要普通教育教师增加对于"融合"教育的理解和接纳;其次,我们需要建构政策、经费、师资、团队合作等各个环节的支持保障系统;然后,我们还需要在师资培养和职后培训上进行反思和改变,特别是相关服务人员的专业化发展等。

特殊儿童首先是儿童,因此尊重个体性和差异性,为每个儿童提供适当的教育,关注儿童的潜能和优势,通过教育的融合,并提供高质量的支持保障,我们的特殊儿童才拥有一个有尊严的、自立的成人生活的可能。

苏雪云
2017年春于上海

目　录

第 1 章

引言：日新月异的世界中的有效性

目标

读完本章，读者可以：

- 了解本书的结构、内容和目标；
- 理解早期教育和特殊教育如何变得越来越融合；
- 理解在美国及全球范围立法和趋势的变化如何影响障碍儿童；
- 意识到在变幻的时代保持专业性的重要性；
- 理解反思性实践是如何用来提升个体需要和实际使用的策略之间的"匹配度"。

概论

本书是有感于早期融合教育领域快速和动态的变化而写的。也是由于在早期干预领域存在的"海量变化"，早期干预项目里不同水平的专业人员和团队成员都期待能具有为障碍儿童融合提供支持的专业知识。这是一个机遇与挑战并存的时代。我们希望，通过阅读本书，可以提升你的"内在指引力"，可以在你的融合教室里为有发展挑战的儿童作出负责任的决策。

本书的目标

首要目标是在融合教室里为教师提供支持，促进他们发展调整课程的技能和策略来为障碍儿童提供有效的融合，应用反思性实践来匹配每一个儿童的发展需要，并提供相应、有效、适当的干预。本书提供了一种可以提高针对每一个儿童及其家庭独特需求的问题解决过程的工作模型。本书的设计也特别考虑要适用所有不同的安置类型，有些专业人员是在全融合的环境，而有的专业人员所在的环境需要更复杂的支持。考虑到对于融合的多种诠释,我们也非常有必要说明白一点,本书并不能提供在全融合环境里绝对有效或者魔法式的解决办法。本书希望可以提供一种问题解决的动态过程的模型,为专业人员和照料者基于他们最大的能力范围提供练习的指导,学习进行专业的决策,给予相关的信息来指导他们在日常生活中的实践。我们认为这一个过程应该是反思性的,而不是反射式的,也就是说,我们都有一些习惯会让自己在一些时候不假思索就做出一些举动,就像"自动驾驶",但当你阅读本书的时候,我们更希望你会思考你为什么这样做,以及也许还有其他的选择。当然,我们也有很多时候确实不需要反复思量就去做一件事情,而且很多时候也确实是有效的。当儿童需要环境调整的时候,我们可以转换我们的注意焦点,并准备好作出适当的调整。

我们希望读者在深入思考各种外在和内在的因素与变量时,可以获得支持,以提升他们满足每一个儿童和家庭的独特需要的能力。融合为儿童提供同伴彼此学习的自然机会,以及积极参与到高质量的早期教育环境的机会。我们把融合的准备工作当作一件持续的工作,要为每一个个体量身定制,这一过程更多的是变革,而不是简单的加法。也就是说,答案也许是在我们提供干预的方式里,而不是我们提供了多少干预(Jung,2003)。本书设计的时候考虑到如何为我们思考特定的情况的过程来提供支持。

随着融合的推进,这一范式的转换已经使得很多教师培养项目发生变化,新教师在培养阶段就已经接触更多与特殊儿童发展有关的主题和内容。但还有一些经验丰富的技能熟练的教师需要改变他们原来用了几十年的与幼儿相处的方式,对于有些人而言,这是令人畏惧的事情。有些老教师可能会觉得不舒服,有些可能会觉得焦虑、压力山大或困惑。对于教师来说,觉得准备不充分或者"超出自己的能力"。认为特殊教育教师必须是"特殊"的,这样的说法很可能无意中延续了这样的看法,即不是人人都能与有发展挑战潜能的儿童一起开展有效的教学。本书的工作模型体现了这些感受和假设,但又澄清,如果不加以重视,这些可能的误解会干扰基于实证的实践。

本书对应的年龄水平

本书主要聚焦幼儿园(preschool)和学前班(kindergarten)的年龄段的儿童,这些阶段是由学校系统或地方教育局提供服务的。我们也会把年龄段延伸到0—3岁,分析他们可能遇到的问题,在讨论3—5岁或者5—6岁的幼儿园或学前班儿童的发展需要的情境时,进行一些扩展。

独特性:本书与其他书的不同

很多书都是关注环境的特征、理论框架或课程,本书则聚焦反思的过程,在这个过程中如何作出决策来调整课程。情境、引导式的问题,以及反思的机会,为你参与积极的问题解决提供脚手架。为满足儿童的独特需要和在你所处的背景下提供相匹配的干预策略,尽可能优化匹配度是本书的核心。

反思的重要性

本书基于这样的观念：有效的融合是一个持续地思考如何克服不断出现的障碍和解决问题的过程。基于这样的信念：当我们持续意识到挑战的积极因素，我们就会保有并相信可能性的信念（Anderson, Chitwood, Hayden, & Takemoto, 2008）。反思的过程包括将那些对有用东西的直觉转化为更外显的理解，也可能包括对于物理和社会环境里各种潜在的可能影响儿童发展的因素和元素进行审视和再表达的过程。通过反思，外部因素比如组织结构和日常安排会被考虑，同时也会考虑一些人际因素，包括语音语调、音量和与每个儿童接近的距离。有时候儿童会对特定的因素或信号十分敏感，通过细致的观察和团队成员间的沟通，我们可以获得新观点，来加强我们更有效地与从事儿童工作的能力。

有效反思的一个必要前提条件是对自我和他人的优势和不足的坦陈，虽然对于情感和性格的坦诚很重要，但也需要确保情感不被评判，以及可以以无需进行反应的方式来考虑各种因素。当我们了解一个人害怕或者压力过大，反而可以扩展对某个情境的感受，进而变得少一些害怕或减少压力。创设并保持一个双方可以相互支持的区域，双方愿意分享面对幼儿及其家庭相关的复杂问题的挑战，会产生持续的积极影响。减少防范，增加信任是很有帮助的。坦诚的反思包括感受，也包括考虑尽可能多元的变量，还包括思考多种可能性和假设，特别是要一起努力来寻找适合每一个孩子的有效策略。本书的反思的操作性定义就包括上述所有的要素。

最后，本书是基于深刻的乐观主义，相信家庭和团队有能力可以一起提升在不同的融合情境下障碍幼儿的教育体验。我们的乐观不是基于对遇到的困难和挑战的程度的否认，相反，是基于对现有的融合现状中的成功范例的经验和证据：融合是可能的（Diener, 2005；Grisham-Brown, Hemmeter, & Pretti-Frontczak, 2005；Pretti-Frontczak & Bricker, 2005）。

本书结构

读者通过阅读本书，将有机会获得运用多种反思过程来促进有效性。相关的理论专家的参考文献会被列出，但本书的首要目的不是介绍概念框架和现状特征，而是在你与幼儿及其家庭一起工作时，将本书作为一种引导你反思性实践的结构。我们希望你把本书当作实践性和启发性的资源，你会依据本书为幼儿创造高质量的融合教室。

因为读者可能会具有不同的背景知识和经验，本书的结构设计便于获取信息，比如法律按照时间发展排列。如果你已经很熟悉这类信息，简短的综述就够了，如果这些对你而言是新信息，资源的每一部分可能会让你获得更全面的理解。你会发现一些背景知识被放在专栏里，以"你知道吗……?"的形式呈现，如果你已经上过特殊教育基础或者特殊教育评估的课程，你可能就不需要花太多时间在这些信息上。但是如果你不熟悉，本书的结构会很便于你获取信息。因此，作为读者，你可以基于自己的入门水平来决定本书的开卷方式。

章节主题

发展性适宜和个别化适宜的实践

反思性实践支持动态的问题解决过程,可以提高专业人员的创造力,并保持为儿童的发展需要提供匹配的策略的能力。我们呈现了运用对不同变量的反思来促进与幼儿互动的实例。建构主义的方法,经过长期验证,并被推荐应用于典型发展儿童的实践,也适用于在融合环境内的特殊儿童(Copple & Bredekamp,2009;Hyson,2003,2008;Sandall,Hemmeter,Smith,& Mclean,2005)。其理论观点包括维果斯基(1978)、加德纳(2000)、布朗芬布伦纳(1979)都可以应用于在融合环境内接受特殊教育服务的儿童。熟悉这些概念,包括最近发展区、脚手架、多元智力和生态系统,将为我们提供反思的框架,专业人员可以从中寻找方法,来调整和调节以适应自己的幼儿。举例而言,有时候,一个幼儿如果需要额外的帮助,我们可以靠近他坐,但有时候,我们坐后面一些,反而可以为幼儿提供在自然环境内与他的同伴进行更多独立互动的机会,他可以学习沟通和促进社会性发展。

同时性的互动,就像"舞蹈",充满惊喜,即使是对于那些典型发展的儿童来说。很多时候,在自然情境下,这种互动都是随着"随机学习"自然地发生,不需要教导。教师有时候会自然调节他们的行动,而无需意识到他们是在进行调整。这种自觉式的敏感是很棒的。但是,有时候如果有一些外显的意识,知道什么是有效的,就可以重复并有意识地开展相关的内容(Copple & Bredekamp,2009;Epstein,2007)。我们时常把这种完全的便利称为"学习的通用设计"(McGuire-Schwartz & Arndt,2007)。变化包括在课程活动中嵌入策略来满足有发展差异的儿童的需要(Grisham-Brown,Pretti-Frontczak,& Hemmeter,2005)。而策略包括给予更多的时间、提供不同的或者调整过的材料、提供支持性的回馈,都是为障碍者提供的学习环境的调整方式(Grisham-Brown,Pretti-Frontczak,& Hemmeter,2005)。最少限制环境的概念指的就是适合每个儿童的选择。图 1.1 解释了什么是最少限制环境。

最少限制环境(least restrictive enviorment,LRE)是一个相对的概念,需要考虑每一个儿童的需要和环境的因素。对于大多数儿童来说,最少限制环境就是完全融合,普通教室加上在这一教室里提供的相关服务。

对有些儿童来说,他们则可能需要更特殊的环境并提供更复杂的服务。如果儿童需要更多的指导、结构和支持,需要更小的群体,他们则可能被安置到一个更特殊的教室里,这也是最少限制环境。

如果儿童有严重的行为问题,在普通教室里一直无法适应,他们可能会被安置到一个更小的组里,这对于他们来说,也是最少限制环境。

完全融合的普通教室并不是每个儿童的最少限制环境。

图 1.1　最少限制环境的概念

家庭和团队：责任分担

有效融合的关键特征就是不同团队成员间责任分担。成功不仅仅取决于熟练的有能力的特教工作者,也依赖于家长和那些认为自己是"普通"教师的积极参与。当特殊儿童进入早期项目,不同角色需要分担对所有孩子的责任。这是一个非常重要的范式转化,从过去的特殊教育服务的模式到现在的责任分担(Anderson,Chitwood,Hayden,& Takemoto,2008)。

毫无疑问,个人的能力是成为有效的幼儿教师的必要条件,但一个个体的能力如果没有健康的沟通和团队是不够的。融合的定义包括不只一个孩子,也不只一个成人。有很多积极融合的结构和模型,都有一个共同的地方是:融合是团队合作,而不是单打独斗。

实施高质量的融合的过程,依赖于相互关系、沟通和愿意在团队的背景下处理/解决问题(Alred,Brien,& Black,2003;Kaczmarek,2007)。对于有效融合的合作过程来说人际互动是中心。体育运动通常对于游戏/比赛规则达成共识,同样,政府的民主过程也是遵循特定的系统、问题解决规则、沟通和系统变化。这些规则系统和相互达成的共识,为在特定因素下维持和变化提供了一个结构(Wischnowski,2008)。高质量的项目的特征是良好的沟通和相互支持的团队,这会提供一个安全的环境。因此会提升团队成员相互支持来发展新的技能。创设一个安全区,使得团队成员可以沟通并相互支持,是高质量融合必不可少的组成部分。团队成员应该相互信任,一起战胜怀疑和恐惧,进入更加自信的状态,具有能力来为有发展挑战的幼儿提供服务。对于问题解决有共同的承诺,使得超越那些可能阻碍有效干预的自我防御更有可能。

评估：应用儿童发展信息于教育计划

为发展挑战儿童制定教育计划,不仅仅需要一个诊断,还需要了解每个孩子的优势和需要。更需要预期每个儿童在不同的情境下、不同的活动中的反应是什么,包括在积极的问题解决过程中准备计划 A、计划 B,甚至计划 C。即使是一个精心准备的方案,教师也必须准备好参与即时性的正式的评估,以及随时根据孩子对干预的反应进行策略调整。干预反应法及再确认和反应可以系统地用于引导评估和策略(Buysse,Wesley,Snyder,& Winton,2006)。最终,评估会支持可靠度,数据导向的决策也会保障干预的适当性。数据导向的决策包括用于调整适用儿童的干预的正式评估,以确保相关性和有效性。

课程调整：成功所需的策略

本书的好几个章节都是特别围绕课程调整来写的,尤其关注如何可以有效地匹配儿童的需要和我们使用的策略及其调整,典型发展儿童中存在一些可预测的范式,而特殊儿童时常有独特的需要和独特的对干预的反应。每一章关于课程调整的内容里,我们会引导你思考如何鉴别有效的实践。主题包括社会经验、语言和基本读写;音乐和运动;还有数学/科学问题解决。这些章节都会用特定的案例来说明如何通过反思来选择和实施适合个体需要的策略。本书的目的是提供一个清晰的过程,你可以从中学习倾听自己,反思运用差异教学的选项和可能性。本书也应用了分层干预模型,低层的三角是可以为所有儿童提供的普通教育,最上端的三角是高度特殊化的干预,中间的三角是一定量的个体干预。

专业化

专业化的主题在本书中也一直被强调,并在第10章中集中论述。美国幼儿教育协会(NAEYC)和美国特殊儿童协会早期教育部(DEC/CEC)为专业化的内容奠定了基础(Hyson,2003;Sandall,Hemmeter,Smith,& Mclean,2005)。这两个机构都为本书提供了理念的基石。最高的目的是用反思的需要和动态的问题解决过程来确定什么是有效的。对于专业人员而言,在运用差异教学时需要足够的信心决定什么是有效的,什么是无效的。有一些方法可能无法在短期内看出有效性,因此,我们可能需要系统地、长期地记录干预和儿童的发展结果(LaRocque & Darling,2008)。专业人员必须表现出奉献精神和智慧,还需要有高标准的伦理。同时,也要了解特殊教育能力对于早期教育工作者而言是一个相对比较新的要求。专业化发展在应用基于实证的实践去创设健康的融合环境的过程中是必不可少的(Chandler & Loncola,2008)。

行动中的反思

莱特博尼女士

莱特博尼(Lightborne)女士是一位有天赋的早期教育教师,在这个领域已经工作了将近20年。她研究生毕业。当时在准备师资的时候,融合还不是很完善。她本科阶段没有读任何特殊教育的课程,而硕士阶段修读了一门特殊教育的课程。在她多年的教育实践里,她接触过非常多元的儿童和家庭,很多时候她也很喜欢经验丰富带来的自信感。

去年9月,一个三岁的男孩乔登进入她的班级。莱特博尼女士对自己的能力和专业选择产生了怀疑。她很喜欢这个孩子,但这个孩子每天都会带来新的挑战。乔登情感丰富,但也非常有攻击性和破坏性。他缺乏自我控制,这影响了整个班级。她跟很多团队成员合作去帮助他,但依旧非常困难,乔登很难适应新环境。莱特博尼女士发现自己已经到了令自己惊讶的高水平焦虑。

初步反思

当莱特博尼女士奋力寻找解决方法的时候,第一件事就是她发现自己要寻找帮助是如此困难。作为经验最丰富的教师,她经常是领导别人,指导和支持别人的角色。她反思中意识到,其实对她自己而言,困难的部分是承认自己需要支持和引导。最终,她意识到,寻找并接受帮助是健康的,而不是说虚弱的表现。

反思中出现的另外一个因素是,她意识到她需要健康的沟通。她一直都意识到这一点,但是与乔登和他妈妈的现状,使得她明白,她需要破除误解,实现彼此信任进而达成有益的共识。

最后,能够意识到法律对特殊教育的影响,包括对私立的机构的影响,也是非常必不可少的。她反思了自己已有的知识和可靠的资源获得的准确信息之间的差距。莱特博尼女士愿意对自己坦诚,她自己需要学习,这点将有积极的意义。图 1.2 提供了整个反思过程的概况。

关注积极结果

在莱特博尼女士最初反思里很关键的是她着力于寻找积极的解决问题之道和积极的结果,而不是变得过度反应、防御和沮丧。接纳自己的焦虑、自己需要支持、自己需要准确的信息,使得她有进步的可能,可以寻找到有效的策略,制定并实施恰当的教育计划。

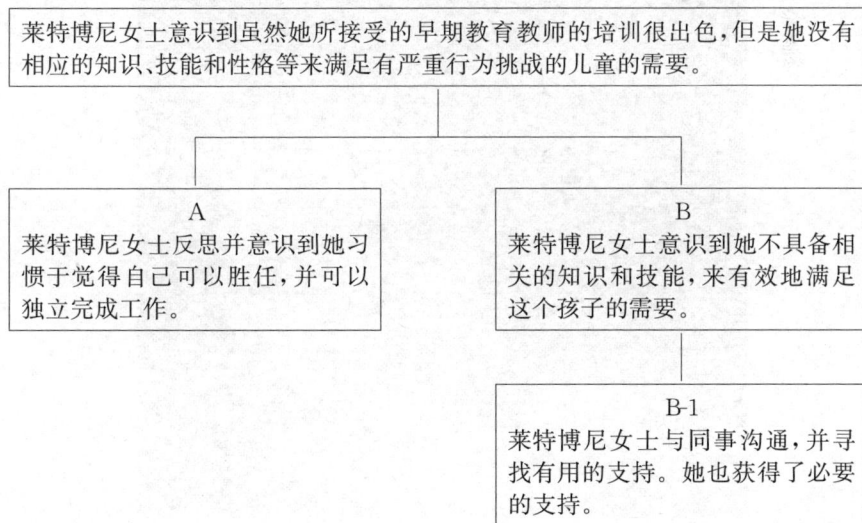

莱特博尼女士意识到虽然她所接受的早期教育教师的培训很出色,但是她没有相应的知识、技能和性格等来满足有严重行为挑战的儿童的需要。

A
莱特博尼女士反思并意识到她习惯于觉得自己可以胜任,并可以独立完成工作。

B
莱特博尼女士意识到她不具备相关的知识和技能,来有效地满足这个孩子的需要。

B-1
莱特博尼女士与同事沟通,并寻找有用的支持。她也获得了必要的支持。

图 1.2 决策树

融合

融合：值得坚守，还是仅仅是一个趋势？

对于融合这个术语，不同的人有不同的反应。有些人坚信，融合只是一个趋势，还需要很久才能实现，就像钟摆，会摆回过已经成熟的实践，为有障碍与无障碍的学生分别开展服务（Shanker，1994）。那么我们怎样才能决定未来会是什么呢？本书受到团队每日面对特殊幼儿时会遇到的现实实践的启发，我们并不认为自己有能力预测未来。但是，我们相信已经有大量的证据可以支持它，融合在一定程度上是可以被做好的（Buysse & Wesley，2006；McWilliam，Wolery & Odom，2001）。美国特殊儿童协会早期教育部（DEC）与美国幼儿教育协会（NAEYC）的领导者一直共同致力于发展和传播融合的共同声明（2009）（见表1.3）。

我们相信融合项目是可以为不同发展水平和不同需要的幼儿提供最佳的发展机会的。这样的项目为儿童提供了非常棒和令人兴奋的跟同伴学习的机会，以及从已经成熟的课程里学习的机会。这样的机会的益处已经得到很多的研究证实（Kaczmarek，2007）。

我们也不是天真地对积极融合的障碍视而不见。研究显示也有一些类型的困难时常出现。被报道的挑战包括缺乏时间、缺乏行政支持、很难建立相互支持的有聚合力的团队（Lieber，2000）。早期干预项目里，人事变更也是一个因素，这使得连续性很难建立。相反的是，行政支持、制定计划时间共享、积极沟通的高功能团队都会支持融合（Lieber 等，2000）。

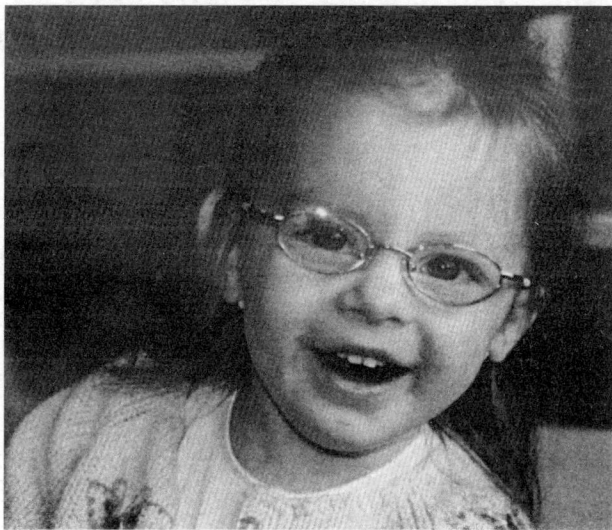

我们优先关注的是儿童，同时也考虑他们的个别挑战。

在制定计划和实施阶段，经费也可能是一个重要的因素。融合一般而言是节约成本的，但在最初的阶段，为普通教师提供专业化发展的时候是需要经费投入的，但长期而言是节约成本的。也就是说最初的投入可能会支持长期的收益（Lieber 等，2000）。

承诺与责任分担的重要性

在多种不同的水平下，责任分担对于融合的重要性再强调都不为过。基于早期教育和特殊教育的变革，非常必要的是要让所有的专业人员都意识到自己对于所有儿童的责任，而不是假设障碍儿童只是"特殊"教师的责任。要想分担责任，大家都必须学会相信高质量融合的可能性。如果说个体和所在的群体不相信融合会成功，我们是很难实现成功的融合的。而非常关键的是要理解并相信早期融合教育的益处，不仅仅是对有挑战的孩子，对于那些"正常"的孩子也是一样。但是，仅有相信是不够的，相信并不能自动解决所有的问题。如果是这样的话，廷克贝尔（Tinkerbell）和她的同事只要拍拍手就好了，就像巴里（Barrie）经典的小说《彼得潘》里面一样拍个手，一切就都实现了。信念和承诺是必要的前提条件，但仅仅有信念和承诺是不足以构建高质量的早期融合环境的。随着人们经验的积累可能会不同程度地促进他们转变，最终提升接纳水平。

当今，越来越多的有障碍的婴幼儿和没有障碍的婴幼儿在不同的场所——家庭、早期教育项目、邻里及其他社区的环境里游戏、发展和学习。而认为障碍儿童及其家庭是社区成员的观念也反映了这样的社会价值观：增加可以促进每一个孩子发展和学习的机会，让每个孩子有归属感，也是反对以往隔离和孤立障碍儿童的教育方式的体现。随着时间推移，结合立法的保障，这种针对 0—8 岁障碍儿童及其家庭的价值观和社会观念越来越广泛地被认可为"早期融合"。过去三十多年联邦颁布的关于融合教育的立法，最深远的意义在于从根本上改变了早期教育服务的组织和形式。但是，因为融合有多种形式和多种实施方式，会被多种因素影响，很多问题依然需要探索，包括融合的意义、政策的实施、融合实践，以及融合对于儿童及其家庭潜在的影响。

缺乏一个全国共识的关于融合的界定会导致一些误解。美国特殊儿童协会早期教育部（DEC）与美国幼儿教育协会（NAEYC）都意识到对于融合有一个共同的理解非常重要，可以决定什么类型的支持和实践是实现高质量融合的必要条件。这个界定并不是作为检验标准来决定一个项目是否融合的，而是给出高质量融合项目的关键要素是什么的一个蓝图。另外，这个声明也给出了家庭、从业者、管理者、政策制定者和其他专业人员如何可以改进早期服务的建议。

2009 年 4 月
美国特殊儿童协会早期教育部（DEC）与美国幼儿教育协会（NAEYC）关于融合的共同声明
儿童早期融合的界定

儿童早期融合包含支持每一个婴幼儿及其家庭的权利的价值观、政策和实践，无论能力如何，他们有权利作为一个完整的家庭成员、社区成员和社会成员参与各种活动和场合。我们期望障碍儿童和无障碍儿童及其家庭的融合经验的结果包括：归属和成员感、积极的社会关系和友谊、通过发展和学习促进其全部潜能的激发。以下融合的特征可以用来界别高质量的早期教育项目，包括获得机会、积极参与和系统支持。

什么是获得机会、积极参与和系统支持？

　　获得机会（Access）为儿童提供多种多样易于获得的学习机会、活动、学习情境,学习材料和学习环境,是高质量儿童早期融合的一个最典型的特征。融合可能有不同的形式、也可以出现在不同的组织和社区背景下,比如家庭、开端计划（Head start）、儿童照料中心、宗教团体、休闲项目、幼儿园、公办和私立的学前到小学低年级的学校,还有早期教育/早期特殊教育混合的项目。很多案例中,简单的调整就可以促进个体获得机会。通用设计是在不同类型的环境里用于支持获得机会的概念,通过移除物理和结构上的障碍。学习的通用设计（UDL）则为教学和学习提供多种多元的形式。学习的通用设计原则和实践会帮助每一个儿童可以有机会获得学习环境、自然的家庭或教育常规活动以及普通教育课程。科技则可以使得孩子在功能上具备很大程度的能力来参与活动和体验融合环境。

　　积极参与（participation）即使障碍儿童可以在项目和所在的环境获得机会,但要真的与同伴一起积极参与到游戏和活动中去,还需要一个额外的个别化的调整和适应等。成人可以用各种不同的方式帮助有障碍的儿童和无障碍儿童在融合环境里的归属、参与和积极投入。早期教育里的分级模式,成人根据强度来组织评估和干预是很有效的。基于个体的需求和儿童及家庭优先考虑的事项,实施融合可以有很多不同的路径——从嵌入式教学、活动本位教学到更外显的干预——到支架式学习和参与等……可以促进参与的社会情绪和行为的发展是高质量早期融合的关键目标,同时目标也包括其他领域的学习和发展。

　　系统支持（support）除了获得机会和积极参与之外,还需要有一个系统化强有力的支持体系来确保个体和机构给儿童和家庭提供融合服务。比如家庭成员、实践工作者、专家和管理者都要有机会参与持续的专业发展和支持,获得相应的知识、技能和性情倾向来实施有效的融合教育。不同主体间（家长、实践工作者、专家和管理者等）的合作是实施高质量早期融合的基石,资源和项目政策都应该保障这些主体之间的沟通和合作。特定的个别化的服务和治疗,必须是在协调的方式下融入普通的照料和早期教育中,早期教育/早期特殊教育混合的项目则提供了成功的范例。经费政策应该可以促进集中资源和激励机制来提高达到高质量融合的机会。质量框架（比如项目质量标准、早期学习标准和指导、专业人员的能力和标准等）应反映和指导融合实践,并保证每一个早期教育专业人员和项目可以满足障碍婴幼儿及其家庭的需要。

　　引用得到 DEC 执行委员会和 NAEYC 主管委员会同意：2009 年 4 月

建议引用：

　　DEC/NAEYC. (2009). Early childhood inclusion：A joint position statement of the Division for Early Childhood(DEC) and the National Association for the Education of Young Children(NAEYC). Chapel Hill：The University of North Carolina, FPG Child Development Institute.

　　http://community.fpg.unc.edu/resources/articles/Early_Childhood_Inclusion

　　图 1.3　美国特殊儿童协会早期教育部(DEC)与美国幼儿教育协会(NAEYC)关于融合的共同声明

知识、技能和性情倾向

　　信念和承诺之外,还需要与特殊发展相关的知识、技能和性情倾向（Hyson,2003；Sandall 等,2005）。因为会有一些情况和症状是十分罕见或者十分复杂的,因此专业人员非常有必要学习如何获取相关信息,知道如何跟上变化的法律法规和政策。使用网络资源是一种不错的方法,可以成功地更新准确的信息（Bennett,2007；Catlett,2009；Catlett & Winton,2008）。

儿童早期融合值得坚守,还是只是一个趋势呢? 我们没有一个百分百确定的答案,但是我们清楚的是,已经取得了各种不同水平的进步。国家已经建立了系统的转换,国际上也有很多项目启动。目前的挑战中有一部分是因为转换还在进行中,这是一个正在进行的工作。

循证实践: 什么在起作用?

从许多方面来讲,这一变化的过程可以视作范式转化的表现,与此同时增加的权利平等的斗争一直在持续。作为一种社会运动,这种变化需要很深层的献身精神。早期教育和特殊教育的领导者之间持续的合作是非常必要的,一方面提供了一个框架,另一方面提供了服务转化需要的责任和能力。很多州参与的研究开展了数年,发现了一些基于实证的值得推荐的经验(Catlett & Winton, 2008; Dunst & Trivette, 2009; Guralnick, 2001; Lieber 等, 2000; Odom, 2009)。这些方法和实践的可持续性经过研究验证,提升了这些反映可靠实证研究方法论的策略在教室应用的可能性。

国家行动: 协调的标准

在美国,很多变化已经通过早期教育和特殊教育的标准的融合表现出来,比如在最新的美国幼儿教育协会与美国特殊儿童协会早期教育部的标准中就体现了。早期教育和早期特殊教育领域的领导者已经一起合作致力于结构变化,建立共同的价值观和推荐的实践(Bruder, 1993; Dunst, Bruder, Trivette, Raab, & McLean, 2001; Hyson, 2003; Lieber 等, 2000)。一项双方达成高度共识的工作就是共同发布融合声明(DEC & NAEYC, 2009)。

这些协作推进了早期教育和早期特殊教育关于环境标准的全面合作。美国幼儿教育协会与美国特殊儿童协会早期教育部的新标准或者修订版标准,是走向更有效的融合的极其重要的一步(Hyson, 2003; Sandall, Hemmeter, Smith, & McLean, 2005)。标准上增强的协作也使得项目更可能有更高质量的实践。随着对于期望值的清晰理解,也会增强达成这

美国幼儿教育协会	美国特殊儿童协会早期教育部
儿童发展	基础
家庭和社区	发展和特征
评估	个体学习差异
学习和教学	教学策略
专业化	学习环境和社会互动
	语言
	教学计划
	评估
	专业和伦理实践
	合作

图 1.4 美国幼儿教育协会与美国特殊儿童协会早期教育部的标准

些期望的能力，以及采用适合普通发展需求也适合特殊发展需求的实践（Buysse 等，2006；Pretti-Frontzcak & Bricker，2003）。发展性适宜实践的结构一直都在不断被审视，变化的标准的含义也一直有新的发现（Copple & Bredekamp，2009）。图 1.4 概括了美国幼儿教育协会与美国特殊儿童协会早期教育部的标准。

服务转化

在美国及其他国家，都出现了服务的转化。虽然在系统变化和服务提供上的特定的细节还存在很多不同，但已经有大量的证据表明高质量融合的关键因素有多种形式。一些州采用"混合"资格证，所有的早期教育从业者都需要接受一些与融合环境内障碍学生有关的职前培养（Satyton，Miller，& Dinnebeil，2003）。新近的一些研究，探讨了职前培养如何才能满足专业需要，来满足早期教育中特殊儿童的发展需要，结果发现还需要更多的专业化发展机会（Bruder，2009）。研究表明很多专业人员并没有得到很好的培养，就进入了障碍幼儿融合环境的工作（Bruder，2009）。这一发现也坚定了我们应该调整自己的融合行动。但是，这也是很有力的证据，支持我们更重视为专业人员提供职前培养和职后培训的机会。问题不仅仅是专业人员培养中需要做多少准备，同时也是需要什么内容的问题（Jung，2003）。

很多争论聚焦培养多少是"足够"的，很清楚的是单纯靠增加课程量不是解决之道。重新建构教师培养，在这一范式转化中是非常重要的积极后果。将特殊教育的议题融入早期教育课程中的方法，似乎是有帮助的。

混合或统一的认证

有些情况下，一些方案已经回应了变化的教师认证，越来越多的"统一"或者"混合"的教师资格证或者资质证书项目采用了融合模式（Stayton，Miller，& Dinnebeil，2003）。对于推荐实践的共享价值观，可以提供一个引导和方向，帮助我们在旅程中探索我们的课程。

选择范围

在早期特殊教育的融合发展中持续出现很多变化，但这些行动如何实施还是有一个很大范围的不同方式的。有一些人倡导要实施"有责任的融合"（Turnbull，Turnbull，& Wehmeyer，2007），最少限制环境被认为应该因人而异，应该基于每个孩子独特的特征和独特的需求。

另外一些人则倡导要实施"完全融合"，也就是无论是否有障碍，相同的安置是首要任务，在普通教室里进行一些调整。但证据表明，安置的连续性还是存在的，并提供了多种选择（Turnbull，Turnbull，& Wehmeyer，2007）。

有关特殊教育的历史观点

自从 20 世纪 80 年代起，促进障碍人士社会融合的行动在国际社会也获得很多支持。

值得一提的是有很多力量促进了这些变化。加拿大发起的行动,旨在促进不同年龄的有发展差异的人的社会融合,是这一变化里很重要的推动力量(Pearpoint,Forest,& Snow, 1992)。这一行动对国际社会系统都有影响(Guranlnick,2005)。我们会在历史信息里给那些不太了解的人介绍一些相关内容。如果你已经很了解,可以直接跳过。

在过去大约 30 年里,个体、家庭和团体都致力于融合倡导(Pearpoint & Forest,1992)。最初的适合,这是一个充满争议的话题,引发很多反对声音,包括一些教育领域的领袖(Shanker,1994)。

很多最强大的倡导者从人权的角度呼吁融合运动,认为缺乏完全融合就是一种隔离,或者否定人权(Guranlnick,2001)。还有学者试图基于儿童的成功或不足来评价融合的有效性,考量不同的安置选择、对于儿童的发展的益处(Wolery & Sainoto,1996)。

随着各种行动持续,不同的观念促进变化的过程。现在越来越清晰地证明了 25 年前专业人员和家长就预测到的一点,儿童早期融合是值得坚守的,基于大量的研究证明,融合有益于创造与同伴互动的机会,也有益于参与到社区中。

行动中的反思

弗雷舍特先生

弗雷舍特(Freshette)先生刚从一个设置混合的普通教育和特殊教育认证的教师教育项目毕业,专业是学前教育和 K 级的教育。在这个州,已经没有单独的普通教育师资认证了。所有的教师在培养的时候都需要了解不同类型的儿童的需要。当他开始教书的时候,班级的学生是极其多样化的,弗雷舍特先生承认他也不确定自己是否有能力和技能来满足不同发展水平学生的需要。他意识到自己缺乏信心,并不确定自己是否准备好了面对如此多样的需要。但当他开始与其他教师一起工作,发现其实比起大部分同事尤其是一些已经有多年教学经验的同事,他具备更多的特殊教育背景和准备。

研究:循证实践的认证和整合

25 年前也许算是先行者的教师会承认他们没有完整的答案,但是愿意和团队一起去解决问题,寻找对于儿童而言有效的策略。研究也发现有一些策略可能适用于更多孩子。事实上,很多策略时常是有效的。一些有效策略的例子包括提供更多的结构、更多的时间、更清晰的指令、视觉线索、持续性、常规、可预测性和引导。有效融合的实际实施,时常包含着对于某个儿童个体及其需要的量身定制。如果一个儿童有能力独立参与活动,我们必须准备好重新定位,并支持孩子的自主性发展。

普通课堂性质的不断变化

1980 年后,我们目睹了许多重大的变化,那时儿童需要满足一定的"普通教室"的要求,才可以被允许"回归主流"(Guranlnick,2001)。现在,我们理解了,其实应该是普通融合教育的责任,去调整自己来满足每一个学生的需要。所有的人员都需要准备好去强调发展的多样性。表 1.1 概要地说明了历史发展如何影响特殊教育。

表 1.1　你知道吗? 影响特殊教育的历史趋势和事件

1800 年代——一些先驱性的行动,特别关注盲和聋
1930 年代——为有发展障碍的人建立隔离机构被认为是创新举动
1950 年代——麻疹、腮腺炎、风疹和小儿麻痹症流行
1960 年代——对抗贫穷;人权;关于大脑发展的新信息
1970 年代——关于学龄阶段儿童的特殊教育的相关联邦立法颁布
1980 年代——联邦立法拓展到更年幼的儿童;婴儿面临孕期药物滥用
2000 年代——更多立法重新颁布提供支持

变化的来源:家庭

随着时间的推移,倡导的力量也越来越注重协作,更有效地促进了系统的重建,使得系统更加倾向融合(Anderson, Chitwood, Hayden, & Takemoto, 2008;Winton, McCollum, & Catlett, 2008)。对于融合的有效性的争论逐渐减弱,代之以对于更加融合的服务方式接纳的增加。这也伴随着立法和实践的变化。但很重要的是融合趋势的增强,并不意味着在实施中都能得到足够的支持。

在立法和政策的推动中,有证据表明很多时候是家庭和障碍者倡导的直接结果(Turnbull, Turnbull, & Wehmeyer, 2007)。几个美国和国际都公认的判例为融合教育开了先例。

其中一个判例是有五个有智力障碍儿童的家庭,在要求融合被拒后合力上诉。每一个孩子的教育机构都列举了导致孩子需要隔离服务的相关特征。但是家长表示反对。经过10 年的诉讼,最终达成判决,州政府在为提升智力障碍儿童的融合服务数量上作出了努力(Guranlnick,2001)。这被其他州作为先例来参考。这一判例,部分地促进了地方政府有责任保障融合是一个选择,并至少把 80% 的时间作为在普通教室融合的一个目标比率。

变化的来源:理论观点

本书使用的模型深深植根于建构主义力量和实践,基于这样的信念:儿童在感知经验和参与中会学习得很好,并可以发展自己的有意义的概念。我们意识到儿童的学习风格多样,有自己的优势和需要(Bruder，1993)。这点对于"典型"儿童和特殊儿童都是一样的。

变化的来源：立法发展

在过去 30 年里，早期特殊教育的立法领域发生了翻天覆地的变化。1975 年《为了所有残疾人的教育法》(94—142 公法)颁布之前，障碍儿童的服务是不连续的。在 20 世纪 70 年代，"开端计划"在关注障碍幼儿的需要并为之提供个别化服务方面是一个领导者(Rab & Wood，1995；Wood & Youcha，2009；Zigler & Styfo，2004)。《不让一个孩子掉队》，它最初的版本和修订的版本都对服务产生影响。表 1.2 给出了政策和立法上的一些重要变化。

表 1.2　你知道吗？立法发展

> 1950 年——一些特定的隔离的医院和机构，当时被认为是创新举动
>
> 1960 年代——开端计划为有障碍的幼儿提供服务
>
> 1968 年——残疾儿童早期教育项目(HCEEP)
>
> 1973 年——康复法的 504 条款
>
> 1975 年——94—142 公法——为了所有残疾人的教育法
> 　　　　　公办学校/地方教育当局强制性服务
>
> 1980 年——有些州自愿在公办学校里增加学前服务，此时联邦立法还没有规定。
> 　　　　　许多项目都是隔离的教室，而不是融合环境
>
> 1986 年——99—457 公法规定联邦要为更小年龄的儿童，即学龄前儿童和 0~3 岁
> 　　　　　的儿童提供服务
>
> 1990 年——障碍者教育法(IDEA)
> 　　　　　美国障碍者法(ADA)
> 　　　　　显著增加了提升融合机会的压力
> 　　　　　"融合预设"
>
> 2001 年——不让一个孩子掉队(NCLB)将轻度到中度障碍的儿童纳入标准化测验
>
> 2004 年——IDEA 修订(障碍者教育促进法)
>
> 2008 年——美国障碍者法修订

当开端计划还是联邦项目时，服务不是强制性的。要求 10%的名额给具有发展挑战的儿童，并为儿童及其家庭提供预防和干预的资源及综合的服务。94—142 公法是一个发展里程碑式的立法，但依旧没有关注到年幼的儿童，最重要的一个变化"在最少限制环境内提供免费的、适当的公共教育"(Rab & Wood，1995；Wood & Youcha，2009)在当时只针对学龄儿童。直到 1986 年，99—457 公法颁布，要求州为更小年龄的儿童提供服务，联邦政府才开始承担障碍幼儿的教育责任。在此之前，也有一个州志愿为学龄前儿童提供服务。在 99—457 公法颁布后，这些州开始为更小的孩子提供服务，即为 0—2 岁的婴儿提供服务(Guranlnick，2001)。图 1.5 给出了一个值得思考的情况。

杰茜卡是一个 4 岁的女孩,有多重健康的问题。她 26 周早产,她在各方面发展很快,但还是有很多状况会潜在干扰她的日常活动。其中影响最大的是过敏和哮喘。她对很多东西过敏,有的会持续一年,有一些是环境里有"触发物",有的是季节性的,有的时候会很严重,比如花粉量很高的时候。她的过敏首要表现就是哮喘。她每日服药,有时候会额外需要雾化。她已经很好地控制了她的状况,当呼吸困难的时候休息一下。她也有很好的能力沟通自己的需要和感受。

- 哪些立法可能为杰茜卡提供支持?
- 如果你不确定答案,你会去哪里寻找更多信息?
- 你可以向谁求助?

图 1.5　你怎么看?

障碍者教育法　1990 年,障碍者教育法颁布,合并了 94—142 公法和 99—457 公法,并将该法应用"以人为先"的语言来改名,更新了术语。美国障碍者教育法为年幼的障碍儿童提供了保障。同时进一步强调了转衔问题,并清晰地规定计划制定和安置小组需要从"融合预设"开始。在仔细思考安置的可能性后,儿童可能不在融合教室里接受服务,但是这个决策必须是基于对儿童教育有益的前提(Guranlnick,2001;Turnbull,Turnbull,& Wehmeyer,2007)。

1991 年后美国障碍者教育法有过多次修订,每一次都有新的变化,但都持续给予基础的保障。这些变化也与其他行动一起,包括美国障碍者法(ADA)和障碍。美国障碍者法对于早期项目也有着巨大的影响,这部法律的影响涉及各种类型的机构,除了学校外,还包括电影院及宾馆。虽然有段时间这部法律被批评是没有经费的法律,但毋庸置疑的是这部法律还是成功地为融合扫清了很多障碍(Rab & Wood,1995;Wood & Youcha,2009)。立法变化并不是本书关注的重点,但是,立法的变化对于我们理解早期融合中的要点是很关键的。图 1.6 呈现了一个例子,让我们来思考一下立法的影响。

乔顿快 4 岁了。他因为语言迟缓接受早期干预。现在他在一所不受地方教育当局管理的幼儿园,他妈妈不愿意他被鉴定为需要特殊服务。这个幼儿园的工作人员很专业,但是没有特殊教育方面的资质。乔顿还没有进行如厕训练。项目的主管意识到,根据美国障碍者法,幼儿园不可以因为障碍儿童没有大小便自理能力就拒收这个孩子。团队讨论关于这个孩子的法律要求。

- 这个幼儿园有资格继续为乔顿服务吗?

图 1.6　你怎么看?

其他变化的来源:系统变化的进程

在变化继续的时间里,需要指出的是一些系统和机构已经非常有方法的计划,并精心协调各种力量促进融合实践。但大部分时候,这种努力缺乏系统性,可能是因为来自其中一部分的压力导致的。有的时候是法律判决的结果，而不是个人或者班级的行动(Guranlnick, 2001)。

法律可能会因为来自一些组织比如家庭和联盟的压力和呼吁而改变，最终，这种变化的结果是与相关力量的转变有关，也就是说，如果融合实践的实施是经过计划的，因此所有的人员都准备好了，在一个孩子进入这个普通教室前就创设好环境，现有的早期特殊教育的情况将会很不同。人员都已经具有必要的知识、技能和性情倾向。

事实上，现实中变化有几个潜在的来源，有时候是这些来源的混合。这些变化的过程也不尽相同，取决于社区的支持、管理者的支持，以及服务对象的不同。我们前面讨论过联邦立法一直在变化。但是他们也不是完全支持融合的。他们规定融合应该是每个孩子的一种可能选择。但当一个孩子的独特需要无法在融合环境内满足，联邦立法还是允许其他安置方式的。

从人权的角度来说，一个强有力的争论是在普通教室的融合某种意义上比其他类型的安置要公平。有时候，这也成为一个问题，平等和公正原则可能会压倒教育学上的恰当性，可能这个孩子需要更特殊化的安置。对于从业者来说拥有自己对于融合行动的来源的思考很重要。

玛莎·福里斯特(Marsha Forest)和杰克·皮尔波因特(Jack Pearpoint)在国际融合运动中扮演者领导者的角色。

"一个障碍儿童或者成人是一个象征性的个人熔炉，在里面我们要面对我们关于差异的情感。融合是关于我们如何容忍那些不同于我们叫作"正常"人的外貌、行为和思维……这个问题变得越来越私人化。如果我不会走、不会说话或其他，我的感受是什么？……如果我有一个孩子被贴上标签(有病)，我的感受是什么？我对我自己有什么感受？……融合会挑动起这样的反思。就不要怪人们会有反应！反思对于每个人都是至关重要的。人生需要被审视，才能圆满。也许是痛苦的，但是这样的质询恰恰是建构新的个体特征的开端。"(引自http://www.inclusion.com/arbiggerpicture.html 2009.2.11)

环境无障碍　很多年来，社区里的不同类型的项目都在改变，对于不同的有障碍的个体而言，在物理环境上和发展机会上都趋向无障碍。这样的变化从 20 世纪 60 年代开端计划里开始(Zigler & Styfco, 2004)，一直持续到 70 年代的康复法的 504 条款和 99—456 公法。美国障碍者法和障碍者教育法也支持了这样的变化(Rab & Wood, 1995；Wood & Youcha, 2009；Turnbull, Turnbull, & Wehmeyer, 2007；Walsh, Smith & Taylor, 2001)。

从某种程度上，这些政策和法律上的变化反映了理论的变化，也反映了范式的转化，越来越赞同障碍人士的一体化和融合。这其中也反映了对于常态的更广的概念，以及对于障碍的更深的接纳。举例而言，障碍者质疑"正态"很常见，聋人社区的成员一直坚守他们的权利，挑战先前的隔离模式(Reagan, Case & Brubacker, 2000)。

变化的来源：教育改革运动

在美国，教育改革运动更进一步支持了融合的趋势。在那些为了所有儿童的高质量教育进行倡导的人中,最知名的是约翰·古德拉德(Goodlad, Mantle-Bromley, & Goodlad, 2004)。坚信每个儿童都可以学习,数十年来一直都是这项运动的基石。这也是很多机构和学者发起的教育改革行动的哲学基础,包括拉里·古班(Larry Cuban, 1993)和德博拉·迈耶(Deborah Meier, 2002)。虽然这些学者首要关注的不是融合,比如马西娅·福里斯特和杰克·皮尔波因特(Marcia Forest & Jack Pearpoint, 1992),但是他们行动的影响不可低估或者轻视。他们的努力提升了融合的数量和质量。古班(1993),古德拉德和洛维特(Goodlad & Lovitt, 1993),古德拉德,曼特尔·布罗姆利(Goodlad, Mantle-Bromley, & Goodlad, 2004),泰亚克(Tyack, 2004)及其他的教育变革者虽然聚焦普通教育,但同时也扩展了融合教育的内涵。教育变革并不是系统地融入了特殊教育的方法,而是在实践中应用建构主义的理论,让儿童可以呈现多样的发展能力和文化差异。

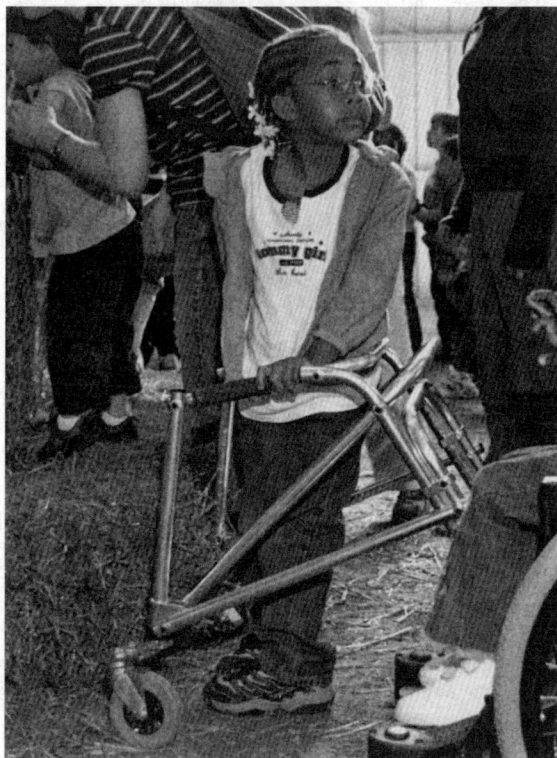

关于安置的决策应该基于个体的优势和需要类型。

日新月异的世界的(教学)有效性

本书是受到过去 25 年来早期教育和早期特殊教育专业的天翻地覆的变革的激发而写

的。我们生活在一个充满新机会的时代。这也是一个与幼儿一起工作的专业人员面临无数不可预料的挑战的时代。很多资源为我们提供与帮助障碍幼儿及其家庭的有效发展策略相关的有价值的观念。

决定方向的方法

用于探索海量变化的一些方法,在早期教育和特殊教育中也得到应用,包括焦点小组、调查、结构性访谈,研究者自己的参与也对结果和集体决策有影响(Rous & Hallam,2007)。美国特殊儿童协会早期教育部组织焦点组访谈,形成一系列推荐的实践(Sandall,Hemmeter,Smith,& McLean,2005)。美国特殊儿童协会的领导者也参与了美国幼儿教育协会标准的修改,保证特殊儿童的发展被纳入其中(Hyson,2003)。

在为未来方向做贡献时,我们应承担的角色

最终,早期融合可以发展到什么程度,想要继续积极的发展,依赖于每一个与幼儿工作的个体,我们持续地在不同层面的专业发展上的奉献,以及我们对于可能性的信仰,会带来积极的不同。专业人员需要成为终生学习者(Larrivee,2008)。专业人员不仅需要经验,还需要从经验中通过仔细的审视和反思来学习(Reagan 等,2000;Yost,Forlenza-Bailey,& Shaw,1999)。另外,系统也应该以协作的方式运作,这一点在变革的时代尤其困难。(McGuire-Schwartz & Arndt,2007)。

连接理论和实践的桥梁

背景知识在人员培养中是必不可少的部分,但仅仅背景知识是不够的。将知识用有意义、恰当和有回应力的方式予以应用的能力才是根本。这一部分的内容是为了强调理论和实践之间需要桥梁的重要性。本书聚焦的是基于多元的持久的和创新的实践(Filler & Xu,2007),特别是在融合项目中对于障碍幼儿的接纳和调整。各种因素的组合影响了早期教育工作人员准备的方式,包括变化的立法、实践,以及美国幼儿教育协会与美国特殊儿童协会早期教育部的标准(Hyson,2003;Stayton 等,2003)。

项目选择的连续性

经过很多年,原先基于障碍个体的障碍程度的安置的连续性发生了一些转化,这一变化在美国的法律中也有相应的体现,即"融合预设"。这并不是说障碍儿童就一定都要完全融合,而是意味着需要把融合看作计划和安置的一部分。

美国障碍者法规定如果机构,包括私人的儿童照顾机构拒收障碍儿童是违法的。举例

而言,该法要求融合的规定也影响到患有脊柱裂的儿童,脊柱裂是一种神经管缺陷。患者的症状可能很轻也可能很严重。患有脊柱裂的儿童可能可以走路,也可能四肢瘫痪。脊柱裂的一个常见的特征就是缺乏括约肌的控制能力,导致很多患者大小便失禁。

如果私人儿童照料机构可以拒收不会大小便自理的孩子,脊柱裂的儿童也时常会被拒收,这很常见,即使她们没有其他的特征,不会影响她们在早期教育环境里的学习和功能。美国障碍者法规定这样的拒收是违法的。这些机构就必须修正她们关于如厕训练的要求的政策(French & Cain, 2006)。图 1.7 写了一个故事,值得你思考一下。

　　威廉还在学步的时候,进入了一个 0～3 岁的项目。他有唐氏综合征。他的家庭非常支持他并积极参与。他在 0～3 岁的项目里也取得了显著的进步,积极与他人互动。他的父母提前一年就申请了他哥哥之前在的一个当地的幼儿园,在他还没有开始转衔前就提前申请了。6 月到了,他父母发现威廉无法进入这个幼儿园,因为另一位唐氏综合征的孩子打算再读一年,这样就留在 3 岁的班级里,而不是升入 4 岁班级。这样,管理者决定,威廉无法进入这个幼儿园,因为那个班级已经有一个唐氏综合征孩子了。这个故事发生在 1986 年。

反思的问题:
- 威廉的父母应该如何回应?
- 时至今日,我们的立法怎样改变以确保这样的情况不会发生?

图 1.7　威廉

随着哲学和教育学框架的不断变化,在基础教育结构中个体差异的合作也越来越常见(Yost, Forlenza-Bailey, & Shaw, 1999)。

当前观点:在日新月异的时代保持专业化

学习风格、多元智能(Gardner, 2000)、文化变量和发展状态等概念都已经在教育专业深入人心。对于多元的关注增加,与儿童发展差异有关的方法和实践比起过去,目前更像是一个自然的过程。

对学前教育者的启发

很多专业发展方面的行动对于从业者、教师和其他团队成员的影响都是深远的。受到需求的刺激,早期教育和特殊教育中的变化都包含了对于推荐实践的深层反思。专业人员有意愿基于幼儿的需要进行调整,这增加了很多改善儿童和调整两者之间匹配的机会。

有一些州,如康涅狄格州,基于原先的诉讼结果,改变了整个州的相关规定。对于儿童在普通融合教室里的时间量的记录要求更高。乐观地看,这样的变化也需要恰当的管理支持和专业发展，来保障儿童的高质量的学习机会。

系统从多个方面变得更加融合，同样实施的方式也是多种多样，这就使得共享清晰的优先事项和期望值变得十分重要，还有对于高质量融合教育的责任分担。这就需要各种不同角色的团队成员的合作。而且在行动和过程中，可以提供给不同观点的人足够的机会来分享她们独特的观点和优先事项。

变化中的系统调整

有时候系统的变化需要经过深思熟虑精心安排和战略策划才能实现。对于结果及步骤的共识会逐渐形成。这样的过程可以是非常积极的经验，在每一步的变化中提升对于集体责任的理解和承诺。

变革行动没有很好的组织或基于较少的共识，虽然相互理解还是可能的，但需要所有团队成员愿意接纳不同的意见并在需要的时候调整自己的角色。这样分担的责任感在系统需要合作的时候，可以极大地加速这一过程。这样的系统，包括准确的档案管理，会极大地促进结果的有效性。当一个州愿意重构系统，那些确保责任分担的方法一般都会依照立法而建立起来。

避免"字母汤"系统调整也会有艰难的时刻，如果人们对于术语的理解不一致。解释复杂情况的时候通常会用一些很多人不太理解的术语。团队要避免用过于学术的语言，以免沟通障碍。讨论特殊教育的时候用一些首字母缩写，是很常见的，有时候我们也叫这个为"字母汤"。

当缩写会经常用到的话，团队成员，包括家长和专业人员需要形成一个共识。使用缩写而不加解释，会使得团队的一些成员无法积极参与。图 1.8 给出了一些常用的缩写的术语。

FAPE	免费适当的公立教育
IEP	个别化教育计划
IFSP	个别化家庭服务计划
LEA	地方教育当局
LRE	最少限制环境
PPT	计划和安置小组

图 1.8　融合有关的"字母汤"

克服歧视历史

基于历史上对于障碍者的歧视和误解，专业精神中很重要的一点是性情倾向。简单来说，专业人员不能表现出对于障碍者的偏见。虽然不是明显的偏见，但确实有更大伤害的是，在面对障碍者的时候不经意地表现出傲慢、怜悯或"拯救般"的救治的态度，这也反映了对于这些充满挑战的状况缺乏自信。图1.9中就呈现历史上类似的关于障碍者的看法。

与障碍者相处的经历时常会让人更容易发展出自信和理解。但没有支持和资源的接触，可能会使关于项目计划和实施上不完备的偏见和感受恶化。这样，从业者也许有很积极的意愿，但因此对自己的能力缺乏信心，认为自己无法恰当地为障碍幼儿进行调整。

理解系统和项目在很多方面都已经发生变化，会为我们改善融合的有效性提供一个更有意义的背景。理解早期融合教育还是一个新发生的变化，会让专业人员更有可能以积极的、建构性的角色来参与，并保有共同的积极的期望。在需要共同努力的时候，这是非常必要的（Epstein，2007）。

"很多年来医院一直是为残疾儿童提供照料的唯一机构。但随着1884年菲律宾的怜悯救主之家建立，开始了为残疾人——之前是盲和聋——开设班级。这个怜悯救主之家，还有其他的类型的机构，依旧把残疾人当作不幸，最好就是与世界其他部分隔离，因此只需为了他们自己的心理健康来对他们进行教育，只要在这个人工的慈善的机构世界里感受到快乐和有用就好，因为在此之外的世界没有他们的容身之处。而第一家具有纯粹教育性质的机构是残疾和畸形儿童的工业学校，1893年在波士顿建立。这是基于新的理念的第一个产物，就是残疾人的慈善应该为他们提供教育，而教育的目的应该是让他们有力量离开慈善的机构，除了那些完全残疾的少数，外面世界肯定是属于他们的。"

路易丝·埃伯利（Louise Eberle）：《残疾、中止和人种》，《医院社会服务》，第6卷（1922年8月），第59—63页。文章写于1914年。

来自：Bremner，R.H.（Ed.）（1971）. Children and youth in America：A documentatry history. Vol.II：1866—1932. Cambridge，MA：Harvard University Press.

翻译得到哈佛大学出版社允许。

图1.9　对于特殊教育的历史观念

倡导

倡导是合作过程中的固有的一部分，因为有很多人可能没有信息、技能或者自信来承担领导者的角色（LaRocco & Bruns，2005）。倡导也至关重要，因为有效融合的运动一直都还在进行中。这是一个没有确定的结束日期的运动。义务、责任、参与都应该是共同的，这会极大地提升融合成为每一个人积极体验的可能性（Robinson & Stark，2002）。

反思

目前已经有很多有价值的新资源，关注早期教育工作者变化的需求，本书则希望用不同的视角来分析这一个问题。本书专门设计来为大家提供积极的问题解决和反思性实践的支持（Reagan，Case，& Brubacker，2002；Yost，Forlenza-Bailey，& Shaw，1999）。

通过本书，你会阅读到真实的儿童和真实的情境的内容，这些会帮助你思考在融合教室里发展和实施有效策略的各种因素。我们相信，对融合环境里的挑战性的状况及课程调整的可能策略有一个基础的认识是很重要的。对于专业人员而言，实际的有效性取决于与有发展挑战性的幼儿一起工作的个体的能力，能否把他们自己的干预与每一个儿童的独特需要相匹配，而不是仅仅机械地应用某一个方法。

本书也支持你进行反思，作为从业者，最好是理解你在课堂上会做的事情的动态过程，以及你将如何调整你与孩子的互动来促进儿童的发展。从业者需要一个扎实的发展理论和实践基础，因为最佳的专业人员会很好地监督自己，需要的时候依据情境来反思和进行调整。对儿童的发展和成长具备扎实和灵活的理解，包括在很多可预测的范式里伴随的多种多样的变量和惊喜，会让专业人员很容易就考虑到特殊需要儿童可能对适当的干预策略具有多种反应。

本书使用的反思模型是非常易于操作的。从研究中发现的那些非常重要的变量开始，我们提供了可以在你的教室里实际应用的反思的结构。另外，这种结构还为你思考接下来可能发生什么，什么是可能的等进行支持和指导，并给出一些调整的例子。

个人内部的、人际的和教学的因素也在反思模型里讨论了。我们希望，读者会基于儿童的表现的数据来引导自己，另外也结合质的因素，比如儿童的互动类型等。数据驱动的决策和对于质的因素的回应，这两者的结合为专业人员提供了丰富的成长机会。图1.10 给出了一些关于反思过程的历史观点。

"为了理解反思的本质，就必须先了解反思是利用感知，也就是感知主体对于自己之外的世界产生意识。在所有的生命体里，动物是唯一一会享受他们的官能的：他们用上帝给予的感觉器官来感受外部物体。有五种感觉：听觉、视觉、嗅觉、味觉和触觉。反思的官能……应用特定的力量，位于脑室，捕捉物体的形式，将其转为理解，并给予他们抽象的新形式。反思……与官能理解一起，把感觉印象进行分类和组合……

反思的官能有不同的强度：第一，它给予我们在自然和人类社会中发现的事物的次序的理解，因此，运用他自己的力量，人类可以达到他的目的。这一类的反思是安静的，很大程度上，是关于概念和简单的想法的，也叫作'辨识智力'。"

Ibn Khaldoun(1332—1406). Excerpt from Universal History.

来自：Three Thousand years of educational wisdom：Selection from great documents(2nd Ed.). R. Ulich(Ed.)(1971). Cambridge, MA：Harvard University Press.

翻译得到哈佛大学出版社允许。

图 1.10 对于反思的历史观念

重构信念

有时候，有效还包括对之前没有预计的情况进行调整。发现关键因素或变量并进行调整,是积极的融合实践的关键的第一步。

　　其他关键的步骤还包括重构自己关于融合的信念。如果根深蒂固地认为融合是不太可行的,那么任何技术和方法都可能效果不大,即使在其他情况下这些方法是有效的。与其对自己的怀疑进行自我贬低,还不如把怀疑论放在一个历史的背景下去思考。这样的观念使得创造选择和调整变得可能。

　　在考虑用于儿童的方法之外,另外一些与高质量融合有关的变量也被探讨了(Leiber,2000)。融合的其中一个障碍是缺少时间,特别是团队共同制定计划和沟通的时间。管理者的支持也是重点之一(Smith & Rous,2008)。图1.11邀请你参与一个原创的个人情况调查表,可以有助于你自己的专业发展。

优势:

　　请列出你在融合环境内进行障碍幼儿教育的优势领域,包括你的背景知识、经历、动机。

需要努力的领域:

　　请列出你觉得需要努力的领域。

　　可能包括班级管理、特定的策略、对于文化多样性的回应、满足特殊儿童需要的同时又要教育普通发展儿童、与家庭合作、调整你自己的反应。

反思指导:

　　你是否:对儿童发起的行为作出回应?

　　儿童可以找你帮忙?

　　对家庭的担忧/文化很敏感?

　　意识到文化价值和优先性?

　　寻找和接受帮助都是很自然的?

　　愿意接受建构性的回馈?

　　愿意学习很多状况的内容?

　　对自己关于典型和特殊发展的知识很自信?

　　你是否会:提供清晰的指令和结构?

　　抱有现实的期望值?

　　与儿童互动的时候表现出自信?

　　有保留不同策略以基于每个儿童的发展需要进行调整?

　　为满足每个孩子的需要提供恰当的活动?

　　需要的时候调整你的语音和声高? 而且是恰当的?

　　恰当地监管儿童的语音和声高?

　　"扫描"房间,可以从关注整组到关注某个儿童或某个小一点的组?

　　在互动/活动中让孩子积极参与,并支持孩子之间的互动和参与?

　　对自己的教学进行反思,如果需要会进行改变?

　　倾听儿童的沟通意愿?

　　"解读"并对非口语线索进行回应?

图1.11　个人情况调查表

反思性的监管

最新的一些重要的行动聚焦反思性的监管，并在专业人员的反思中得到验证（Eggbeer，Mann，& Sterbel，2007；Caruso & Fawcett，1999）。管理者和督导应采用支持专业人员反思的方法。当发现了阻碍高质量融合的障碍时，则增加了让这个项目成为最好项目的可能性。只有当人们意识到某些特定因素的重要性时，他们才会更有可能进行呼吁（LaRocco & Bruns，2005）。

我们相信在普通教育和特殊教育中是有一些值得推荐的实践的，可以为儿童提供高质量的学习机会。每一个幼儿项目都有潜能为障碍儿童和典型发展儿童提供适当的教育。有效融合的运动已经非常扎实，我们也相信这是值得我们系统地为之努力，让这一运动更有成效的。

问题与反思

1. 你认为特殊服务领域里的什么变化是特别重大的？
2. 你是否有家庭成员患有障碍？ 如果有，请详细说说。
3. 你与障碍人士有过接触的经历吗？ 是什么样的？
4. 你是否意识到你自己对于障碍的信念是什么样的？
5. 请描述一下你自己与障碍者一起工作时的自信水平。

总结

本章中，我们对本书的各个主题进行了概述。我们也概要介绍了早期特殊教育领域的变化。最后，我们聚焦反思的动态性，以及反思对于干预的实施阶段的意义，特别是理论来自实践，实践根源于理论。这是你去发展你内心的指南针的机会，来帮助你探索早期特殊教育领域。我们鼓励你在阅读本书的时候，以及和儿童一起工作的时候记录反思日记。

你会发现后续章节里有一些元素是有联系的。每章开头都列出了学习目标，每章结尾有一些关键术语，还有一些可能有用的资源。

关键术语

Free，appropriate public eductaion 免费的恰当的公立教育

Individulized Education Program 个别化教育计划

People first languge 以人为先的语言

Inclusion 融合

Lease restrictive environment(LRE)最少限制环境

Presumption of inclusion 融合预设

Universal Design for Learning 学习的通用设计

网站

美国特殊儿童协会早期教育部 http://www.dec-sped.org

美国幼儿教育协会 http://www.naeyc.org

美国障碍幼儿和儿童信息中心 http://www.nichcy.org

文化和语言适当服务中心 http://CLAS@uiuc.edu/

参考文献

Allred, K., Breim, R., & Black, S. (2003). Collaboratively addressing the needs of young children with disabilities. In C. Copple (Ed.), *A world of difference* (pp. 131-134). Washington, DC: NAEYC.

Anderson, W., Chitwood, S., Hayden, D., & Takemoto, C. (2008). *Negotiating the special education maze* (4th ed.). Bethesda, MD: Woodbine House.

Bronfenbrenner, U. (1979). *The ecology of human development*. Cambridge, MA: Harvard University Press.

Bremner, R. H. (1971). *Children and youth in America: A documentary history*, Vol. II. Cambridge, MA: Harvard University Press.

Bricker, D. (2000). Inclusion: How the scene has changed. *Topics in Early Childhood Special Education*, *20*(1), 14-19.

Bruder, M. (1993). The provisions of early intervention and early childhood special education within community early childhood programs: Characteristics of effective service delivery. *Topics in Early Childhood Special Education*, *13*, 19-37.

Bruder, M. (2009). The national status of in-service professional development systems for early intervention and early childhood special education. *Infants and Young Children*, *22*(1), 13-20.

Buysse, V., Wesley, P., Snyder, P., & Winton, P. (2006). Evidence-based practice: What does it really mean for the early childhood field? *Young Exceptional Children*, *9*(4), 2-11.

Caruso, J. & Fawcett, T. (1999). *Supervision in early childhood: A developmental perspective*. New York: Teacher's College Press.

Catlett, C. (2009). Resources within reason. *Young Exceptional Children*, *12*(4), 40-41.

Catlett, C., & Winton, P., (2008). Resources within reason. *Young Exceptional Children*, *12*(1), 42-43.

Chandler, L., & Loncola, (2008). In M. LaRocque & S. Darling (Eds.), *Blended curricu-*

lum (pp.1-26). Boston：Allyn & Bacon.

Copple，C. & Bredekamp，S. (2009). *Developmentally appropriate practice*，(*3rd ed.*). Washington，DC：NAEYC.

Cuban，L. (1993). *How teachers taught*. New York：Teachers College Press.

DEC & NAEYC. (2009). *Early childhood inclusion：A joint position statement of the Division for Early Childhood (DEC) and the National Association for the Education of Young Children (NAEYC)*. Chapel Hill：The University of North Carolina，FPG Child Development Institute.

Diener，P. (2005). *Resources for educating children with diverse abilities*，(*4th ed.*). Clifton Park，NY：Thomson/Delmar.

Dewey，J. (1919/1933). *How we think：A restatement of the relation of reflective thinking to the educative process*. Lexington，MA：Heath.

Dunst，C.，Bruder，M. B.，Trivette，C.，Raab，M.，& McLean，M. (2001). Natural learning opportunities for infants，toddlers，and preschoolers. *Young Exceptional Children*，4(3)，18-22.

Dunst，C.，& Trivette，C. (2009). Using research evidence to inform and evaluate early childhood intervention practices. *Topics in Early Childhood Special Education*，29(1)，40-52.

Eberle，L. (1922). The maimed，the halt and the race，*Hospital social service*，VI，59-63. In R. H.Bremner (Ed.)，*Children and youth in America：A documentary history*，Vol.II：1866-1932 (p.1026). Cambridge，MA：Harvard University Press.

Eggbeer，L.，Mann，T.，& Seibel，N. (2007). Reflective supervision：Past，present，and future. *Zero to Three*，28(2)，5-9.

Epstein，A. (2007). *The intentional teacher*. Washington，DC：National Association for the Education of Young Children.

Filler，J.，& Xu，Y. (2007). Including children with disabilities in early childhood education programs；individualizing appropriate practice. *Childhood Education：Association of Early Childhood International*，83(2).

Forest，M.，& Pearpoint，J. (1992). *Inclusion! The bigger picture*. http://www.inclusion.com/artbiggerpicture.html. retrieved on 11/2/2009.

French，K.，& Cain，H. (2006). Including a child with spina bifida. *Young Children*，61(3)，78-84.

Gardner，H. (2000). *The disciplined mind：Beyond facts and standardized tests，the K-12 education that every child deserves.* New York: Penguin Putnam.

Goodlad, J. I., & Lovitt, T. (Eds.) (1993). *Integrated general and special education.* Upper Saddle River, NJ: Pearson.

Goodlad, J. I., Mantle-Bromley, C., & Goodland, S. J. (2004). *Education for everyone.* San Francisco: Jossey-Bass/John Wiley.

Grisham-Brown, J., Hemmeter, M. L., & PrettiFrontczak, K. (2005), *Blended practices.* Baltimore: Paul H.Brookes.

Guralnick, M. (Ed.). (2001). *Preschool inclusion.* Baltimore: Paul H.Brookes.

Guralnick, M. (Ed.). (2005). *Developmental systems theory.* Baltimore: Paul H.Brookes.

Harbin, G., & Rous, B. (2006). *Transitions in early childhood education.* Baltimore: Paul H.Brookes.

Hemmeter, M. L. (2000). Self-assessment: Child-focused interventions. In S. Sandall, M. McLean, & B. Smith(Eds.), *DEC recommended practices* (pp.121-124). Longmont, CO: Sopris West.

Hyson, M. (Ed.). (2003). *Preparing early childhood professionals: NAEYC's Standards for Programs.* Washington, DC: National Association for the Education of Young Children.

Wood, K. & Youcha, V. (2009). *The abc's of the ADA.* Baltimore: Paul H.Brookes.

Jung, L. (2003). More is better: Maximizing natural learning opportunities *Young Exceptional Children, 6*(3), 21-26.

Kaczmarek, L. (2007). A team approach: Supporting families of children with disabilities in inclusive programs. In D. Koralek (Ed.), *Spotlight on young children and families* (pp.28-36). Washington, DC: NAEYC.

Khaldoun, I.L. Excerpt from *Universal history.* In R.Ulich(Ed.) (1971), *Three thousand years of educational wisdom: Selections from great documents* (2nd ed., p.199). Cambridge, MA: Harvard University Press.

Kochhar, C. A., West, L., & Taymans, J. M. (2000). *Successful inclusion.* Upper Saddle River, NJ: Merrill/Pearson Education.

LaRocco, D., & Bruns, D. (2005). Advocacy is only a phone call away. *Young Exceptional Children, 8*(4), 11-18.

LaRocque, M., & Darling, S. (2008). *Blended curriculum.* Boston: Allyn & Bacon.

Larrivee, B. (2006). *Authentic classroom management.* Boston: Pearson Education.

Leiber, J., Hanson, M., Beckman, P., Odom, S. Sandall, S., Schwartz, I., Horn, E., &

Wolery, R. (2000). Key influences on the initiation and implementation of inclusive pre-school programs. *Exceptional Children*, 67(1), 83-98.

McGuire-Schwartz, M., & Arndt, J. (2007). Transforming universal design for learning in early childhood teacher education from college classroom to early childhood classroom. *Journal of Early Childhood Teacher Education*, 28, 127-139.

McWilliam, R., Wolery, M. & Odom, S. (2001). Instructional perspectives in inclusive pre-school classrooms. In Guralnick, M. (Ed.). (2001). *Preschool inclusion*. (pp.503-527). Baltimore: Paul H.Brookes.

Meier, D. (2002). *In schools we trust*. Boston: Beacon Press.

Miller, P., Ostrosky, M., Laumann, B., Thorpe, E., Sanchez, S., & Fader-Dunne, L. (2003). Quality field experience underlying performance mastery. In V. Stayton, P. Miller, & L. Din-nebeil(Eds.), *Personnel preparation in early childhood special education; Implementing the DEC recommended practices* (pp.113-138). Longmont, CO: Sopris West.

Odom, S. (2009). The tie that binds: Evidence-based practice, implementation science, and outcomes for children. *Topics in Early Childhood Special Education*, 29(1), 53-61.

Ostrosky, M., & Cheatham, G. (2005). Teaching the use of a problem-solving process to early childhood educators. *Young Exceptional Children*, 9(1), 11-19.

Pearpoint, J., Forest, M., & Snow, J. (1992). *The inclusion papers*. Toronto, Ontario, Canada: The Inclusion Press.

Pretti-Frontczak, K., & Bricker, D. (2004). *An activity-based approach to early interven-tion* (3rd ed.). Baltimore: Paul H.Brookes.

Pruitt, P. L. (1997). Inclusive practices for preschoolers with disabilities. In P.Zionis (Ed.), *Inclusion strategies*(pp.369-390). Austin, TX: Pro-Ed.

Rab, V., & Wood, K. (1995). *Child care and the ADA*. Baltimore: Paul H.Brookes.

Reagan, T. G., Case, C. W., & Brubacker, J. W. (2000). *Becoming a reflective educator: How to build a culture of inquiry in the schools*. Thousand Oaks, CA: Corwin Press.

Robinson, A., & Stark, D. (2002). *Advocates in action*. Washington, DC: NAEYC.

Rous, B., & Hallam, R. (2007). *Tools for transitions in early childhood*. Baltimore: Paul H.Brookes.

Sandall, S., Hemmeter, M. L., Smith, B., & McLean, M. (2005). *Recommended prac-tices: A comprehensive guide*. Longmont, CO: Sopris West.

Shanker, A. (1994). Full inclusion is neither free nor appropriate. *Educational Leadership*, 52, 18-21.

Smith, B. J. & Rous, B. (2008). Policy in early childhood education and early intervention: What every early childhood educator needs to know. In P. J. Winton, J. McCollum, & Catlett, C. (Ed.), *Practical approaches to early childhood professional development* (pp.247-263). Washington, DC: Zero to Three.

Stayton, V. (2009). State certification requirements for early childhood special educators. *Infants and Young Children*, 22(1), 4-12.

Stayton, V., Miller, P., & Dinnebeil, L. (2003). *Personnel preparation in early childhood special education: Implementing the DEC recommended practices*. Longmont, CO: Sopris West.

Turnbull, R., Turnbull, A., & Wehmeyer, M. (2007). *Exceptional lives* (5th ed.). Upper Saddle River, NJ: Merrill/Pearson Education.

Tyack, D. (2004). *Seeking common ground*. Cambridge, MA: Harvard University Press.

Ulich, R. (Ed.). (1971). *Three thousand years of educational wisdom*. Cambridge, MA: Harvard University Press.

Villa, J., & Colker, L. (2006). Making inclusion work. *Young Children*, 61(1), 96-100.

Vygotsky, L. (1978). *Mind in society* (M. Cole, Trans.). Cambridge, MA: Harvard University Press.

Walsh, S., Smith, B., & Taylor, R. C. (2001). *IDEA requirements for preschooler with disabilities*. Reston, VA: Council for Exceptional Children.

Winton, P., McCollum, J. A., Catlett, C. (Eds.). (2008). *Practical approaches to early childhood professional development*. Washington, DC: Zero to Three.

Wischnowski, M. (2008). Getting the board on board: Helping board members understand early childhood programs. *Young Exceptional Children*, 12(1), 21-30.

Wolery, M., & Sainato, D. M. (1996). General curriculum and intervention strategies. In S. L. Odom & M. E. McLean(Eds.), *Early intervention/early childhood special education: Recommended practices* (pp.125-158). Austin, TX: Pro-Ed.

Yost, D. S., Forlenza-Bailey, A., & Shaw, S. F. (1999). The teachers who embrace diversity: The role of reflection, discourse, and field experience in education. *The Professional Educator*, 21(2), 1-14.

Zigler, E., & Styfco, S. (2004). *The Head Start debates*. Baltimore: Paul H. Brookes.

第 2 章

与发展和个体相适应的实践

目标

读完本章,学生将会:

- 了解特殊儿童服务的重大变化,它们与项目模式密切相关;识别循证实践;
- 从动态的视角理解发展;
- 将理论与实践相联系,识别与发展相适应的实践的关键特征;
- 了解在使用循证实践满足儿童需求的过程中,反思是如何起到支持作用的;确定与儿童工作时的策略和优先事项。

引言

回顾服务的重要变化及对实践的启示

宋彬(Sung Bin,音译)是一个患有徐动型脑性麻痹(简称脑瘫)的年轻人,该疾病严重影响了他的运动能力,使得他会有一些无意义的动作和严重的痉挛状态。"徐动型脑性麻痹会影响整个身体的运动状态,这种形式的脑瘫,典型症状包括缓慢的、不受控制的身体动作,会使得患有该病的人很难坐直和行走。"(http://www.nichcy.org,2009-06-27)宋彬在韩国出生,并在那里度过了他生命中的前 5 年,他在 5 岁的时候被收养。在 1980 年,他进入一个学前儿童特殊教育班就读。这是美国西北地区某个州实施这类项目的第一年,几年之后联邦政府才公布包含学前特殊教育的 94—142 公法。这个项目中有逆向融合(reverse mainstream)的元素,即每天都将一部分典型发展的儿童放在特殊班接受教育。这个课程是与发展相适应的,它为面临发展挑战的学生进行了必要的调整。宋彬接受到的是综合性的服务,包括语言治疗、物理治疗和作业治疗。

宋彬很喜欢和他人交往,他也是一个很有魅力的年轻人。宋彬目前在一所州立大学的后勤部门工作。他在工作中定期和学生进行交流,这种互动让双方都感到很愉快。他的公寓临近小河,那里翻新前曾是一个碎石场,之所以住在那里是因为艺术家和社区居民都能够住得起。他有一个专门放电脑的房间,在那里他会很有兴致地研究各种项目。他与谈了多年的女朋友订婚了,女朋友在同一栋公寓建筑里也有一间。

多亏了美国障碍者教育法案(IDEA)和美国障碍者法案(ADA)的通过,宋彬才能够去接受教育,并且通过就业建设性地运用他所学的技能。他住在公寓的时候,除了由于生理原因不得不需要一些个人支持之外,生活是相当独立的。一个人的生活会因为政策及社会结构的变化而发生戏剧性的改变,宋彬就是这么一个例子。反过来,宋彬的热情和鼓舞人心的意志力也感动了很多人。在他刚入学还是个小孩的时候,关于儿童安置方式的决定是以每个个体的发展水平为基础的。为了能够进入普通班,孩子必须能够掌握与普通发展儿童要求相当的知识技能。当时还无法在一个普通的融合班级针对不同学生调整对他们不同的期待。

正确看待法律的变化

当我们考虑随着时间推移情况的变化时,将法律变化纳入真实的个体的观点是有帮助的。本书的读者,可能有一些是 1975 年以前出生的,而第一部有关特殊教育的法律——94—142 公法在 1975 年才刚刚通过。也有一些人是在 1986 年之后出生的,也就是在 99—457 公法出台以后,这部法律对原来的法律进行了重新授权,同时又增加了早期儿童服务的部分。在美国,所有出生在这两部法律之后的人,接受的都是包含了早期教育与特殊教育的混合教育。于是,在幼年接触到不同的同伴变得更加普遍。在当下,比起回归主流或是反向融合(reverse mainstream),融合被认为是最好的实践方式。融合这个术语在这里使用的是它的广义概念,涉及文化与性别。但是,这个通常更多针对的是"存在能力差异"的儿童。

技术变革

为了更好地理解这些变化的重要性及变化发生的方式,我们可以将其置于因网络而引发的世界变革的背景下去考虑(Catlett, 2009)。当下信息的快速传播促进了系统的成功变革,也造成网络上出现了过量的有关残障的信息。因此,对很多人来说,区分网络信息的真假变成了一个挑战。当然,网上也有大量可信度很高的信息,这极大地方便那些会使用电脑并有机会使用电脑的人。网上大量的有关残障的信息有助于增加相关人员的专业知识,使得他们在执行政府措施的时候更加轻松。信息通过技术得以高速传播,也显著促进了系统变革的程度。

融合预设

在 1997 年美国障碍者教育法得到重新授权之后,早期融合教育出现了一个巨大转变,从"最少限制环境"转向"融合预设"(Guralnick，2001；Turnbull，Turnbull，Shank & Smith，2004；Turnbull，Turnbull & Wehmeyer，2007)。这个法律并没有假设或者规定，每个孩子都要被安置在一个完全融合(fully inclusion)的(普通教育)环境中，但预设并规定了计划与安置团队(the planning and placement team，PPT)应该将其作为一个备选方案。如果作出其他决定，必须给出充分的理由。完全融合这一选择必须被考虑到，如果合适的话，还需要付诸行动。从本质上来说，完全融合这个选择是不能排除掉的，除非有非常充分的证据证明这种方式对孩子无益。

混合性项目

　　范式变化的影响是巨大的，特别是在人员准备阶段及对于那些希望学习新知识的专业人员而言。通过专业发展来支持早期教育领域的专业人员，其重要性已经在由美国幼儿教育协会(NAEYC)及美国特殊儿童协会早期教育部(DEC/CEC)所发布的有关融合教育的声明中得以强调。有许多州已经调整了他们的教师认证标准来表明他们对于融合教育的重视，它们取消了"普通教育"的资质选项，而在普通教育和特殊教育的早期阶段均使用双证或是混合证书的认证形式。从概念上说，这在向完全融合的方向前进的过程中又迈出了重要的一步(Chandler & loncola，2008；Sandall，Hemmeter，Smith，& Mclean，2005)。不过，对于这些融合或统一(unified)的项目来说，在项目质量上是不能有任何妥协的(Leatherman，2007)。

　　我们希望早期教育的专业人员有一些特殊教育方面的专业知识，也希望特殊教育的工作人员能够了解有关普通发展儿童的理论和实践。尽管完全融合最初对专业人员来说是个挑战，但有一点很明确，就是这种融合的趋势是不会逆转的。现在已经有丰富的文件资料可以证明完全融合是有效的，当下的挑战是如何确保很好地实现它。普通教育和特殊教育的从业人员需要全身心地投入融合的事业中去，运用所需的知识和技能及性情倾向(dispositions)来做好这件事(Hyson，2003；2008；Stayton，Miller，& Dinnebeil，2003)。就总体而言，这会带给孩子积极的发展结果。

循证实践

　　有些基于研究的证据包括了很多行动的发展进步，而且已经被反复证实(Buysse & Wesley，2006；Dunst & Trivette，2009；McWilliam，& Casey，2007 Odom，2009；Winton，McCollum，& Catlett，2008)。

动态地看待发展

　　危险因素和保护因素　在 20 世纪 60 年代，掀起了一阵中枢神经系统(central nervous

system，CNS)及大脑发展的研究热潮。新兴的研究技术发现，幼儿的大脑在出生之后还在继续发展(Bailey，Bruer，Symons，& Lichtman，2001)。经验及周围环境会对这段时期的发展产生非常重要的影响。随着时间推移，中枢神经系统的"延展性"或者"可塑性"有着改善大脑发育的可能性。它也会让目前处于危险发展状况的孩子增强抗逆力(resilience)，甚至取得引人注目的发展(Farran，2001；Fraser，Kirby，& Smokowsky，2004；Shonkoff & Phillips，2001)。

中枢神经系统具有可塑性这一基础原理使得我们的实践对于儿童的意义变得更加重大。我们做什么，以及如何去做，都可能对儿童的发展产生很大的影响。表2.1中提供了关于主要危险因素、保护因素及潜在后果的概述。

表2.1　保护因素和危险因素

保护因素	危险因素	潜在后果
充足的资源	与很多高危因素相关的贫困	缺乏获得服务的途径
良好的营养	营养不良（比如缺乏叶酸）	对大脑以及身体的发展都会产生不好的影响；注意脊柱裂(attention Spina bifida)
父母文化水平较高	父母文化水平较低	由于缺乏儿童发展相关的知识，会导致儿童的很多行为问题
充足的医疗支持	缺乏医疗支持	一些疾病如果未能及时处理会导致继发性发展障碍
健康的孕期发育	孕期接触过有毒物质	神经发展障碍（与酒精相关的出生缺陷）
健康的环境和出生过程	新生儿期的各种风险（neo-natal risk）	早熟；供氧不足；脑瘫
足够的社会支持	缺乏社会支持	隔离；缺乏资源
最小化的基因风险(genetic risk)	基因风险	唐氏综合征等基因疾病
安全的环境	身体损伤(physical trauma)	脑外伤
良好的关系	虐待	难以建立亲密关系；创伤后应激障碍；反应性依恋障碍
母亲的生育年龄处在正常范围	母亲生育年龄过早或过晚	患特定发展性障碍的风险增高
良好的家庭支持	缺乏家庭支持；缺乏良好的关系	难以建立亲密关系；复杂问题

从动态的角度看待发展的重要性及我们对于儿童获得积极发展结果的作用，这两点怎么强调都不过分。当一个孩子在刚出生或者很小的时候就被发现有发育障碍，基于中枢神经系统的可塑性理论，对他进行合适的干预通常会带来积极的改变。举个例子，当一个孩子

出生时受到了毒品或者铅等重金属元素的影响,那么他就很有可能患有多动症等神经性的障碍,并且难以控制冲动。一个普通的"很繁忙"的教室虽然对大部分学生来说刺激是合适的,但对这个孩子来说刺激就会太过强烈,可能会引发一些冲动行为甚至攻击性行为。难以自我调控并冷静下来,以及无法过滤周遭刺激的问题,都可以通过调节儿童所处环境中刺激质量和数量得以很好地处理。当我们意识到儿童行为的促发因素,以及儿童的弱点所在,我们就可以策略性地调整环境和互动,从而对儿童的问题行为产生一个积极的影响。表 2.2 简要总结了幼儿在不同领域的积极发展结果。

表2.2　儿童的积极发展结果

发展领域	积 极 的 结 果
社会情感	信任,健康的依恋,自主,自我调节
语言和沟通	交流的意愿,将声音与意义建立联系,通过手势或其他符号进行交流
认　　知	概念发展,问题解决能力,记忆和再现
动作发展	运动能力
粗　　大	独立
精　　细	协调能力,自助能力,日常活动能力

在向融合设想转变的过程中,曾经经历过一个阶段,人们就融合的有效性进行反复讨论。这已经不再仅仅是哲学或者教育学上的问题了。随着法律已经向完全融合或者"负责任的融合"(Turnbull, Turnbull, & Wehmeyer, 2007)转变,专业人员也很有必要去了解如何满足不同发展状态儿童的需要。现实地说,它需要一种"融合确实可行"的信念和一全套新的技巧;它需要我们全身心投入、合作解决问题并跨过各种障碍;它涉及一种新的责任机制(accountability),以及行政和财政的支持;它也涉及一种承诺,即对于社会偏见(stigmas)及其与发展障碍的联系进行诚实的反思。

与发展相适应的实践的定义

有一项很有意义的研究改变了人们对"与发展相适应的实践"认识。早期关于这个主题的讨论,都是围绕理论观点(Mallory & New, 1995),尤其是整合了在早期教育领域被广泛认可的建构主义方法学。随着时间的推移,与发展相适应的实践逐渐向着一种新的观念和标准发展,它包括了更加清晰的指导并考虑更为广泛的范围里的相关因素(Copple & Bredekamp, 2008/2009)。发展的及跨文化的多样性,都被看作必不可少的元素。

理论观点

除了与发展相适应的定义的发展,我们还需要考虑一系列的理论观点,它们为人类的发展提供多种不同的概念框架。诸如建构主义与行为主义等各种不同的理论流派,会有着不同的操作原则、不同的优先事项和不同的假设。表 2.3 提供了一些关于当下早期教育领域主流理论的概况。

表 2.3　你知道吗? 早期教育的主流理论

理　　论	关键特征	与特殊儿童的关联
多元智力理论,霍华德·加德纳	9 种不同的智力	说明儿童的能力会有不同的表现方式
社会文化理论,维果斯基	最近发展区;脚手架	问题解决策略,言语表现
建构主义,皮亚杰	亲手操作的重要性,概念	概念,泛化
蒙台梭利教育体系	感官体验,结构化的经验,经过仔细设计的材料	技巧的功能性运用
瑞吉欧教育体系	建构主义理论的运用,社会经验及社交问题解决技能的重要性	社交问题解决
行为主义,应用行为分析	刺激,反应,强化	系统的运用强化反馈来增加合适行为的出现频率,间断强化

有时候,专业人员会忠于其中某一种理论。项目本身及课程也会与特定的概念框架相一致。大多数早期教育项目,都认为自己主要是以建构主义为基础,因为其信念在于儿童可以通过核实的活动建构属于自己的概念(Copple & Bredekamp, 2009)。不过对于某些儿童来说,如果这种方法无效,就可能需要考虑其他的教育方法。

实践中的意义

正如种族歧视的不断减少,改变的第一步通常是承认当下存在这种观点。如果团队成员来自一个存在着种族歧视的地区,并且没有或只有很少的与重度发展障碍儿童工作的经验,他们就需要重新构建有关障碍的概念。有时这意味着诚实地承认关于发展差异的可说出和无法说出的价值和信念。简而言之,当存在消极的潜在倾向,我们的工作在表面上也不会有积极的效果。否认这种潜在倾向的存在会使得歧视更长久地存在,承认这些误解和判断,才会使我们有可能往积极的方向前进(Trawick-Smith, 2008;Wah, 2004)。

理解历史环境,弄清楚为什么刻板印象和隔离教育(exclusive practice)会成为常态,这是很有必要的。在当前的形势下,我们虽然不得不承认改变这些意识形态会花费很长的时间,但是我们相信,社会支持和建设性政策的持续性会有助于更有效的变革的发生。可以肯定的是,你通过参与这一过程,某些信念、态度及思考的方式会发生改变。

融合的必要性

在这个阶段，为了改善给早期障碍儿童提供的服务，联邦政府也出台了一些额外的法律，比如 2001 年颁布的"不让一个孩子掉队"法（NCLB）。这一法律对于学校和障碍儿童的一个主要影响就是规定了学校要接纳那些在标准化评估中被认定有资格获得特殊服务的儿童接受教育。除非儿童的成绩低于平均数三个标准差，否则所有学龄儿童都必须参加标准化评估，并据此对学校进行评估（Walsh & Taylor，2006）。但是后续的倡导努力，也可能会引起某些法律条文的变化。

教育的政治化也使得伦理道德上升到一个新的水平。最基本的情况是，如果实施完全融合成为政治命令，那么就需要有相应的道德约束并得到大家共同的承诺。之前就有先例，五个有智力障碍儿童的家庭，联名向他们所在的州发起诉讼，从而向完全融合迈进了一大步（Guralnick，2001）。

机构合作

机构、群组、个体之间的合作，对于有效的融合是很有必要的。与发展相适应的实践及建构主义概念框架是融合成功的内在的坚实基础。合作，是为普通发展儿童提供最佳实践和为特殊儿童提供有效融合教育的核心（Allred，Briem， & Black，2003；Zigler & Styfo，2004）。

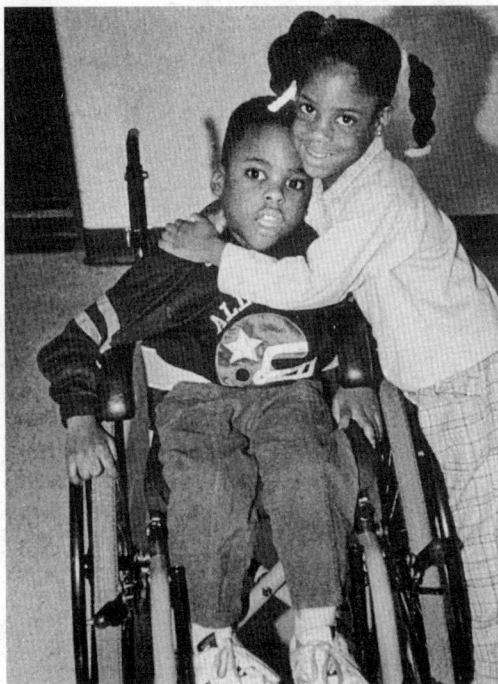

同伴支持对儿童来说很有价值。

这也许会帮助小组成员去调整他们内心对于融合的感觉进入自然的状态,并愿意变得有创造力,去思考一些积极的关于融合的可能性。坚持自己的价值判断和美好展望,会使得事件发生积极的改变。简而言之,我们不是因为不得不做而去行动,而是因为这样做可能会提高幼儿教育的整体品质。

研究与实践

有很多研究在寻找与普通幼儿及特殊幼儿进行互动、开展教学的方法(Smith,Mclean, Sandall, Snyder, & Broudy-Ramsey, 2005)。渐渐也出现了一系列被普遍认可和推荐的实践,因为它们是基于证据的(Buysse & Wesley, 2006)。比如增加结构化、促进儿童参与、使用系列干预等(LaRocque & Darling, 2008;Winton, McCollum, & Catlett, 2008)。

早期教育与特殊教育的融合

在过去的 25 年里,早期教育与特殊教育一直在进行混合、统一(unified)或整合,在这一过程中,包括了理论标准及实践的改变。这对从业者以及人员培养(personnel preparation)都产生了重要影响。现在,人们都希望从业者能够掌握一些关于课程调整的专业知识,以满足所有儿童的需求,包括面临发展挑战的儿童(Copple & Bredekamp,2009;Hyson, 2003;2008;Mallory & New, 1995;Sandall McLean, & Smith, 2000;Stayton, Miller, Dinnerbeil, 2003)。这在美国特殊儿童协会和美国幼儿教育协会有关融合的联合声明(2009)中已有明确表达。除了掌握一系列可用于存在发展差异的儿童的可能策略之外,与团队合作制定个别化计划以处理不同需求也十分必要(Allred, Briem & Black,2003)。

在 1975 年公布的"残疾人教育法"(94—142 公法)中,并没有包括早期服务。有一些项目,比如开端计划,确实调整了架构以接纳障碍儿童,但联邦特殊教育法律直到 1986 年99—457 公法颁布,对 94—142 公法重新授权之后才将学前儿童纳入其中。有些州在1986 年以前就自发推行早期服务,但大部分州并没有这样做。在实践方面,这些变化给早期教育和特殊教育都带来了巨大的范式变化,这些变化因为美国障碍者法(ADA)的通过得到进一步的支持(Rab & Wood, 1995;Wood & Youcha, 2009),这对于私立的儿童看护项目产生了重大影响,因为法律规定在多数情况下社区项目拒收特殊儿童会被视为违法。

在 20 世纪 90 年代后期,94—142 公法及 99—457 公法作了一些调整,这也导致美国障碍者教育法和该法的修订(1997,2001 & 2004)。有些法律更新对早期教育服务的影响要远大于其他领域,它们要求在日常实践中作出调整(Walsh & Taylor, 2006)。

从某种意义上来说,将早期教育与特殊教育相融合可能会吸收两个专业的精华。早期教育清晰、概念化的框架可以帮助我们全面了解儿童,让我们保持良好传统,尊重发展过程、共同承诺致力于促进和支持发展。适当的干预是由有我们所知的各种被推荐的实践组成的。

当一个孩子存在异常,可以理解为他的发展已偏离常态。同时,伴随着专业的融合,相关专业人员对儿童的天性是抱有理解和包容的态度的,即使他们存在异常。这些儿童的需求是独特的,并且需要特殊照顾,但他们仍然是儿童,典型发展框架仍然对他们是有意义的(Ostrosky & Sandall, 2001;pretty-Frontczak, Barr, Macy, & Carter, 2003)。在以人为先的语言中,以及对发展的健康领域的关注中,这样的理解是十分明确的。

即使要用到诸如任务分析等非常专业的方法,我们也可以将其放在适宜发展的项目中进行,这些项目同时提供感觉经验、语言交流的机会,以及有意义的概念发展机会。

连接理论与实践的桥梁：循证实践与研究基础

我们考虑循证实践时,会寻找早期教育及特殊教育两个领域的研究中已经被评估为有效的方法(Buysee & Wesley, 2006 Winton, McCollum, & Catlett, 2008)。研究的焦点主要集中在社会互动的重要性、支持文化多样性的体验和引导性探索(guided inquiry)(Goodwin, 1997;Trawick-Smith, 2008)。在典型的早期发展中,上述元素都是得到重视并且经过大量研究证实的,包括美国幼儿教育协会进行的研究。这在美国幼儿教育协会以及美国特殊儿童协会早期教育部发布的关于融合的联合声明中也很明显。

早期教育

在早期教育中,比较完整的教学法都是支持建构主义的,众所周知动手动脑的积极学习方式是与发展相适应的。提供有丰富感官活动机会的环境也是一个被认可的实践方式。我们知道,在某个年龄被视为"普通"的儿童行为到另一个年龄阶段可能并不合适。一个经典的例子就是,孩子 2 岁时,他们发脾气会被看作是正常的,但如果在他们更大的时候表现出来,这就不正常了。幼儿享受自主权是可以被接受的,大人扮演的角色通常是回应性的,受到儿童发起的引导。当一个孩子沿普通路径发展时,他们需要以特定的方式得到支持,但他们通过参与提供了概念发展、社会互动及感官刺激机会的活动,也表现出了学习和成长的能力。当儿童发展遇到阻碍时,就需要在正常支持的基础上得到一些额外的帮助。明确提出对于增强性服务的需求有助于真正得到这些支持。图 2.1 提供了关于美国幼儿教育协会的基本信息。

美国幼儿教育协会(NAEYC)已经建构了自己的使命和关注焦点。它是一个在融合方面有着很好表现的机构(Hyson，2003)，提供大范围的服务及材料。它为全球成千上万的早期教育工作者提供网络合作机会、支持服务以及提升专业化的活动。NAEYC 可以提供很多资源。15 年来，该机构的领导者与关注特殊儿童的专家密切合作，争取更好地反映特殊儿童的需求。

美国幼儿教育协会应用于这一不断变化的领域的一些具体方法有：

研讨会主题

文章主题

在线社区

标准

更多信息，请关注 http://www.naeyc.org。

图 2.1　美国幼儿教育协会

尽管"正常"范围内的发展通常有特定且可预测的模式，但仍然存在很多个体差异。每个孩子都是独一无二的个体，拥有不同的气质、兴趣、动机、人格、能力、需要及组合。

特殊教育

在特殊教育领域的循证实践，通常是以某些方法有效性的系统研究为基础的。这些方法包括有目的的给予提示、使用强化、延时或给予等待时间，但不局限于此。其他方法还包括任务分析，就是把一个复杂的任务分解成更小的、更易完成的单元；提高结构化；可预测的常规；同伴互动机会；个别化教育。同伴示范等方法也是比较有效的。

反应式干预

除了使用给予证据的普遍的干预策略外，另一种方式是系统地确定对于特定个体最为有效的干预策略，即关注具体行为、使用某个策略并在一段时间内收集数据以确定其有效性(Dunst，Bruder，Trivette，Raab，& McLean，2001)。因此循证实践可以是具有普遍性的，也可以是针对特定儿童的。确定个体需要关注的领域并处理这些需求，是整个过程中必不可少的一部分。反应式干预，或者说识别与回应(Buysee & Wesley，2006)是一种分层处理儿童可能面对的困难的方法。这个层级是以一个三角形来表示这一连续服务的。最底层表示的是针对大多数儿童的服务，大部分儿童都可以从与发展相适应的环境中受益，获得支持达到最佳的发展。中间的第二层，表示的是需要更多支持服务的少数儿童，包括一些更聚焦的干预。第三层，也就是三角形的顶端，代表的是数量更小的一个群体，这些儿童有着更加严重的发展障碍，他们需要更有针对性的教学策略。

早期特殊教育

早期教育的循证实践与特殊教育领域循证实践的一些差异相对来说其实是比较容易调

和的。支持儿童概念发展的建构主义方法学是无可置疑的，该理论认为存在发展差异的儿童仍然可以在某个水平上发展概念，尽管他们的理解能力不及同龄的伙伴。目前，出现了越来越多与积极行为支持相关的方法（Sugai & Horner，2002），以及离散单元干预等非常专业的干预方法。对于早期特殊教育，通常会基于儿童个体的需求将这些方法结合使用。图2.2提供了关于美国特殊幼儿协会早期教育部的概况。

早期教育部（DEC）是美国特殊儿童协会下属的一个官方组织。早期教育部在过去15—20年间，在特殊幼儿服务的范式变化过程中扮演了一个非常重要的角色。很多年来，早期教育部的领导一直承诺追求卓越，并致力于识别和推广最佳实践，包括相关的研究和循证实践。在从分离性服务向融合服务转变的过程中，早期教育部与美国幼儿教育协会的领导紧密合作，参与实践模式的发展（Sandall，Hemmeter，Smith，& McLean，2005）。

这一整个过程都有文献记载证明，现在被视作本领域的经典（Mallory & New，1995；Miller，1996；Wolery & Sainata，1996）。早期教育部与美国幼儿教育协会的领导人共同领导，以便重新确定体现出更具融合性的教育模式的标准（DEC & NAEYC，2009；Hyson，2003）。

早期教育部的一个下属部门，人员培养委员会（The personnel preparation committee），近年来为该领域内的从业者撰写值得推荐的实践。不少出版作品能证明他们所做的努力（Stayton，Miller，& Dinnebeil，2003）。扩大服务范围被认定是要优先处理的事项，另外该部门也做了很多工作来确保与美国幼儿教育协会及其他服务幼儿的机构的持续合作。

更多信息，请关注 http://www.dec-sped.org。

图2.2　美国特殊幼儿协会早期教育部

理论上说，使用感觉和知觉活动来帮助儿童发展概念是可以被接受的（Jalongo & Isenberg，2008；Trawick-Smith，2008）。但专业人员需要知道，对于一些有感觉加工困难的儿童这可能会引发触觉防御。如果一个儿童有感觉统合功能紊乱，那么他依然可能会从感觉和知觉活动中受益，而我们在设计活动的时候就需要把这一点纳入考虑。可选择的对策会有很多，比如说替代性的材质，戴上手套或者其他调整方式。图2.3提供了一个例子。

卡莉是5岁的小女孩，她在18个月大的时候开始接受特殊服务。在15个月大的时候，父母发现她有语言发展迟缓现象。她的接受性语言符合她的年龄水平，因为她能够听从指令且能够对他人的要求和评论作出非言语回应。她具有创造力，这在她很小的时候就从不同的方面展现出来。尽管她很享受感觉和知觉体验，但对某些材质会有触觉防御。卡莉是个热情的、善于表达的孩子，对父母和朋友有很强烈、健康的依恋关系。她有一位结交了好几年的十分亲密的朋友。最近她被诊断出有严重的学习障碍。卡莉的父母积极地介入，并使她能够在课外有更多的机会获得不同的经验。她在学前阶段就接受融合教育。她的父母都是大学毕业。

图2.3　卡莉——感知觉加工困难

循证实践的实施：无条件接纳和创造学习条件

有一些循证实践是通过可靠的研究过程得以证实的，还有一些则是基于个体的反应（Buysse & Wesley，2006；Cheatham，& Ostrosky，2005）。通过一段时间确定目标及系统化的数据收集过程，专业人员可以判断干预是否对儿童个体有效。干预的有效性很可能增强团队成员的信心。这类有效的策略，被证明不仅仅只能由一个专业人员开展，每一个团队成员都能使用。

尽管健康的儿童和以家庭为中心的社区支持无条件接纳，循证实践还要求通过有效的调整或者创造有效条件来满足有不同发展状况的儿童。创造支持障碍儿童最佳发展的条件，通常也会自然地促进儿童获得更多可测量的积极结果。有效的环境条件或因素包括可预测性、常规、结构化、有效使用学习小组，以及空间布局设计及其可及性等。噪音水平、组织性和转衔程序等环境因素能够影响儿童的健康发展（Watson & McCathren，2009）。一个方法是否有效依赖于需求和供给之间的匹配程度。表 2.4 简单概述了理论与实践是如何匹配的。

表 2.4　匹配理论和与理论相关的实践

情　　境	相关理论	发展元素
婴儿早产，第一个月在医院的特护病房内	依恋理论 Erik Erikson 的心理动力理论	需要发展信任和建立健康的关系
自闭症儿童在某些领域有特殊才能，比如音乐	Howard Gardner 的多元智力理论	识别并支持个体的智力模式
唐氏综合征患儿	皮亚杰的认知发展理论	关注概念的发展和感官经验
有行为问题的儿童	积极行为支持	关注积极的结果而不是对消极的行为做出回应
有学习困难的儿童	信息加工理论	处理特定领域的加工障碍（比如词汇再认）

发展性匹配

在教育领域很早就有一个共识，儿童的发展性需要和课程内容是否匹配，是教育是否有效的关键。许多专业人员已经对此进行了阐述。这与融合课堂中的教育有效性也息息相关，因为调整通常是个别化的。比起假设儿童需要"做好准备"接受某个年级水平的课程，我们更应有一种动力去调整课程和常规以满足每个儿童的独特需求。意识到这种匹配的重要性，是这一动态过程的核心。

反思性实践

在早期特殊教育中,反思的过程对于方法的有效运用是不可或缺的一个环节。我们如何知道哪种方法对于每个儿童最有效? 为了达到我们的目的,在反思时就需要考虑个体内的、个体间的,以及环境方面的多个因素。这些因素会对儿童的发展产生潜在的影响。反思就是全体成员聚在一起讨论在课堂上使用的方法是否有效。这包括考虑到当别人发起互动或对儿童做出回应时,儿童是如何反馈的。有些情况下还可以进行更深刻的反思,但这并不是一个必须的部分。有时候,儿童会对其他孩子产生意义深远的影响。当这种情况发生时,小组成员在尊重隐私的情况下与其他成员讨论该问题并反思这一动态过程,这样是很有帮助的。

对儿童进行数据收集及持续观察,可以为评价他们当前的功能水平提供必要的信息,因为其功能水平是随时间不断变化的。但是通常是团队来决定什么时候以及怎样实施干预策略。小组成员间就干预策略有效性进行反思和沟通有助于监控干预策略。这个过程可能会改变儿童的发展轨迹或促进儿童进步,尤其对于有发展困难的孩子。

参与有吸引力的活动可以支持健康发展。

性情倾向

同理心、接纳差异等积极的性情倾向,对于有效实施策略和方法是必不可少的。因此,本书中的引导式反思也考虑到了性情倾向的问题。专业的性情倾向是理论与方法在实际中得以应用的一个重要方面(Jalongo & Isenberg, 2008),有时候很难明确地定义什么是性情倾向,因为它涉及一些质性因素。性情倾向与一个人"做了什么"和"怎么做"有关。作为一个有效的专业人员(effective professionals),表现出积极的情感、彼此尊重的态度及良好的交流技巧是非常重要的。除此之外,专业人员也要表现出责任感,并且意识到我们所认为的标准可能会存在一些文化差异。例如,在某些文化里,目光接触是一种尊重的表现,但是在另一些文化中,这是一种挑衅(Hanson & Lynch,2007;Trawick-Smith,2008)。

积极的性情倾向也包括解读社交线索的能力。即使有出色的应对能力,也会出现"失联"情况,这时,你有必要去确认那些误解的来源。如果一个人没有意识到或者是没有表现出对他人言行的尊重,可能会产生消极的影响,就不是积极的性情倾向的表现。通过对来自他人的建设性反馈进行真诚的反思与回应,就有机会调整个体与儿童、家庭和团队互动的方式(Ostrosky & Sandall,2001)。对于和特殊需要儿童及其家庭共事的专业人员来说,积极性情倾向的一个核心特征就是无偏见。当一个家庭进行调整以适应自己的孩子有发展性障碍的现实时,他们非常容易受到伤害,这种现象并不少见(Erwin, Soodak, Winton, & Turnbull, 2001)。但是随着时间的推移,家庭对偏见的关注会明显减少。然而,在社会变迁和体制改革的过程中,会由于性情倾向的不同而存在残余的偏见,所以对自己的性情倾向进行反思并愿意接受他人建设性反馈,是职业准备和持续专业化发展十分重要的部分(Division of Early Childhood, 2006;Hanft, Rush, & Sheldon, 2004)。

积极的儿童结果

当一个团队共同合作给儿童及他们的家庭提供支持时,他们需要确认个体的能力和需求,需要确定积极的、儿童可以达到的结果,也需要发展适当策略,以增加结果达成的可能性(Hanft, Rush, & Shelden, 2004)。目标应该以儿童发展典型模式的相关知识为基础。对儿童设立合理的期望是成功的基本要素。我们不想降低标准且假定儿童不能够达到预期的结果,我们也不想将标准设得太高,增加儿童失败的可能性。确定作为集中干预目标的积极发展结果,也是成功的关键。当一个专业人员了解儿童的能力,他应该想出策略来支持这个儿童的最佳发展。我们不仅要关注这个孩子完成了什么任务,还要关注他在循证策略、调整及干预的支持下是怎样完成这项任务的。这样,我们才是在儿童的"最近发展区",或者说刚刚超过儿童现有的功能水平上进行教学(Vygotsky, 1978)。我们根据观察和评估确定每个儿童的现有表现水平,以及学习方式和学习节奏,并以此制订计划。我们不断地进行形成性评估,并且在需要时用它来调整我们的策略(Grisham-Brown, Hemmeter, & Pretti-Frontczak, 2005)。

新标准反映了两个领域/专业的合作

虽然早期教育部和美国幼儿教育协会等一些主要的组织并没有合并,但是它们在有关儿童及其家庭最佳表现结果方面的优先事项、标准和目标上都越来越一致。这些组织在某些价值观念上是一样的,如以家庭为中心、欣赏文化多样性等。不同的系统维持着自己的结构,但是越来越多的迹象表明,所有的系统共同合作才能达到最佳的效果。还有一些项目将许多组织的优先事项和要求整合到自己的项目里,以减少孤立的可能性。

深入了解系统

除了要基本了解早期教育部和美国幼儿教育协会及国家开端计划协会等组织是如何运作和设立标准的,并持续更新这些信息,从业者还迫切地需要知道特殊教育在学校系统内是如何运作的。了解大量政策和程序知识能够为许多问题提供指导方针,包括预转介策略的运用。有时候预转介后会紧跟着正式转介,尤其是对儿童的发展存在担忧的时候。转介通常用来帮助制定个别化家庭服务计划(IFSP)或者是个别化教育计划(IEP)。一般来说,具有丰富的特殊教育知识的专业人员会作为负责人,但其他团队成员也应该参与,即使他们具有较少的特殊教育背景。团队成员,包括家庭成员和专业人员,对鉴定、项目计划及调整过程有关的政策和程序有清晰的了解,这是非常重要的(Anderson, Chitwood, Hayden, & Takemoto, 2008)。

无论是私立的还是公立的早期教育项目,从业者都应该熟知"正常"的儿童发展过程,这可以使我们看到儿童的哪些方面在典型技能发展范围之外。如果儿童的发展看起来受到了阻碍,专业人员还应该能够识别这些危险信号。专业人员必须在一段时间内记录下自己的担忧,尝试一系列的策略,记录下儿童的进步或不足,而不是直接得出结论。这些预转介策略在美国障碍者教育法中要求强制执行。

理解系统

对团队成员来说,知道儿童的发展需要得到额外关注是很重要的。了解如何恰当地进行特殊教育服务转介,有利于儿童获得积极的结果。如果私立项目中没有特殊教育工作人员,但是意识到某个儿童的发展落后于同龄儿童,那么专业人员应当要知道在地方教育当局(LEA)中谁可以提供帮助,知道公共学校系统和负责机构是谁是非常重要的。专业人员需要知道家庭的合法权益,尤其是隐私权和知情同意权。没有得到儿童合法监护人的同意,计划与安置团队不可以召集人员讨论儿童的需求。同样的,没有经过同意,也不可以开展用于决定服务资格的评估。

0—3 岁和学前项目都是联邦政府强制要求的,教师需要知道在不同的州这些服务有不同的行政结构。在一些州,儿童的年龄会从出生延长到 5 岁;在另一些州,0—3 岁服务系统也许由一个提供人类服务的机构管理,学前项目可能由地方教育当局管理。此外,这些行政方面的运行和指派受到法律变化的影响,如 2004 年颁布的障碍者教育法在原有的行政结构中为家庭提供了更有弹性的选择(Guralnick, 2005; Walsh & Taylor, 2006)。当儿童的服务项目发生变化,在转衔期间继续给儿童及其家庭提供的支持是维持儿童发展性进步的重要因素。

为有发展异常的儿童家庭提供支持时,教师以及其他相关服务的提供者需要有能力根据需要去联合各个系统,并且搜集相关信息(Turnbull, Turnbull, Shank, & Smith, 2004)。比如说,从业人员必须知道,在转介后的 45 个工作日内要作出决定。在某些情况下,完全决定一个儿童的发展水平也许需要更多的时间,这时计划与安置团队就要根据现有的信息举行会议,作出安置决定。

确定角色和责任

如果专业人员对协议(protocol)有疑问,那么对他来说拥有一个支持网络和行政资源来提供信息是非常重要的。对于私立或者公立早期项目的教师来说均是如此。通常,在地方教育当局工作的一个专业人员会被指定为早期服务的负责人。他要负责处理公立及私立的项目。但是如果规定的筛选程序没有鉴定出一个疑似障碍儿童,私立项目的工作人员和家庭成员可能需要主动联系地方教育当局。

当我们确定优先事项时,我们不得不去考虑一个确凿的事实,在系统的改变过程中,很可能存在不平衡的状态。我们现在正处于一个关键的节点上,要连接以前从不关联的各个系统。我们需要更加有效地利用我们手上的资源(Catlett, 2009)。系统间的合作能够增加项目的有效性,这种合作也使儿童得到更积极结果,同时将额外的开支降到最少。然而,当我们倡导有效融合的时候,我们也必须明白,并且做好澄清的准备,就是融合不一定就会比隔离教师的花费要少。我们需要提供适当的支持以便项目能够真正帮助儿童获得积极结果。仅仅只是减少隔离式教室并不足以确保融合达到良好效果。

关于干预的意义的讨论

由于项目范式朝着更具有融合性的方向变化,特殊儿童也进入普通教育项目中,这对于干预有很多启示(implications)。其中最主要的就是在课程调整的过程中要有能力从不同角度对策略进行思考(Hanft, Rush, & Shelden, 2004)。在制定干预计划时,了解足够多的可从中选择的策略是必要的,但并非仅仅如此就可以了。无论是普通教育工作者还是特殊教育者,或者是两者兼具的老师,都需要在计划或者实施调整时进行团队合作。使用差异化教学来有效地满足儿童的独特需求,这也是协调运作的团队的功能之一。

利用问题解决来增加积极结果

问题解决的基本结构和程序是在一个相对可预测的模式下进行的。首先,基于每个儿童的特征,明确其优势和需求模式。其次,基于需求领域来确定目标,目标设定需要符合维果斯基的最近发展区理论,也就是在超过当前水平同时有可能达到的区域范围内

(Vygotsky，1978)。第三,通过使用适应性的策略来达到目标,这些策略是从一堆策略中基于儿童特征选出的,而非仅仅依据诊断结果。第四,将这些策略嵌入儿童每天的活动和常规中,提供大量的机会来满足他们的独特需要,并达到目标(Grisham-Brown，Hemmeter，& Pretti-Frontczak，2005)。最后,评估儿童的发展性进步情况及每个儿童对干预策略的反应,其结果将有助于干预的继续进行。

从反思开始

　　能够有效地实施策略的核心是有能力"随机应变",也就是当问题出现时立刻作出回应。在早期教育中已经充分认识到,自发性是儿童发展过程中的一种天生的也极富价值的部分(Jalongo & Isenberg，2008)。照顾者的回应性能够创造出社会互动的亲密关系、沟通交流、共享式的问题解决及身体同步性(physical synchrony)。在能够促进健康发展的关系中,协调和心理上的安全感是必不可少的因素。

修正的范围(Range of modifications)

　　当儿童需要干预时,所用的方法可能包括了环境调整、设备调整等广泛的范围。在有些情况下,调整可能从以儿童为中心的活动开始,逐渐加入更具成人主导性的干预。在一个融合的环境中,我们会从与发展相适应的推荐实践开始,并根据个体需求作出调整。儿童可能需要更多结构化、需要对限制和边界作出明确说明或者在互动中需要更多的指导,我们可以把相关的干预嵌入日常活动中(LaRocque & Darling，2008)。

　　专业人员提供了一种观点,就是根据需要来调整课程。这跟航海的导航原则很类似。有时候两点之间直线是最佳路径,但并非总是如此。有时候,会因为各种各样的原因需要对路线作出调整。航行的时候,气流和风向是至关重要的。在早期特殊教育领域,有时候儿童不断变化的特征可以指导我们的干预。要想有效实施干预,需要解读儿童和团队成员的线索,就像一名出色的水手及时调整航向那样,及时调整课程。此外,熟知并且熟练运用可以支持儿童积极结果的方法也是很有必要的。

去了解你所服务的儿童

　　我们有很多种方式去了解我们所服务儿童的能力和需求模式。有时在儿童入学之前我们就已经通过文件对他们有所了解。我们也许会接触到关于这个儿童的大量信息或至少可以了解一些基础信息。有些儿童有着非常详细的评估数据,让我们可以据此形成对他们的初步印象,而有的儿童只有很少甚至没有任何评估数据。

　　我们有时在接触任何书面材料之前会先与儿童碰面。这个孩子直接被带去学校,成为了班级的一员。当这个孩子还未被确认有资格获得特殊服务的时候,你可能会亲自去见见他,通过观察或者互动来更多地了解这个儿童。不管怎样,这时候你都对这个儿童的整体信息有了概念,基于这些最初形成的印象,你会进一步进行各种形式的评估和收集真相。你所确定的儿童发展水平将成为你确定后续如何进行教学,以及需要进行哪些调整、开展哪些干预的基础。当儿童还没有获得诊断时,与家庭就转介前的策略和初始筛查的问题密切合作,会建立你和该家庭的信任感,使得后续获得全面评估的许可变得更加容易。

在本章的一开始,我们提到了一个在韩国出生的孩子——宋彬。这里我们会给出更多的关于他的信息。在5岁那年,他被美国的一个家庭收养。考虑到他出生时的情况,如果没有被收养他很可能就无法存活下来。他患有徐动型脑瘫,会有一些无意识的动作和比较严重的痉挛。他的肌张力极高。在学前阶段,他甚至不能承受任何重量,所以主要运动方式是滚动,但可以独立完成。因此,他的物理治疗师为他设计了这么一个项目:从一处独立移动到另外一处。这需要重新布置教室中的物理环境。宋彬会参加自由游戏和小组游戏等日常活动,同时也会接受物理治疗。他有时会用到支持性的座椅,有时候会用到一些辅助工具。他也会接受一些言语语言治疗,主要内容包括控制呼吸训练、集中注意力在他要说的内容上等。宋彬有能力与同伴及成人建立稳固、积极的关系。他在各发展领域都取得了较大进步,但仍面临长期的肢体方面的挑战。当他的沟通能力增强,他的理解能力和智力能力就表现出来了。如果宋彬现在还处于学前阶段,那他肯定可以使用很多更为出色的辅助工具。

问题与反思

1. 你认为发展适宜的实践中,哪些是特别重要的? 为什么?

2. 想一想你在必要时所做的一些调整。你在调整自己实践的时候,会考虑哪些因素?

3. 我们之前已经讨论过关于发展的动态性及幼儿中枢神经系统持续性发展的观点。请用你自己的话说一说,以上的科学发现对早期教育和你在班级中的教学有何重要意义。

总结

在考虑到儿童发展潜力会受到环境及适当干预的重大影响的背景下,本章提到了中枢神经系统可塑性的概念。关于普通发展儿童和特殊儿童的循证实践已经得以确认。通过反思性的实践,我们可以不断提高儿童个体需求与所用方法之间的契合度。

关键术语

Central nervous system plasticity 中枢神经系统可塑性

Developmentally appropriate practice 发展适宜的实践

Resilience 抗逆力

Risk fators and protective factors 危险因素和保护因素

网站

文化适宜与语言适宜服务中心：http://clas.uiuc.edu/

哈佛大学儿童发展中心：http://www.developingchild.harvard.edu/contentpublication.html

美国特殊儿童协会早期教育部：http://www.DEC-SPED.org

Frank Porter Graham 儿童发展中心：http://fpg.unc.edu/～scpp/pdfs/rguide/pdf

美国幼儿教育协会：http://www.NAEYC.org

国家儿童信息中心：http://www.Nichcy.org

DEC 和 NAEYC 关于融合的联合声明（视频资料）：http://community.fpg.unc.edu/connect

参考文献

Allred, K., Briem, R., & Black, S. (2003). Collaboratively addressing the needs of young children with disabilities. In C. Copple (Ed.), *A world of difference* (pp. 131-134). Washington, DC: NAEYC.

Anderson, W., Chitwood, S., Hayden, D., & Takemoto, C. (2008). *Negotiating the special education maze* (4th ed.). Bethesda: Woodbine House.

Bailey, D., Bruer, J., Symons, F., & Lichtman, J. (2001). *Critical thinking about critical periods*. Baltimore: Paul H. Brookes.

Beatty, J. (2008). *Skills for preschool teachers* (8th ed.). Upper Saddle River, NJ: Merrill/Pearson Education.

Bricker, D. (2000). Inclusion: How the scene has changed. *Topics in Early Childhood Special Education*, 20(1), 14-19.

Buysse, V. & Wesley, P. (Eds.). (2006). *Evidence-based practices in the early childhood field*. Washington, DC: Zero-to-Three.

Catlett, C. (2001). Resources within reason: Teaching strategies. In M. Ostrosky & S. Sandall, *Teaching strategies: What to do to support young children's development*, Monograph Series ♯3, *Young Exceptional Children*. The Division of Early Childhood, Council for Exceptional Children. Longmont, CO: Sopris West.

Catlett, C. (2009). Resources within reason: *Young Exceptional Children*, 12(4), 40-41.

Chaille, C. (2008). *Constructivism across the curriculum in early childhood classrooms*. Boston: Allyn & Bacon/Pearson Education.

Chandler, L., & Loncola, J. (2008). Rationale for a blended education. In M. LaRocque & S. Darling (Eds.), *Blended curriculum in the inclusive classroom* (pp.32-60). Boston: Allyn & Bacon/Pearson Education.

Cheatham, G., & Ostrosky, M. (2005). Teaching the use of problem-solving process to early childhood educators. *Young Exceptional Children*, *9*(1), 11-20.

Copple, C., & Bredekamp, S. (2008). Getting clear about developmentally appropriate practice. *Young Children*, *63*(1), 54-55.

Copple, C., & Bredekamp, S. (2009). *Developmentally appropriate practices* (3rd ed.). Washington, DC: National Association for the Education of Young Children.

Corso, R., Santos, R., & Roof, V. (2002). Honoring diversity in early childhood education materials. *Teaching Exceptional Children*, *34*(3), 30-36.

DEC & NAEYC. (2009). *Early childhood inclusion: A joint position statement of the Division for Early Childhood (DEC) and the National Association for the Education of Young Children (NAEYC)*. Chapel Hill: The University of North Carolina, FPG Child Development Institute.

Dunst, C., Bruder, M. B., Trivette, C., Raab, M., & McLean, M. (2001). Natural learning opportunities for infants, toddlers, and preschoolers. *Young Exceptional Children*, *4*(3), 18-22.

Dunst, C., & Trivette, C. (2009). Using research evidence to inform and evaluate early childhood intervention practices. *Topics in Early Childhood Special Education*, *29*(1), 40-52.

Eliason, C., & Jenkins, L. (2008). *A practical guide to early childhood curriculum* (8th ed.). Upper Saddle River, NJ: Merrill/Pearson Education.

Erwin, E. J., Soodack, L. C., Winton, P. J., & Turnbull, A. (2001). "I wish it wouldn't all depend on me:" Research on families and early childhood inclusion. In M. Guralnick (Ed.), *Early childhood inclusion* (pp.127-158). Baltimore: Paul H.Brookes.

Farran, D. (2001). Critical periods and early intervention. In D. Bailey, J. Breuer, F.Symons, & J. W. Lichtman (Eds.), *Critical thinking about critical periods*. Baltimore: Paul H.Brookes.

Fraser, M. (Ed.). (2004). *Risk and resilience in childhood*. Washington, DC: National Association of Social Workers.

Goodwin, A. Lin (Ed.). (1997). *Assessment for equity and inclusion*. London: Routledge.

Grisham-Brown, J., Hemmeter, M. L., & Pretti-Frontczak, K. (2005). *Blended practices*. Baltimore: Paul H.Brookes.

Guralnick, M. (Ed.). (2001). *Early childhood inclusion*. Baltimore: Paul H.Brookes.

Guralnick, M. (Ed.). (2005). *Developmental systems theory*. Baltimore: Paul H.Brookes.

Hanft, B. E., Rush, D. D., & Shelden, M. (2004). *Coaching families and colleagues in early childhood*. Baltimore: Paul H.Brookes.

Hanson, M., & Lynch, E. (2004). *Developing crosscultural competence* (3rd ed.). Baltimore: Paul H.Brookes.

Hemmeter, M. L. (2000). Classroom-based interventions: Evaluating the past and looking to the future. *Topics in Early Childhood Special Education*, *20*(1), 56-60.

Hyson, M. (Ed.). (2003). *Preparing early childhood professionals: NAEYC's standards for programs*. Washington, DC: National Association for the Education of Young Children.

Hyson, M. (2008). *Enthusiastic and engaged learners*. New York: Teachers College Press.

Wood, K., & Youcha, V. (2009). *The ABC's of the ADA*. Baltimore: Paul H.Brookes.

Jalongo, M. R., & Isenberg, J. P. (2008). *Exploring your role as a reflective practitioner*. Upper Saddle River, NJ: Merrill/Pearson Education.

LaRocque, M., & Darling, S. (Eds.). (2008). *Blended curriculum in the inclusive classroom*. Boston: Allyn & Bacon/Pearson Education.

Leatherman, J. (2007). "I just see all children as children": Teachers' perceptions about inclusion. *The Qualitative Report*, *12*, 594-611.

Mallory, B., & New, R. (1995). *Individually and developmentally appropriate practices*. New York: Teacher's College Press.

McWilliam, R., & Casey, A. (2007). *Engagement of every child in the preschool classroom*. Baltimore: Paul H.Brookes.

McWilliam, R., Wolery, M., & Odom, S. (2001). Instructional perspectives in inclusive preschool classrooms. In M. Guralnick (Ed.), *Early childhood inclusion: Focus on change* (pp.503-530). Baltimore: Paul H.Brookes.

Miller, R. (1996). *The developmentally appropriate inclusive classroom*. New York: Delmar.

Odom, S. (2000). Preschool inclusion: What we know and where we go from here. *Topics in Early Childhood Special Education*, *20*(1), 20-27.

Odom, S. (2009). The tie that binds: Evidence-based practice, implementation science, and outcomes for children. *Topics in Early Childhood Special Education*, *29*(1), 53-61.

Ostrosky, M., & Sandall, S. (2001). *Teaching strategies: What to do to support young children's development*. DEC Monograph #3. Longmont, CO: Sopris West.

Pianta, R., LaParo, K., & Hamre, B. (2008). *Classroom assessment scoring system*. Baltimore: Paul H.Brookes.

Pretti-Frontczak, K., & Bricker, D. (2004). *An activity-based approach to early intervention* (3rd ed.). Baltimore: Paul H.Brookes.

Rab, V., & Wood, K. (1995). *Child care and the ADA*. Baltimore: Paul H.Brookes.

Sandall, S., Hemmeter, M. L., Smith, B., & McLean, M. (2005). *Recommended practices: A comprehensive guide*. Longmont, CO: Sopris West.

Sandall, S., & Ostrosky, M. (Eds.). (2000). *Natural environment and inclusion*. DEC Monograph No.2. Longmont, CO: Sopris West.

Sandall, S., & Schwartz, S. (2008). *Building blocks*, (*3rd ed.*). Baltimore: Paul H. Brookes.

Shonkoff, J. P. (2004). *Science, policy, and the young developing child; Closing the gap between what we know and what we do*. Waltham, MA: National Scientific Council on the Developing Child.

Shonkoff, J. P., & Phillips, D. (Eds.). (2000). *From neurons to neighborhoods*. Washington, DC: National Academy Press.

Smith, B. J., McLean, M. E., Sandall, S., Snyder, P., & Broudy-Ramsey, A. (2005). Recommended practices: The procedures and evidence base used to establish them. In S. Sandall, M. L. Hemmeter, B. J. Smith, & M. E. McLean (Eds.), *DEC recommended practices* (pp.27-44). Longmont, CO: Sopris West.

Stayton, V., Miller, P., & Dinnebeil, L. (2003). *Personnel preparation in early childhood special education: Implementing the DEC recommended practices*. Longmont, CO: Sopris West.

Stormont, M. (2008). *Fostering resilience in young children at risk for failure*. Upper Saddle River, NJ: Merrill/Pearson Education.

Sugai, G. & Horner, R.H. (2002). The evolution of discipline practices: School-wide positive behavior supports. *Child and Family Behavior Therapy*, 24, 23-50.

Tertell, E., Klein, S., & Jewett, J. (Eds.). (1998). *When teachers reflect: Journeys toward effective, inclusive practice*. Washington, DC: National Association for the Education of Young Children.

Trawick-Smith, J. (2008). *Child development: A multicultural perspective*. Upper Saddle River, NJ: Merrill/Pearson Education.

Turnbull, R., Turnbull, A., Shank, M., & Smith, S. (2004). *Exceptional lives* (4th ed.). Upper Saddle River, NJ: Merrill/Pearson Education.

Turnbull, R., Turnbull, A., & Wehmeyer, M. (2007). *Exceptional lives* (5th ed.). Upper Saddle River, NJ: Merrill/Pearson Education.

Vygotsky, L. (1978). *Mind in society* (Trans. M. Cole). Cambridge, MA: Harvard University Press.

Wah, L. M. (2004). *The art of mindful facilitation*. Oakland, CA: Stir Fry Seminars and Consulting.

Walsh, S., Smith, B., & Taylor, R. (2000). *IDEA requirements for preschoolers with disabilities*. Reston, VA: Council for Exceptional Children.

Walsh, S., & Taylor, R. (2006). *Understanding IDEA: What it means for preschool children with disabilities and their families*. Reston, VA: Council for Exceptional Children.

Watson, A., & McCathren, R. (2009). Including children with special needs: Are you and your early childhood program ready? *Young Children*, 64(2), 20-26.

Winton, P., McCollum, J., & Catlett, C. (2008). *Practical approaches to early childhood professional development*. Washington, DC: Zero-to-Three.

Wolery, M., & Sainato, D. M. (1996). General curriculum and intervention strategies. In S. L. Odom & M. E. McLean (Eds.), *Early intervention/early childhood special education: Recommended practices* (pp.125-158). Austin, TX: Pro-Ed.

Zigler, E., & Styfco, S. (2004). *The Head Start debates*. Baltimore: Paul H.Brookes.

Zipper, I. N., & Simeonsson, R. (2004). Developmental vulnerability in young children with disabilities. In M. Fraser (Ed.), *Risk and resilience in childhood* (pp.161-181). Washington, DC: National Association of Social Workers.

第 3 章

家庭、团队与沟通

目标

读完本章,学生可以:

■ 了解动态的团队与家庭合作的重要性;

■ 清楚角色与责任;

■ 关心文化差异;

■ 了解专家们如何通过团队合作帮助家庭与特殊教育系统进行协商;

■ 了解如何利用反思来提高团队干预的质量。

引言

合作的重要性

团队是有效干预的核心。团队成员包括家庭和专业人员,比如说物理治疗师、职能治疗师和语言治疗师及教师。以家庭为中心的实践模式已经建立(Turnbull,Turnbull,Erwin,& Soodak,2007;Turnbull,Turnbull,& Wehmeyer,2007)。经历了多年来对家庭的各种歧视,包括历史上有误解认为家长要为孩子的障碍负责,这是一个令人耳目一新的进步。一个关于这些责备的极端例子就是"冰箱妈妈",一些专家用她指代自闭症儿童的妈妈。幸运的是,这样的一些误解如今已不再流行。实际上,最近有关障碍儿童的运动,很多源自家庭,有些是个体的,有些是集体的运动。美国有年幼小孩的家长可能不少是 1975 年以后出生的,也就是《为了所有残疾人的教育法》(94—142 公法)颁布之后,他们可能不会了解一个障碍人士视作正常的世界。然而,同样重要的是,其他国家的儿童可能没有经历过像美国障碍儿童一样的班级融合水平。我们生活在一个急剧变化的时代。不幸的是,这并不意味着所有的问题都已得到妥善的解决。总的来说,我们正在经历一个巨大的转变(Buysse &

Wesley，2006；Guralnick，2001/2005)。本章关注的重点是直接影响团队(包括家庭和专业人员)互动的因素。这些因素包括沟通、默契、信任的发展、资源的支持。整体地去了解团队如何协作和专业人员如何参与就是从一个系统发展的角度去了解家庭与团队的概念。这早已被古拉尔尼克(Guralnick，2005)和其他学者仔细诠释过，也被公认为是十分关键的视角。

　　本书的一个基本前提是，心理弹性为儿童与家庭克服困难提供可能。本章强调的是可以根据情况进行调整或确认的动态性。它提供给你一些框架让你反思自己的模式，并帮助你发展出客观看待自己观点的能力，这样你会更清楚自己的观点并呈现给你的组员。矛盾的是，这常常需要个体内心的坦诚(honesty)。否定自己的观点或者价值体系并不能够保证超越这些信念。

角色和责任

　　除了理解团队合作的必要性，本章也强调要达成对角色和责任的共识，以及在现有照料或服务协作的系统内有效工作的能力(Dunst & Bruder，2006；Guralnick，2005；McWilliam，2005)。当有一个明确的、双方达成共识的目标和方向，维持一个共享的动力(shared momentum)和共享的方向感与成就感也更容易。发展系统模型(Development System Model，DSM)提供了一个有用的框架(Guralnick，2005)。

团队的反思历程：创造共同点

　　反思过程可以通过结构化及一个基本信念来维持，基本信念是指每个人都可以选择如何与他人互动。仔细但不是死板地去定义角色和目标会产生共同的价值观和期望(Hanft，Rush，& Sheldon，2004)。定义目标提供了明确的方向和界限感。虽然有些家庭起初可能不太熟悉融合服务(inclusive services)的性质，但合作能提供一些共享的共同基础。

家庭

　　大多数家长并不会刻意选择孕育一个有障碍的孩子。这可能是一个完全无法预料到的生活状态。对于一些人来说，这种经历会被认为是一个悲剧。对于另外一些人来说，这可能被视为一个考验或者是认为他们足够强大来应对这种挑战的一个信号。为障碍人士提供的机会已有了很大改善，因此家庭可能不会认为发展障碍儿童的出生是一个巨大的挑战。

　　当专业人员与家庭合作制定个别化教育项目(Individualized Education Program)时，他们必须理解情感领域。早期教育阶段的专家通常在儿童被正式确认享有接受服务的资格之前就开始与家庭一起工作。在这个阶段，专业人员需要足够敏感，因为父母会开始接受孩子存在发展性功能障碍的现实，并考虑适合自己孩子和家庭的未来。专业人员需要有一个强有力的支持网络去帮助他们处理情感问题，这样他们可以为处于巨大调试阶段的家庭提供心理方面的帮助。

社会融合运动对家庭的影响

在过去的几十年间,社会融合已经经历一系列的全球变化。这些变化可能会对孩子及其家庭可获得的选择有显著的影响。残障人士的自我决定和以家庭为中心的实践已经发展得较为成熟(Turnbull, Turnbull, Erwin, & Soodak, 2007; Turnbull, Turnbull, & Wehmeyer, 2007)。这两个主要范式的转换对孩子、家庭,以及为他们提供服务的团队产生重大的影响。图 3-1 提供了以家庭为中心的实践的关键因素概述。

以家庭为中心的实践是基于一组核心的价值、信念和原则,承认家庭的积极参与有助于服务的各个方面。以家庭为中心的实践包含逐渐认识家庭,发现他们的优势,以及确认所有家庭成员的安全。紧随其后的是确认结果和家庭未完成的需求。之后成立家庭团队,制定以未完成的需求为重点的计划,利用家庭优势达到预定结果。以家庭为中心的实践是一个基于优势的与儿童、青少年和家人合作的方法。这一方法允许家庭控制计划的进程,将关注点放在家庭定义的优先事项上。因此,以家庭为中心的实践是个别化的,其目的在于帮助人们在家里或附近、在任何可能的时候都可以满足需求。家庭在两方面得到支持,一是推进实践进程,二是识别可以提供帮助的服务人员,无论是在正规公众服务体系之内还是之外。以家庭为中心的实践以人们的优势为基础,以符合其价值观、文化和偏好的方式达到对他们来说重要的结果。

图 3-1　你知道吗? 以家庭为中心的实践过程

当一个幼儿已经被确诊有障碍或者发展迟缓,会有机会去调整以适应这一信息,这可以提高家庭和儿童共同关注生活积极面的可能性(Hanft, Rush, & Shelden, 2004)。有些父母在知道自己可以提供资源的情况下,会特意去收养面临发展挑战的孩子。

儿童和家庭:一个整体

对于任何一个打算从事与障碍幼儿相关工作的人来说,做好与家庭和其他团队成员密切合作的准备是很重要的(Batshaw, 2001; Batshaw, Pellegrino, & Roizen, 2007)。在实践层面,对沟通质量的要求具有重要意义。鉴于每个家庭的独特性,专业人员必须做好从他人角度思考问题,并且对一系列动态问题作出反应的准备(Lee & Ostrosky, 2004; McWilliam, 2005)。对于某些专业领域来说,精通意味着能够将一些特定的技能灵活泛化。在包含特殊需要儿童的融合教育领域,不管是对于儿童或家庭,运用技能则要注重个别化,强调优势和需求的独特性。在制定一个针对儿童的最有意义的家庭情境下的计划时,兴趣、优先事项和日常活动都与之息息相关。

每个孩子都是独特的,并拥有自己的个别化方案,家庭也是如此。个别化家庭服务计划(The Individualized Family Service Plan, IFSP)或者个别化教育计划(IEP)应该能反映每个家庭内部的独特模式和优先事项(Turnbull, Turnbull, Shank, & Smith, 2004; Turnbull,

Turnbull，& Wehmeyer，2007)。图 3-2 强调了 IFSP 和 IEP 的一些主要特征。

个别化家庭服务计划(IFSP)

　　个别化家庭服务计划是一个载体,以此实施与美国障碍者教育法 C 部分要求一致的有效早期干预。它包含了直接促进儿童发展及提升家庭促进儿童发展的能力的必要服务信息。通过 IFSP 的程序,家庭成员和服务提供者作为一个团队,依据家庭独特的关注点、优先事项和资源,去计划、执行和评估为其量身定制的服务。

个别化教育计划(IEP)

　　个别化教育计划是一份书面文件,公立学校中每个获得特殊教育资格的学生都有一份。一个团队共同执行计划且每年至少复核一次。在撰写个别化教育计划之前,学生必须被确认符合接受特殊教育服务的资格。根据联邦法律规定,多学科团队必须要确定学生有障碍,并且存在接受特殊教育及相关服务以使其从普通教育系统中受益的需求。

　　http://www.schwablearning.org/articles.aspx?r=31&d=5

图 3.2　你知道吗? 个别化项目

　　联邦法律,美国障碍者教育法案,规定了 IEP 应包含的特定信息,但未具体说明其形式。规定的信息包括孩子目前的表现水平及目的与目标。因为各州和当地学校系统可能需要额外的资料,IEP 的形式在不同的州甚至同一个州的不同学校系统之间也会不同。通过当地资源找到各州的法律和法规是非常重要的。

保密性

　　显而易见的是,保密性始终是一个需要考虑的问题。专业人员应该明白不同家庭对于隐私的阈值是不同的。专业人员需要遵守法律规定的协议来获得允许、共享信息。一个团队可以为了孩子相互支持是非常有帮助的。当建立团队合作的方式时,没有人会觉得他需要去做团队的主角,而是所有人为了孩子的利益而共同努力才是非常重要的。当团队内形成真正的协作感,尊重保密性就成为共识。图 3.3 提供了一个共享儿童信息的知情同意书的范例。

我＿＿＿＿＿＿＿＿＿＿＿＿＿＿＿＿＿＿＿＿＿＿＿＿＿＿＿＿＿,

(填父母或监护人的名字)

同意＿＿＿＿＿＿＿＿＿＿＿＿＿＿＿＿＿＿＿＿＿＿＿＿＿＿＿,

阅读关于我的孩子,＿＿＿＿＿＿＿＿＿＿＿＿＿＿＿＿＿＿＿＿＿,

(儿童姓名)的教育与医疗报告,

如果这些报告与其在 Goodkind 早期教育中心的教育计划有关。

＿＿＿＿＿＿＿＿＿＿＿＿＿＿＿＿＿＿＿

父母或监护人签名—日期

图 3.3　Goodkind 早期教育中心知情同意书

合作和高质量的沟通是必不可少的。

能力建设

专业人员要意识到,当家庭成员在调整以接受儿童存在发展差异的现实时,他们的情绪和感受都是非常脆弱的,但同时专业人员也要欣赏很多家庭展示出来的巨大力量。专业人员和父母都能协助去创造一个有质量的沟通环境。能力建设是健康的团队功能中不可或缺的一部分。比起希望家庭依赖专业人员,团队一起合作去提高每个人的智谋(resourcefulness)是更好的选择(Erwin, Soodak, Winton, & Turnbull, 2001)。最佳状态是,专业人员能在这个过程中根据需要提供支援。能力建设包括逐渐了解系统是如何运作的和哪些资源是可用的。

一系列的挑战

重要的是要记住,被确认具有特殊服务资格的儿童可能是从存在发展迟缓到患有罕见病症的广泛范围中。儿童面临的挑战程度可能轻微也可能复杂,并且会对家庭和所需服务强度产生相应的印象。当儿童的状况或症状相对罕见时,家庭和专业人员能够一起学习则变得尤为重要。家长很少向别人寻求怜悯。而同情、理解、支持和共情则可以共享,无需感到羞愧。专业人员和家人应该关注那些可以让自己积极、有力地面对更大困难和挑战的事情。家庭成员需要积极地思考和行动起来。

从文化差异角度谈社会服务与障碍

不同文化对障碍的认识不尽相同。在一些文化当中,甚至没有词汇是用来形容障碍的。

在另外一些文化中,有一个障碍小孩会被认为是一个特殊的考验或传递特殊的信息。有一些民族可能会认为大家族可以也应该支持这些孩子和家庭。在另外一些家庭,如果孩子存在障碍,父母则必须事必躬亲。专业人员应该了解自己所服务的家庭文化,这对于成功融合和干预是至关重要的(Banks,Santos,& Roof,2003;Barrera,Corso,& Macpherson,2003;Lopez,Salas,& Flores,2005;Maschinot,2008)。了解一种文化通常对从社会服务中获得支持持有何种看法,是设计干预的基础(Kayanpur & Harry,1999)。对于服务提供的方式保持敏感,有助于在世界范围内成功地提供服务(Banks,Santos,& Roof,2003;Cheatham & Milagros Santos,2005)。

沟通

干预的人际层面

为社交互动做准备是学习成为心理治疗师的一个部分。学会设立一个健康的界限被认为是许多公共服务(human services)从业的基础准备。然而,这不是早期特教人员做职业准备时主要的关键点,他们更关注课程和系统规划问题。可能由于0—3岁服务项目的特性通常是私密的、基于家庭的,学习设立健康界限对于相关从业人员是很有价值的(McWilliam,P.J.,2000;McWilliam,R.,2005;Pawl,2000;Thomas,Cooke,& Scott,2005)。健康界限的设定也需要成为为学前障碍儿童服务的团队成员的中心和关键要素。这一点也得到诸如美国幼儿教育协会(NAEYC)(Hyson,2003)和早期教育部(DEC)等主要组织的支持(Sandall,Hemmeter,Smith,& Mclean,2005)。美国幼儿教育协会的标准2和5与之尤为相关。美国特殊儿童教育协会早期教育部(DEC/CEC)标准9和10与专业化和合作有关,也是这些主题的中心。

性情倾向

在实践层面,当人们在一起工作时,个人性格和职业性格会变得很重要。这些性情倾向包括质性因素,比如相互尊重的语气。在与家庭的关系中,性情倾向扮演一个很重要的角色。团队成员指的是所有人,不管他们是专业人员、家庭成员或者两种身份兼有。医生的誓言也很适合这里:"首先,不伤害。"

界限与互动风格

性情倾向的另一关键部分与界限和互动方式有关。不同家庭在社交互动时会有不同的风格和偏好。有时候这些差异与个性有关,有时候与文化差异有关,有时候则与两者都有关。专业人员为了与家庭有效地进行互动,需要做什么呢。在你反思自己的互动风格时,图3.4 提供了一些可考虑的因素。

> 你是否意识到了自己在互动方式上的习惯?是否有一些沟通方式是在你的舒适范围之外的?
>
> 你是否意识到需要支持来帮助自己超越原本熟悉的范围?在面对一些敏感情境时,你是否有策略来处理自己的不确定感和/或不安感?

图 3.4　敏感的互动

沟通的重要性

沟通的一个重要的部分就是良好与充分的聆听。相比于假设家庭需要充分的信息,观察、捕捉线索、提供足够空间允许所有的情感表达,以及进行儿童需求的细节沟通更有帮助。积极倾听和支持性语调对于与家庭建立密切关系和信任有着重要的作用。一旦有好的开始,这个过程会有希望地继续发展,并为问题解决和项目规划持续地提供积极的背景。良好的倾听和提供支持性的回馈对于核心问题的澄清和观点的归纳非常有用(Meanden,Ostrosky, & Halle, 2006)。有时候家庭和专业人员之间相处的特别好。然而,这并不是常常发生的,而且对于专业人员来说,知道怎样与拥有相似看法和世界观的人有效沟通,和知道怎样与没有太多共同之处的家庭成员进行有效沟通是同等重要的。无论观点是否一致,先表达对他人的尊重都会是一个好的开始。团队成员应该以自己希望被对待的方式来对待他人并尝试理解他人的观点。

建立信任

当专业人员和家庭成员互动时,信任是关系建立的基础。正如埃里克·埃里克森(Erik Erikson, 1962)曾指出的,信任是人与人之间建立联结的核心。它对于依恋和关系也是不可或缺的。关于团队重要性的讨论如果没有认可信任的核心地位,这个讨论会是不完整的。我们可以积极地在与他人的互动中创造有助于形成高层次信任的班级和项目氛围。专业人员可以通过展示可靠性、诚实、尊重、亲密和共同承诺提供高质量的融合服务来培养一种信任的氛围。

澄清误会

误会很容易产生;误会的澄清需要齐心协力。甚至是同一领域的专业人员也会发生误会。每个人拥有的信息不尽相同,但有种假设认为如果专业人员的头衔和资历相同,就会知道相同的事情并拥有相同的观点。当然,这并不准确,而且正是这一假设导致了很多误会的产生。如果两个来自相同领域的人产生了误会,那么不同的团队成员,比如家庭成员和来自不同领域的专业人员也必然容易产生误会。澄清误会的一种方式就是经常回顾计划和计划的细节，并且使用日常用语而不是专业术语。另一个有助于补救甚至是避免误会的技巧就是，把所有的东西都写下来，不要假设所有人都会记得重要的信息。我们每个人都有不同的学习风格，可以使用一切帮助来充分了解当下的情境。

解决冲突

冲突可能有很多来源，并发生在不同人群之间。有时候个性差异会导致人和人之间以错误方式产生冲突。有时候关于纲领性的问题会产生真正的意见不合。有时候某个团队成员会比其他人与孩子和父母建立更好的关系。这些因素和其他因素都可能变成团队的挑战；但它们通常能够被解决，尤其是在一种相互尊重的气氛当中，人们明白他们不需要为了好好地相处和一起工作而必须彼此认同。愿意就问题进行开放性地沟通更为重要。然而，这并不总是简单的事情，尤其是伴随着敏感的主题时。团队成员相互支持，愿意协作去解决差异是非常有帮助的。有时候这意味着"和而不同"或者重新将焦点放在共同关心的优先事项上。

幽默

当误会发生时，保持自己的观点、避免感情用事并保持良好的幽默感是有益的。还要记住误会是人类生活的一部分，这是因为人类个性、动机和经验的无限复杂性，而且不同的人会对相同经验进行不同的加工。明确的是，好的幽默感要求对尊重和他人界限与价值有高度敏锐的感受，拿他人的神圣信仰开玩笑并不是在专业情境下使用幽默的恰当方式。主动预想到可能会被误解或会产生不可预料的后果，以及接受其他团队成员建设性的反馈意见，都是反思性实践不可或缺的一部分。

使用积极倾听和线索解读

想象一个人将双臂交叉于胸前，眼睛专注地望向窗外或者天花板。这些行为都是显示某人对某些事物感到不适的线索。我们必须读懂他人展示给我们的线索，以便我们不会无意中冒犯到他人。通常当我们作为团队中的一员工作时，专业人员的数量是远超过家长的。父母非常容易感觉受威胁或被恐吓并因此退缩，不再积极地参与到会议或进程中。

积极倾听对所有参与者都是有益的。积极倾听是一种聆听和对他人作出反应的方式，可以促进相互的理解。在积极倾听的过程中，人们听的是话语背后的含义。经常当人们和他人交谈的时候，他们并没有全神贯注地听。他们经常分心，一半在听一半在思考其他的事情。当人们陷入冲突时，他们总是忙于思考对当下听到的内容要如何作出回应。他们可能会假设对方说的内容自己之前已经听了很多遍，所以他们宁可关注如何反应以便能在争辩中取胜，而不是仔细倾听。积极倾听是围绕说话者进行倾听和回应的结构化形式。倾听者必须小心地全心全意地注意讲话者，然后用自己的话重复他认为的对方的谈话内容。倾听者不一定需要赞同说话者，但是必须简单地陈述一下他认为讲话者说了什么。这样使得说话者可以了解倾听者是否已经完全听懂，如果还没有听懂则需要再作进一步的解释。

相互尊重

相互尊重是专业人员和家庭互动的另外一个层面。相互尊重可以用很多方式传达。对于专业人员来说自我检查并确保自己有效地向服务对象表达尊重是非常重要的。采用共同决策的方式为以家庭为中心的互动奠定了基调。所以，当共同决策成为团队建设的核心特征时，家庭就有机会去引领和指导他们的孩子未来的方向。这样的领导力，在国际范围的各种运动中，也被应用以提升融合实践质量。家庭已成为孩子们有力的倡导者并开始在系统中有效地开展工作以推进程序和法律的变化。关于障碍儿童融合教育的讨论已经从是否可以融合变为如何开展融合，这很大程度上是由于全球范围的家长们在过去几十年坚持不懈地进行倡导的结果。

换位思考和共同目标的必要性

如果不是每个人都参与到了目标制定或至少赞同所陈述的目标，那么要求团队成员能拥有共同的观点或相互认可结果会是很困难的事。专业人员作为团队成员为了特定的某个孩子和家庭服务，而他们的观点和实践经历大相径庭。不是所有人都会制定相同的目标。关键在于家庭、教师，以及为儿童提供服务的专业人员都能提出观点并被纳入考虑，这样团队才能产生可以促进儿童发展的共同目标。为有特殊需要的幼儿提供服务的团队成员并不能总是在同一时间、同一地点集中，这就使得制定共同目标变得尤为重要。哈里斯和克莱因（Harris & Klein，2002）提出，早期特殊教育中的巡回指导（itinerant consultation）所遇到的挑战是与全面融合的推进相关的。当在不同情境下与专业人员一起工作、团队所获得的支持及融合培训的水平又不尽相同时，就更加需要着重强调共同目标。

家校沟通

在学校情境中的沟通通常是单向的。给家长的沟通条通常仅仅是带回家。家长给学校的沟通条也通常是带到学校而已，仅仅起到信息传递的作用。有效的沟通必须是双向的。为了使沟通起到促进和支持换位思考的功能，所有主体都要参与沟通方式和时间等基本规则的制定并达成一致。为了保证专业人员之间进行持续、细致的沟通，并且真的能提高儿童获得成功的可能性，必须保持意见统一。只是假定自己理解了，是很危险的。专业人员必须愿意定期与其他团队成员交流，检查相互理解的情况。甚至是有多年融合与服务儿童经验的专业人员和父母也还是会出现错误性的假设。检查相互理解的情况可以维持关系，支持信息的流动（Anderson, Chitwood, Hayden, & Takemoto, 2008；Hanson & Lynch, 2004）。

　　一种提高与家庭沟通效率的有效策略是使用简单的图片日程表，这种日程表为每个学生量身定制，可以让他回顾一天所发生的事。特殊的活动很轻易地就被从选项单中识别出来，这样可以留出时间就值得关注的经历或事件进行更具体的沟通。

团队

角色与责任：功能

　　通常来说，一个团队需要明确角色、责任，以及被认可的功能（identified function）。有时候角色和责任是与某个具体的工作头衔或描述领域相关联的。还有些时候需要伴随着特定的家庭动态发展，角色和责任会被建立和接受。有时候，角色和功能是非常灵活的，有时候又需要重新界定并寻找其他的可能性。有时候角色和责任从未被质疑，一直被惯性地维持着。不管怎样，当包括家庭在内的团队合作满足孩子的独特需求的时候，如果团队可以一起讨论个人角色和功能进而共同作出积极选择决定是非常有帮助的（Hanson & Lynch, 2004）。项目规划包括了优先安置方式、课程调整等内容，共同探讨可能的选项并进行决策是十分有益的。当团队充分了解家庭优先关注的事项和孩子的兴趣，就会更容易制订有效的计划并实施差异化教学。通用设计意味着相互关系（mutuality）和共同决策。

协同决策

　　为了充分参与决策的合作过程，对互动模式有明确意识是非常有用的，有些互动模式与团队中已经建立的角色形象有关。例如，如果父亲更多的是去做财务上的决策，而母亲则更多的是照顾孩子的日常生活，这种模式很可能延续到团队动力中。另一方面来说，承认现有的动态并有意地合作来改变一些模式也是有可能的。对于专业人员来说也是如此。一些团队成员可能会更倾向于担任领导职务，但另外一些则比较低调，特别是在小组环境中。当识别了团队的动力模型，调整互动模式也变得可能。关注互动模式的优势以及需要调整之处可以为重建互动模式提供结构。

团队模式

在跨学科模型中团队合作的一个特征被称为"角色释放"（Linder，1992/2007）。本质上，这种模式包含了具有言语语言等专业领域知识的团队成员，成员彼此就具体的策略和观点进行沟通。当这种模式被有效地执行时，它能提高所有团队成员的自我效能感。同时，当一个团队所有成员提高自身的技能水平和能力后，他们会更少地感到不安。学科间的、多学科的，以及跨学科的团队可能会在特征上有点重叠。然而，有一些项目还保持着某些模式的具体的独特特征。表 3.1 提供了各种团队模式不同要素的概述。

表 3.1 团队模式

组成部分	多 学 科	学 科 间	跨 学 科
团队互动的哲学	认可多个学科所做贡献的重要性	团队成员之间共同分担学科之间的服务责任	团队成员致力于跨越学科界限进行教学、学习和工作，以便规划和提供综合服务
家庭角色	家人根据学科分别与不同团队成员见面	家人可能加入也可能不加入团队中。由整个团队或其中的代表与家庭合作	家人也是团队中的正式成员，自己决定他们在团队中的角色
沟 通	沟通方式通常是非正式的，成员间的团队意识不是很强	团队会议定期举行以沟通孩子的发展情况	定期举行团队会议以分享资讯，学科间为了咨询协商、团队建设等进行交叉教学与学习
人员发展	专业化发展通常聚焦在各自的学科	专业化发展在学科之间交叉互享	跨学科的专业发展对于团队发展及角色转变至关重要
评估过程	不同学科/领域的专家分别完成相应评估	对特定领域进行评估，结果共享	团队进行场域评估（arena accessment），跨越学科界限进行观察及记录
IEP/IFSP的制定	每个学科分别制定干预计划	团队合作制定各学科目标，然后共享目标形成计划	专业人员和家人基于家庭关心的问题、优先事项及资源共同制订计划
IEP/IFSP的实施	团队成员按学科不同各自实施计划	团队成员各自完成所对应学科领域的计划	团队成员与家人共同分担责任并有一人负责计划实施

来源：Garland, C. G., McGonigel, J.J., Frank, A., & Buck, D. (1989). the transdisciplinary model of service delivery. Lightfoot, VA: Child Development Resources; and Woodruff, G., & Hanson, C. & Hanson, C. (1987). Project KAI training packet. Unpublished manuscript. Funded by the U.S.. Department of Education, Office of Special Education Programs, Handicapped Children's Early Education Program.

避免刻板印象的重要性

团队成员若能克服对彼此的刻板印象或避免假设自己知道对方的所感所想,那是非常明智的。共同参与和共享式决策对于健康的团队建设来说是不可或缺的(Stayton, Miller, & Dinnebiel, 2003)。理解每个家庭都是不同的、会作出不同的反应并拥有不同的资源,这使得与每个孩子、家庭的合作都变得独一无二。因此,每个家庭的干预都需要根据其独特的优势、需要和优先事项来量身定制。

克服对专家主义的错误观念

据传,很多新手教师都会感觉自己好像无所不知。如果这样说有些夸张,一些教师会感觉自己至少比家人知道的要多。实际上,家庭成员可能更了解他们孩子的独特需求,因为他们有既定权益也有义务要每周 7 天,每天 24 小时照料自己的孩子。专业人员有时候会错误地认为自己需要比家庭成员知道更多。拥有这种不现实的期待会导致无法消除的不安感和不可能感。这种痛苦并没有用处也没有成效。

如果父母们说出诸如黏多糖贮积症等专业词汇,专业人员不需要很害怕。绝大多数时候专业人员比家人了解更多的资讯,但这样的一种资讯不平衡性对我们承担的角色来说并不是一个必需的要求。为了避免能力上的差异,所有人都需要减少防御性。然而,对于教师来说,为了能够操作这个服务系统,知道在哪里获得资讯,以及熟悉服务提供是如何协调配合的也同样重要。下面一段来自一个家长的有力陈述就谈到了这个问题。

我的儿子尼克,在经过许多医疗及教育专家评估后,于四岁八个月时被诊断为黏多糖贮积症。当我在阅读我所能找到的关于这个病的极少的资料时,我感到惊讶、心碎和悲痛欲绝。对于尼克所患的这一种黏多糖贮积症的类型,预后说他会在很年幼时在重度痴呆、卧床不起的状态中死去。很快明确的是,各领域都很少有专家听说过Ⅲ$_a$型黏多糖贮积症或有与这类儿童工作的经验。所以仔细查看医疗参考书籍和研究文献,找到并与散落在全美和其他国家的专家进行沟通的任务就落在我的肩上,这样我可以学习有关黏多糖贮积症的知识,并与尼克的服务和治疗人员分享。我知道我不能拯救尼克的生命,也不能够改变他的疾病进程。在那个时候,姑息治疗是唯一的选择。但是我衷心地相信我帮助专业人员去了解我的孩子是尽可能为他提供高质量生活的关键。诚然,有一些专业人员认为我与他们沟通,所获得的知识是一种干扰。但是也有人开放地接受并承认他们的疏忽。我会永远感激那些在合作过程中视我为伙伴的医生、护士及老师。

行动中的反思

莱特博尼女士

莱特博尼(Lightborne)老师经常在离开学校的时候觉得全世界的重担都在她的身上,很大程度上是因为她有很强的责任感。她班上的一个孩子今年开始遇到了非常大的挑战,莱特博尼老师真心觉得对不起女孩的家人。孩子的父母非常的年轻,还有3个五岁以下的孩子。随着经济压力加剧,孩子的爸爸每天工作很长时间,还很担心会丢掉工作和随之而来的家庭健康保险问题。莱特博尼老师有时会因为想要去修理(fix)这个家庭和其他家庭存在的问题而头疼。同时,她也担心家里整天开着的电视会加剧孩子的语言发育迟缓,但是她并不知道怎样与家长沟通这个问题,让这听起来不是在批评。

然而随着时间流逝,莱特博尼老师开始意识到为家庭提供支持、资讯和资源才是真正地帮到这个家庭。她不需要去"拯救"或者"修理"家庭。当她通过反思对这一点有更深入的理解时,她开始欣赏家庭的优势及家庭成员是怎样共同学习来处理问题的。莱特博尼老师开始注意家庭如何寻找乐趣并逐渐提高处理挑战的能力。她也开始注意到过去自己是如何不断地给自己加压并将自己击垮的。她开始以不同的眼光看待挑战而不只是单纯地将他们叠加。

选择还是不选择

当专业人员选择从事早期特殊教育,他们会被认为是愿意去处理特殊儿童的特殊问题的。因为早期教育专家在融合预设的条件下,被期待可以处理特殊问题,有些专家人士必须学会接纳特殊性并甘愿付出。在某种程度上,父母和专家在学习接受一些儿童发展的差异时,会有相似的情感共鸣。学会关注双方的优势和需求可以为这个过程提供支持。

多重服务提供者的情景

在理想的世界里,一个孩子及其家庭可以接受一站式服务。与多重服务提供者建立关系,如果还要去几个不同的地方才能获得相应的服务可能会降低家庭接受这些服务的可能性。通过这种方式获得服务不仅会造成身体上的压力,不同服务者的哲学观念及与家庭的互动过程也有差异。这样便产生一些需要考虑的问题。更多的文案工作、更多的专业人员,相互冲突的时间表,以及不同的支付方式都会变成问题,这些都会成为家庭实际参与到可获得的服务中的障碍。服务协调会对家庭大有帮助(Allred, Briem, & Black, 2003)。

行动中的反思

弗雷舍特先生

在多数情况下,弗雷舍特(Freshette)先生与其他团队成员沟通良好。实际上,他发现作为团队中唯一的男性员工有时候也是一个优势。然而,他承认在与家庭互动时并不自信。当面对比自己大很多的家长来说这种现象尤为明显。他觉得自己没有什么可以贡献的,而且会一直因此自责不已。毫无疑问他需要帮助。有时他就是不知道该从哪里开始。

经过一段时间,他慢慢意识到除了他自己之外没有人会期待他得到所有的答案。他可以成为富有同情心和足智多谋的人,尤其是从网上得到相关资料时。幸运的是,他的导师非常善于使用反思性监管,而这种过程也帮助他从自我怀疑中走出来。从不安转变为谦逊,对他的工作也大有裨益。

以家庭为中心的实践提供了充分参与到团队中的机会

文档记录和责任制的必要性

做好记录是合作过程中至关重要的部分。记录可以提高责任感,使每个人都参与进来且能持续提醒大家还需要为儿童和家庭做些什么(Hanson & Lynch, 2004)。

为了保证客观,人们必须保证不断进行反思,质疑自己的假设并愿意根据实际需要进行调整。人们必须愿意去观察、聆听和重构情景(reframe situation)以得到一个更好的理解。虽然大部分时候都是按照计划进行,但即使是一些非常细心的专家也会有误解。我们如何处理这些误解对大局会有很大影响。如果我们能够澄清、重组并继续前进,这样的行为会有助于健康成长和信任的发展。责备、评判及防范都对生产性和健康的目标无益,但是通常很多时候这些动态因素会作为不期望的挑战的副作用出现。越多的成员能够维持共同的目标,他们就越有可能以一种建设性的方式合作。这有时候需要团队成员提供诚实的反馈和建议。

转衔计划

转衔计划是融合必不可少的成分(Rous & Hallam,2007)。当孩子转衔到其他项目或阶段,团队成员应该仔细考虑融合的多种选择。在孩子们从婴幼儿时期的项目转衔到学前教育项目的时候,这一点尤为重要的。在计划过程中,专家们应该鼓励家庭参观可供选择的融合项目并坦诚地与之讨论每个选项的优点与缺点。这对于干预有非常巨大的影响。对于有特殊教育需要的学生要转衔到适当的融合安置环境,所有涉及的主体都需要有良好的协调能力,家长需要被通知并参与到所有选项的决策过程。图 3.3 是提供信息的一个知情同意书的简单范例。不同的项目通常都有自己的表格格式,但按照法律规定其内容都是相似的。

> 花几分钟来分辨自身经验和/或家族史中重要的内容。里面是否有你需要注意的"神圣不可侵犯的事物(sacred cows)"等敏感问题?

图 3.5 个人评估

情感

家人这一主题总是会引起人们的情感感触,不管他们是专家、父母还是障碍儿童的兄弟姐妹。因为这个主题不完全是在认识水平上进行加工,团队问题解决与信息获取和计划过程中的积极参与都可能会成为处理家庭问题的激励性应对策略。有效地去完成具体、可达到的目标能使人更容易处理及接受消极的情绪。一种固定的、单一的情感序列及特定的适用于所有家庭的目标并不存在。每个家庭的情感反应都各不相同,甚至是同一家庭的不同成员也都不尽相同。如果家庭成员在持续的服务协调中作出重大决策的时候,能够有一个结构引导其积极参与是非常有帮助的(Dunst & Bruder, 2006)。它对于帮助专家了解个人情感、获得综合性支持系统,从而在心理层面为家人提供支持也有很大作用。持续进行本书中早前提到的个人评估表进行自我检查是非常有用的。图 3.5 为你进行自我检查提供了指导。

建立自信

与其他团队成员合作能够增强自身"有能力完成某些必须做的事情"的观念,这被称为自我效能、自我能动性或者自信。人们可能在其他领域非常自信,但是可能没有经验帮助他们将这些感受泛化到与"贴有不同的标签"的儿童互动的实践中。对于一些团队成员,缺少熟悉与经验可能会导致害怕或者不安,这些感受可能无法消除或者会干扰信任关系的健康发展。然而,害怕与不安感可以转化为更有建设性的参与,特别是当他们被承认或者不带批判地被认可时。使用一些类似于"我可以理解那样会不舒服""你感到担忧吗?"或者"你想要聊一聊正在发生的事情吗?"等语句能帮助他人感觉自己的感受是被承认和认可的。专业人员不应该表现出对他人感受的忽视与不屑。他们也应该避免说"没有什么好怕的!"之类的句子。像这样的语句,可能出于好意,但无形中会表现出对他人情感的冷漠态度。我们可以不带主观判断地去确认他人的感受及反应。想一想如果你处在相似的情境中,怎样的表达对你来说会感到舒适和具有支持性,这可能会有帮助。总是把自己置于家庭的立场有助于建立你和家庭的关系。

个人角度的审视

对角色和互动模式的考量都需要对个人模式进行审视,这在多元文化教育中已成为被广泛接受的实践方式,特别考虑到歧视、偏见和不公平的对待所造成的长期且不幸的遗留问题,更需要这样进行审视。当社会结构正朝着更公平的方向转型时,有必要同时强调态度、信念及行为(Wah, 2004)。当人们在歧视和误解已成型的社会环境中成长起来时,性情倾向的改变不会马上发生。从我们自己开始改变,愿意以一个友好的、诚实的方式看待我们以前的经验和信念则是比较合适的。这样的一种个人角度审视可以在团体历程中由有经验的人来推动,也可以通过个体发挥主观能动性来实现。承认我们对于面临挑战的孩子的误解和恐惧,比在否认我们自己的观点的状态下去推进融合,效果要好很多。如果我们承认我们最初的信念,就可以在更佳的状态下去质疑它们,甚至有可能开始改变。

克服困难

当一个人对于如何继续向前感到焦虑和不确定时,就会产生需要解决的障碍。很多时候,这样的障碍是可以避免的。专家们可能会感到不安,这是可以理解的,尤其是当他们刚刚开始与患有障碍的孩子工作时。他们可能会不确定该说什么和做什么,还可能会对自己有不现实的期待。与家庭成员合作制定现实的目标能够帮助所有的团队成员把焦点放在他们共同的动机上:孩子的需要。促进团队互动的灵活性有很多策略。积极倾听、引导及小组头脑风暴有助于产生一系列的选择。障碍儿童常会引起父母强烈的情感变化,当家庭成员需要从新发生的、具有挑战性的状况中理出头绪时,专业人员做好准备处理其情感问题并提供支持是非常重要的。对于低幼儿童的家庭尤为如此,因为家人可能正在调整以便接受孩子可能会终生伴有发展性障碍的看法。承认什么是有挑战性的可以带来巨大力量。这种方式使得充分致力于需求解决成为可能。对于专业人员来说,比起假设自己可以提供全部的解决方案,知道何时以及如何转介和/或寻求额外资源更加重要(Turnbull, Turnbull, Erwin, & Soodak, 2007;Turnbull, Turnbull, & Wehmeyer, 2007)。支持性团体和咨询服务也非常有帮助。

处理一系列的情感问题

情感上,各种各样的感受都有可能出现,如从极度的悲伤到欢乐、愤怒、怨恨、害怕或者一种强烈的不公平的感觉。父母可能会也可能不会直接说出自己的感受,专业人员不事先假设父母正处于哪种感受之中是很重要的。一个唐氏综合征孩子的妈妈说,当家里收到告知儿子出生的慰问卡而不是祝贺、恭喜的卡片时她非常的吃惊。情感的深层加工会采取许多方式,也需要很多时间。儿童的服务协调可以有效地开展,但调试自我、养育障碍儿童的过程可能不会刚好有一套适合的法律政策、程序和时间线。正如先前所说的,许多书籍和文章将焦点放在以家庭为中心的服务。大部分强有力的倡导工作是由家庭领导的,比如说特恩布尔等人(Turnbull & Turnbull, 2004;Wehmeyer, 2007)建立起来的并撰写成文的实践模式已被广泛的接受。

面对儿童的障碍境况,家庭会产生很多情感,而其倡导的积极性正是通过这种感情的转换来实现的。本书的重点集中在实践层面的准备,同时强调反思和对各种选项的考虑。本书是过程导向的,为你反思自己的家庭背景、互动方式,以及作出选择时的反应灵活性提供结构和支持。认识到与孩子、家庭及团队合作时的方方面面是非常重要的(Hanft, Rush, & Sheldon, 2004)。

共情

共情最简单的形式就是情感性共情,它出现得快,也无需先在意向(prior intention)。可控制的共情更多的是认知性共情,可能等同于换位思考。认知性共情是需要努力的,也比较难达到。可控制的共情的成功依赖于个体寻找视角的能力,这种视角要与可以引发内心共情状态的经验相关（Hodges & Wegner，1997）。

无投射共情

　　为了建立默契关系并表达支持，专业人员有时候会告诉那些沮丧和脆弱的父母："我了解你的感受！"很明显的是，除非专业人员也是障碍儿童的父母，否则他几乎不可能知道这些父母的感受并需要寻找别的方法来表达支持。我们必须学会聆听自己内心深处的声音，思考我们有意或无意间传递的各种信息。

非评判性的接纳

　　专业人员需要知道如何与家庭合作，不同家庭成员可能有不同观点。举例来说，作为表达悲痛的一部分，有些人可能会对世界产生愤怒。专业人员可以在避免对他人情感经验抱有成见的情况下提供支持。不应该假设家庭正处于情感的固定序列的某一个发展阶段，如他们为孩子的诊断及失去拥有典型发展孩子的梦想而哀伤。不是所有的父母都会为这类诊断哀伤。当父母们在经历极端情绪的时候，他人不要评判、不要假设自己必须去"修复它（fix it）"，也不要感情用事，这是十分必要的。这需要专业人员足够成熟，也意味着对于专业人员来说以富有情感的方式和家庭互动是可以的。专业人员必须有一个明确的意识，何时以及如何避免感情用事，同时又要是负责、可靠的。意识到我们自己的互动模式和家庭动力有助于保持界限，也要意识到当一个场景可能让人回忆起过去和个人的经历时，可能会触发或重新激发起某些反应。

　　对支持和反馈保持开放的态度可以增加问题解决的可能性。历史上曾断言专家需要严格地保持距离，这也为现在关注以家庭为中心的服务增加了视角。现在的观点并没有宣称距离是专业化的先决条件。

尊重界限

　　家庭和专业人员的个人界限差异巨大。除了性格上的差异，比如外向与内向，在价值观、信仰和对隐私的需求方面，不同个体间也有数不清的差异。除了根据联邦法律的规定要始终尊重保密性，个人表达的差异也同样值得关注。例如，有些家庭可以接受包含照片、录像、观察在内的综合的知情同意书。另一些可能会对这种知情书十分敏感。对于专业人员来说尊重每个家庭对界限的期望和偏好是非常重要的。有些家庭可以自在地谈论他们孩子的障碍问题，然而另外一些会觉得很难用言语去描述他们的复杂想法、感受及所面对的挑战（Bailey & Powell，2005）。有时这些变量可能与文化差异有关。语言流畅性也可能是其中一个因素。还有些时候仅仅是因为人们的性格和互动方式不同。

动态的和文化的观点

本章的所有主题均涉及家庭、团队及对文化因素的考虑。有些具体内容会加以澄清和强调，以提高对于从文化角度进行反思的理解。虽然每个家庭都是独特的，文化因素在家庭动力中可能有不同程度的影响（Derman Sparks & Olsen Edwards，2010；Hanson & Lynch，2004）。对于第二代或者第三代的日本人、波斯人、拉丁美洲人或者阿富汗家庭，文化传统对其常规和信仰的影响方式可能会不同于一个新移民的家庭。专业人员需要愿意成为一个终身学习者，包括学习与他们自身不一样的文化传统和信仰。比较明智的做法是，关注别人的线索，让这些线索为文化动力和家庭相关性方面提供指导和方向。

对干预的启示

许多人认为融合（inclusion）只是一个教育学术语。实际上，儿童早期的融合强调的是儿童的充分参与，无论是在家庭常规活动中、与亲人和朋友的社交活动中或是社区提供的所有教育和娱乐活动中（Bruder，2001；Dunst，2001）。融合不是静态或局限于一个环境中的。融合是流动的，应该成为所有为障碍儿童及其家庭制定的计划的重点。当在融合情境中工作时，与患有障碍的孩子一起工作只是整个融合经历中的一部分。

与障碍儿童相关的成员的团队合作是十分关键的。家庭是团队中非常重要的一部分。其余团队成员可能包括不同领域的专业人员，如职能治疗师、物理治疗师、言语语言治疗师和眼科专家。组织一个功能性的、可以为了最大化实现儿童潜能进行沟通的工作团队不是一个简单的任务。将一群专家和父母组建成一个团队需要时间和很强的敏感性。作为团队成员工作意味着每个成员都拥有着平等的发言权、与其他团队成员相互信任，以及听取做人做事的新方式。为了实施最有效的干预，所有的参与者需要能够形成和使用相同的视角去看待进步和缺陷。

共同的目标和策略必须付诸实施以创造出一个团队视角。这些共同的目标需要关注到孩子的学业发展、社会情感性发展和身体发育，教室环境的有效性以及在学校、家里、娱乐场所、社会场所和家庭小组（family groupings）等不同情境中策略执行的一致性。创造"实践共同体"已然变成一个积极倡议（initiative）（Buysse & Wesley，2006；Winton，McCollum，& Catlett，2007）。

如果一个孩子已经参与了早期干预项目而现在进入学前阶段，所有负责提供融合机会的部门之间需要建立新的信任关系（Rous & Hallam，2007）。有时候融合没有见效，因为并非每个人都共享了全部的相关资讯。由于重要信息的缺乏，亲子之间的互动质量可能会受损。融合不是一场比赛；它是需要协同与合作的。如果融合教育是有效的，那么涉及的所有主体都会是赢家。因为每个孩子和他的家庭都有不同的需要，并要求获得基于这些需要的干预，因此干预是没有通用配方的。在融合领域，一个方法不能解决所有的问题。儿童、教师、家人和专业人员的个性都需要加以考虑。所有人的优势和弱点也要得到识别（Bailey &

Powell，2005）。还要确认共同的关注点和目的。团队中所有人都需要为了每个孩子及融合教育机会的改善和服务的丰富性而积极倡导。

案例1 认识孩子的家庭

卡莉的家庭

卡莉的父母十分的包容和支持她。她的爸妈在度过了多年夫妻生活后，决定年纪较大时再生孩子。卡莉家的大家族一直十分支持她和帮助她。卡莉的爸妈希望她能够有充实和快乐的社会生活与学习的机会，所以他们参与了非常多的活动。他们也安排了与卡莉的同伴进行游戏聚会的常规性活动。卡莉的父母在她15个月大的时候观察到她存在语言发展迟缓，并因此开始评估过程。他们喜欢旅游，这也成为了他们家庭时光的重要部分。卡莉是唯一的孩子。

杰茜卡的家庭

杰茜卡有一个庞大的、活泼的家庭。她出生时家里已有三名2到5岁的孩子和一条叫作马斯蒂的可爱小狗。杰茜卡的哥哥姐姐和父母非常关注她的需要。她是家里排行中间的孩子，还有三个8个月到3岁之间的弟弟妹妹。杰茜卡的妈妈有一个超级庞大的家庭，他们之中很多住在当地的社区，走路就能到。杰茜卡的爸爸在她出生后又在家一起住了两年，现在搬到了邻近的小镇。杰茜卡的妈妈有一个同居男友，他帮助照顾孩子，但同时身兼两份工作，所以并不常在身边。因为杰茜卡的医疗状况，她已经够资格申请社保。她有一个为她提供服务的当地儿科医生，也经常到附近城市的儿童医院进行常规的诊查。

宋彬的家庭

宋彬出生在韩国，他的原生家庭没有条件去养育他。他的美国领养家庭为他提供了优越的条件支持。他很快参加了一个设在学校的高品质早期教育项目，每周五次，每次半天。在那里，他得到了物理治疗、职能治疗和言语语言治疗。他同时还参加了每周5个半天的蒙特梭利学前课程。在蒙特梭利学校里的老师们学习如何调整课程、如何运用合适的环境布置，以及如何把治疗技巧融入到日常活动中。当地教育机构的特殊教育服务主管也给予了充分支持。随着时间推移，宋彬的家庭一直非常支持他的独立性发展，包括他目前的工作、住所和婚约。

资源

早期儿童融合这个主题有很多很好的资源。我们强烈地建议你去搜索这些资源并在与儿童和家庭合作的过程中发展出你自己的效能感。你处理特殊的及经常是不可预料的事件的能力会变成家庭的一个支柱。你对自己参与和家庭及团队有关的持续性专业化发展的能力和意愿的判断,会很大程度地提高你和别人有效合作的可能性。有了合适的支持与资源,不安感和不确定感就会转化为自信。

问题与反思

1. 通过反思,记录你和家庭合作时在信念体系或者生活方式方面给你带来的挑战。你会使用哪些策略或资源去解决这些问题?

2. 当你与家庭和孩子工作时,你会怎样监察你自己的进步?

3. 哪些记录策略对你特别有用?

4. 你会怎样表达你对家庭的同理心与支持?

5. 你曾经在团队中扮演过什么角色?

6. 描述你的互动风格。

总结

我们讨论了许多关于与家庭合作时的重要问题。文化与信念体系在家庭风格与优先事项中扮演着关键的角色。作为从业者,我们必须吸收所有的方法成为一个终身学习者。发展并保持尊重所有家庭的积极的性情倾向是我们有效开展与儿童及他们的照料者工作的中心。我们使用和组织资源的有效性会大大地提高我们和家庭一起倡导的能力。

关键术语

Family-centered practice 以家庭为中心的实践

Multidisciplinary 多学科

Interdisciplinary 学科间

Transdisciplinary 跨学科

网站

特殊儿童家长 http://www.eparent.com

明尼苏达州 Pacer 中心 http://www.pacer.org/

威斯康星大学的 Waisman 中心 http://www.waismancenter.org

早期读写能力学习中心 http://www.earlyliteracylearning.org/pgparents.php

参考文献

Allred, K., Briem, R., & Black, S. (2003). Collaboratively addressing the needs of young children with dis-abilities. In C. Copple(Ed.), *A world of difference* (pp. 131-134). Washington, DC: NAEYC.

Anderson, W., Chitwood, S., Hayden, D., & Takemoto, C. (2008). *Negotiating the special education maze: A guide for parents and teachers* (4th ed.). Bethesda, MD: Woodbine House.

Bailey, D., & Powell, T. (2005). Assessing the information needs of families in early Intervention. In M. Guralnick (Ed.), *The developmental systems approach to early intervention* (pp.151-184). Baltimore: Paul H.Brookes.

Banks, R., Santos, R. M., & Roof, V. (2003). Discovering family concerns, priorities, and resources: Sensitive family information gathering. *Young Exceptional Children*, 6(2), 11-19.

Barrera, I., Corso, R., & Macpherson, D. (2003). *Skilled dialogue: Strategies for responding to cultural diversity in early childhood*. Baltimore: Paul H.Brookes.

Batshaw, M. (2001). *When your child has a disability*. Baltimore: Paul H.Brookes.

Batshaw, M., Pelligrino, L., & Roizen, N. (Eds.). (2007). *Children with disabilities*. In M. Guralnick (Ed.), *The developmental systems approach to early intervention* (6th ed., pp.151-184). Baltimore: Paul H.Brookes.

Bronfenbrenner, U. (1992). Ecological systems theory. In R. Vasta (Ed.), *Six theories of child development: Revised formulations and current issues* (pp.187-248). Philadelphia: Jessica Kingsley.

Bruder, M. B. (2001). Inclusion of infants and toddlers: Outcomes and ecology. In M. J. Guralnick(Ed.), *Early childhood inclusion: Focus on change* (pp.203-228). Baltimore: Paul H.Brookes.

Buysse, V., & Wesley, P. (Eds). (2006). *Evidence-based practices in the early childhood field*. Washington, DC: Zero-to-Three.

Cheatham, G., & Milagros Santos, R. (2005). A-B-Cs of bridging home and school expectations. *Young Exceptional Children*, 8(3), 3-11.

Corso, R., Santos, R., & Roof, V. (2002). Honoring diversity in early childhood education materials. *Teaching Exceptional Children*, 34(3), 30-36.

Derman-Sparks, L. & Olsen Edwards, J. (2010). *Anti-bias education for young children and ourselves*. Washington, DC: National Association for the Education of Young Children.

Dunst, C. J. (2001). Participation of young children with disabilities in community learning activities. In M. J. Guralnick (Ed.), *Early childhood inclusion: Focus on change* (pp.307-333). Baltimore: Paul H.Brookes.

Dunst, C., & Bruder, M. B. (2006). Early intervention service coordination models and service coordinator practices. *Journal of Early Intervention*, *28*(3), 155-165.

Erikson, E. (1962). *Childhood and society*(2nd ed.). New York: Norton.

Erwin, E., Soodak, L., Winton, P., & Turnbull, A. (2001). "I wish it wouldn't all depend on me:" Research on families and early childhood inclusion. In M. Guralnick(Ed.), *Early childhood inclusion: Focus on change*. Baltimore: Paul H.Brookes.

Garland, C. G., McGonigel, J. J., Frank, A., & Buck, D. (1989). *The transdisciplinary model of service delivery*. Lightfoot, VA: Child Development Resources.

Guralnick, M. (Ed.). (2001). *Early childhood inclusion*. Baltimore: Paul H.Brookes.

Guralnick, M. (Ed.). (2005). *The developmental systems approach to early intervention*. Baltimore: Paul H.Brookes.

Hanft, B., Rush, D., & Shelden, M. (2004). *Coaching families and colleagues in early childhood*. Baltimore: Paul H.Brookes.

Hanson, M., & Lynch, E. (2004). *Developing cross-cultural competence*(3rd ed.). Baltimore: Paul H.Brookes.

Hanson, M. & Lynch, E. (2004). *Understanding families*. Baltimore: Paul H.Brookes.

Harris, K. C., & Klein, M. D. (2002). The consultant's corner: Itinerant consultation in early childhood special education: Issues and challenges. *Journal of Educational and Psychological Consultation*, *14*, 237-247.

Hodges, S. D., & Wegner, D. M. (1997). Automatic and controlled empathy. In W. Ickes (Ed.), *Empathic accuracy*. New York: Guilford Press.

Hyson, M. (Ed.). (2003). *Preparing early childhood professionals: NAEYC's standards for programs*. Washington, DC: National Association for the Education of Young Children.

Kalyanpur, M., & Harry, B. (1999). *Culture in special education*. Baltimore: Paul H. Brookes.

Linder, T. (1992). *Transdisciplinary play-based assessment*. Baltimore: Paul H.Brookes.

Lopez, E., Salas, L., & Flores, J. (2005). What about assessment and intervention? *Young Children*, *60*, 48-54.

LaRocco, D., & Bruns, D. (2005). Advocacy is only a phone call away. *Young Exceptional Children*, *8*(4), 11-18.

Maschinot, B. (2008). *The changing face of the United States: The influence of culture on early child development.* Washington, DC: Zero to Three.

McWilliam, P. J. (2000). *Lives in progress: Case stories in early intervention.* Baltimore: Paul H.Brookes.

McWilliam, R. (2005). Assessing the resource needs of families in the context of early intervention. In M. Guralnick(Ed.), *The developmental systems approach to early intervention* (pp.215-234). Baltimore: Paul H.Brookes.

Meandan, H., Ostrosky, M., & Halle, J. (2006). "What? I Don't Understand;" and "Pardon?": Using communication breakdowns to encourage communication. *Young Exceptional Children*, 9(3), 2-9.

Ostrosky, M., & Lee, H. (2005). Developing culturally and linguistically responsive teams for early intervention: Promising practices. In Horn, E. & Jones, H. (Eds.), *Interdisciplinary teams.* Monograph Series No.6.(pp.21-32). Longmont, CO: Sopris West/DEC.

Pavri, S., & Fowler, S. (2001). *Child find, screening and tracking: Serving culturally diverse children and families.* Champagne, IL: Early Childhood Research Institute on Culturally and Linguistically Appropriate Services.

Pawl, J. (2000). The interpersonal center of the work we do. Washington, DC: *Zero to Three*, 20(4), 5-7.

Rous, B. & Hallam, R. (2007). *Tools for transition in early childhood.* Baltimore: Paul H. Brookes.

Sandall, S., Hemmeter, M. L., Smith, B., & McLean, M. (2005). *Recommended practice: A comprehensive guide.* Longmont, CO: Sopris West.

Stayton, V., Miller, P., & Dinnebeil, L. (2003). *Personnel preparation in early childhood special education: Implementing the DEC recommended practices.* Longmont, CO: Sopris West.

Thomas, R., Cooke, B., & Scott, M. (2005). Strengthening parent-child relationships: The reflective dialogue parent education design. *Zero to Three*, 26(3), 27-34.

Turnbull, A., Turnbull, R., Erwin, E., & Soodak, L. (2007). *Families, professionals, and exceptionality*(5th ed.). Upper Saddle River, NJ: Merrill/Pearson Education.

Turnbull, R., Turnbull, A., Shank, M., & Smith, S. (2004). *Exceptional lives*(4th ed.). Upper Saddle River, NJ: Merrill/Pearson Education.

Wah, L. M. (2004). *The art of mindful facilitation.* Oakland, CA: Stir Fry Seminars and Consulting Useful Resources.

第 4 章

评　估

目标

读完本章,学生可以:

- 对评估的主要问题和各种可能的选项有清晰地认识;
- 确定评估过程中使用什么方法进行反思;
- 确定使用什么评估方法;
- 确定评估过程中与家庭沟通的积极方式;
- 理解到并能对相关文化观点进行反思;
- 运用反思来解读不同来源的数据,确定儿童当前的表现水平;
- 理解与评估有关的基础法律要素;
- 在实施评估的过程中要关注儿童的优势和需求领域,以及可提供帮助的资源。

引言

对所有幼儿而言,不论是特殊儿童还是普通发展的儿童,高质量的评估都是很有必要的。评估有许多的目的和功能,包括在确定儿童当前的能力水平后执行适当的课程调整。最重要的是,评估的结果可以完整、清晰、准确的描述出儿童一段时间以来的表现。本书强调的议题是,将策略与每个儿童特征进行匹配的反思性过程中的支持及其与课程调整之间的关系。评估正是这个反思过程的核心,因为如果对儿童的功能和能力水平没有一个准确的、理性的认识,就不能将儿童与课程调整进行很好的匹配。所以,本章的重点是反思如何通过评估增强计划的实践性。

关于评估,有几点需要着重强调。首先,作为评价儿童和家庭的专业人员,应该基于优势的视角进行评估。尽管儿童令人担忧的领域使得他/她有资格获得特殊服务,但如果只侧重关注劣势是不能令人接受的。第二,专业人员应确保儿童的评估表述是准确的和描述性的;这对我们如何制定策略满足他们的需求有直接影响。因为幼儿的发展是动态的,上个月的状态不代表这个月也是同样的状态。第三,专业人员必须使用符合伦理道德的评估方法。这包括尊重隐私,以及与问责制、角色和责任有关的法律协议(Noonan & McCormick, 2006;Walsh & Taylor, 2006)。最后,专业人员必须增强评估儿童和家长优势及需求的能力,这可以使他们更好地预防复杂的情况,包括环境风险的周期(the cycles of environmental risk)(Farran, 2005;Hilliard, 1997;Stormont, 2007)。

一些儿童早期培训项目里有关注早期儿童评估的专门课程,其他项目也会在一段时间内涉及关于幼儿发展问题的评估。如果你已经对评估有了较为全面的了解,那么浏览本章的部分内容就足够了。如果你对面临发展挑战的幼儿的评估方面经验有限,你可以参考最后的资源部分。作为本章内容的补充,最后提供了许多关于评估方面的参考书目和可获得的综合性资源(Bondurant-Utz, 2002;McLean, Bailey, & Wolery, 2004;Meisels & Atkins-Burnett, 2005;Mindes, 2003;Popham, 2005)。使用这些综合材料,有利于你更好地了解本章的内容。表4.1是本章主题的概述。

表4.1 评估概论

主 题	相关因素	反思的要素
评估的类型	连续性	选择能最好地反映孩子状态/情况的评估类型
家庭和团队因素	以家庭为中心;不同的团队模式	考虑差异;建立信任;沟通
文化因素	对相关信息进行整合和回应	欣赏和尊重多样性
确定当前能力水平	涵盖所有发展领域	准确评估,不带任何偏见
资格确定;法律问题	使用数据来判定	确定需求,沟通状态
对结果进行解释和总结	谨慎地合并和共享信息	考虑什么是重要的,包括优势及需要

在本章中,采用了一种发展性的方法,拥有典型发展知识背景的团队成员根据典型发展的标准形成了一个关于特殊性的框架。拥有接受特殊教育服务资格的儿童在至少一个发展领域是出于典型发展范围之外的(Guralnick, 2005;Hyson, 2003)。如果人们对异常发展有了一个稳固的概念框架,那么就可以在这个基础上研究不同类型儿童的特点(Batshaw et al., 2007;Neisworth & Bagnato, 2005)。本书专注于反思的过程,鼓励读者去观察、形成对儿童的挑战(child's challenges)的假设、制定和实施相关方案来验证假设并对数据作出解释。本书使用的是反应性干预(Response to Intervention, RTI)或基于科学的教学策略。

动态性评估是最佳状态。通过评估,我们可以确定每个儿童当前的能力水平、对目前使用的方案作出调整,并运用形成性评价(formative measures)来记录儿童的进步。评估和干预的循环是制定干预计划的基础,积极的干预计划考虑到儿童独特的优势和需求,从而促进其最佳的发展。

读者可以把本书作为一种资源,它适用于有不同专业知识水平的个体,你也可以在需要纲领性建议时和反思儿童问题的过程中使用这本书。刚从事特殊教育不久的教师可能会怀疑自己的能力。由于每个儿童有其独特的、复杂的发展模式,还有许多变量影响其动态的发展,所以评估时应兼具信心和虚心。没有必要一定要获得所有答案,但随意断言哪一个答案错误也是不可取的。

如果想要在本章有更大收获,你应积极地将书中的理论应用到实践中。如果你可以想象一个之前服务过的孩子,在阅读过程中以这个孩子为焦点积极反思,这将是有益的。你可以从识别儿童的特征开始,包括儿童的优势和需要关注的领域。

关于你关注的这名儿童,有几个问题需要反思:

1. 这名儿童有哪些更明显的发展问题?

2. 这名儿童的兴趣和动机是什么?

3. 你对这名儿童的家人有多少了解? 你见过他们吗?

4. 你熟知这名儿童家庭的信仰、价值观和文化吗?

当我们致力于高质量的评估,我们会愿意并能够更深入了解每个儿童的优势和需求。随着时间的推移,评估可以增进我们对动态的发展过程中所发生事件的共识。高质量的评估可以确保我们做更多的实事而不仅仅只是根据简单印象就认为了解了这个儿童。在早期教育阶段,专业人员要不断考虑儿童当前的能力水平,还要评估其他相关因素,如:儿童如何应对新任务、他是否能积极地解决问题并根据需要进行调整。

通过对有关发展风险的文献资料进行分析,发现环境这一因素是可以调整的,以阻止儿童按消极的轨迹发展,这可能对儿童的长期发展有积极影响。专业人员可以识别并应对风险因素,而不是去假设会有长期发展的挑战。一项很有说服力的研究(strong research)支持在儿童早期提供积极机会(healthy opportunities)(Shonkoff & Phillip, 2001),这项长期的研究经过了时间考验,并且为教育者、政策制定者和立法者的紧密合作提供了可能,通过"开端计划(Head Start)"和"家庭资源中心(Family Resource Centers)"等项目提高幼儿和家庭可享受到的早期教育的质量和规模(Zigler & Styfco, 2004)。当我们收集与儿童相关的信息时,有许多术语可用来描述干预过程。在儿童的早期特殊教育中,"识别和回应"(recognition and response)这个术语已被广泛使用(Buysse & Wesley, 2006)。

基于结果的责任制

数据驱动的决策或基于结果的问责,需要利用学生相关的评估信息来设计或调整项目,这可以是针对集体的也可以是针对个人的。如果一组学龄前儿童的表现反映出他们还没有掌握一个特定的概念（如：模式），那么教师可以相应地调整经验性课程（experiential curriculum），添加更多与这一概念相关的内容。如果结果表明这组学龄前儿童能理解并解释这个概念的含义，那这个评估结果可以告诉教师教学的重点不在此，而是其他需要给予额外支持的概念。

专业人员和家庭成员共同协作，制定评估计划和实施评估。

评估是个别化的、适合儿童和家庭的。

评估应为干预提供有用的信息。

专业人员应以尊重的、有用的方式来共享信息。

专业人员实施评估时应符合法律和程序要求，以及推荐的实践指南（Recommended Practice）。

资料来源：Sandall，Hemmeter，Smith，& McLean，2005。

图 4.1　早期教育部（DEC）的推荐实践：评估

要了解一个正在经历困难的儿童的发展是很不容易的，所以从事早期教育的专业人员应承诺尽力做到最好。如果需要一名专家，如言语语言治疗师或职业治疗师，那团队中应加入一名有高级专业技能的人员。有时仅需要一次专家咨询。有时专家可能需要成为团队中的正式一员。

美国特殊儿童委员会早期教育部

美国特殊儿童协会早期教育部（DEC/CEC）推荐了许多关于评估的实践指南。这些实践指南采用了多种措施，并尽可能地避免偏见的影响。图 4.1 是早期教育部（DEC）推荐的评估实践指南的一个概要，更完整的信息已融入本书各章节。

评估的历史视角

随着时间的推移，特殊教育评估和研究发生了变化。关于障碍的信息日益增加，使症状的诊断得到进一步发展和澄清。技术的发展也显著增加了人们对各类障碍（conditions）的理解，比如可以通过大脑扫描技术更好地评估自闭症。正电子发射断层成像（PET）、核磁共振成像（MRI）和计算机断层扫描（CT）提供了很多新方法，使我们可以从生物学的角度评估发展情况。有越来越多的早期教育项目将技术使用用于评估，尤其是便于管理数据的软件。人们对中枢神经系统如何受环境因素的影响越来越了解（Bailey，Bruer，Symons，& Lichtman，2001），这一新视角提升了为幼儿提供支持的能力。尽管新方法的出现不能取代高质量的观察和清晰的观点，但有利于我们从新的维度增强对儿童的理解。

反思

反思在评估过程中起着核心作用,并对评估结果有重要作用。在考虑问题和解决问题时进行反思,可以帮助专业人员更多地了解幼儿复杂的特征;甚至当一个儿童被诊断为患有自闭症或唐氏综合征时,早期教育的专业人员仍必须考虑到这个儿童的独特特点。当我们在评估中进行反思时,要从设想回到现实。专业人员可以不断考虑种种可能性,而不是继续按照自动化、机械化的脚本推进进程。通过反思,可以对观察结果进行筛选和处理,这样有利于提高效度。而且反思可以增强个体深层次思考的能力,考虑各种可能会影响孩子发展的因素,并思考哪些因素可能会对结果产生最重要的影响(Losardo & Notari Syverson,2001;Noonan & McCormick,2006)。将许多变量纳入考虑的范围,有助于更充分地了解每一个儿童,并最终可以更可靠地评估儿童的发展。提高信度可以加强责任(accountability)。当专业人员描述并向其他团队成员展示他的成果时,增强责任可以提高其信心。从一开始,反思就可以帮助我们对多个变量进行整理。

评估的类型

不同类型的评估提供了多样化的评价方法,表 4.2 列出了其中的一些,从非正式的、自然化的到更加结构化、正规化的方法都涵盖在其中。诸如观察法(Jablon,Dombro,& Dichtelmiller,2007)等适用于所有儿童。而其他方法,如标准化工具,通常用于系统地判别特殊服务的资质和更全面地收集儿童能力和潜力方面的信息(Guralnick,2005)。

表 4.2 是多种评估类型的概述。

表 4.2 评估的类型和目的

评估的类型	反思在评估中的角色
观察法	在观察过程中减少偏见和/或推测的重要性
轶事记录法	选择相关的轶事
工作抽样法	鉴别样本并且清晰地描述其意义
成长记录袋法	对文档进行管理和选择,使其具有个体的代表性
连续记录/评量	选择突出的特点;记录信息
事件抽样法	关于事件选择的决策
频率统计	保持敏锐的重要性,尤其评估的是相对不易察觉的行为
发展性量表/调查标准参照	需要所有团队成员进行准确的报告
筛查工具	需要高效地与儿童建立良好关系,以确保其表现出最佳水平
功能行为评估	对信息的解读很重要,它反映出一些潜在的重要因素
基于游戏的评估	使用反思,有效地让儿童参与到活动中
标准化工具:**常模参照**	在实施评估的过程中使用观察法的重要性

多种评价

为普通发展儿童做评估时，需要选择多种评价方法来收集和组织信息，这些信息包括在不同发展领域的能力。相比之下，当儿童的发展可能会受到挑战时，评估所使用的多种评价则是法律强制要求的（Guralnick，2005；Losardo & Notari-Stevenson，2001；Neisworth & Bagnato，2005）。另外，除了量化数据所记录下的儿童优势和需要关心的领域，质性因素的记录材料我们也必须使用。

在考虑儿童各个领域的能力和发展的困境是如何相互影响的，以及如何最佳描述一个儿童的态度和情感时，反思是特别有用的。这些观点平衡了我们所收集和分析的定量的数据。形成性评价和终结性评价有助于这种平衡。

形成性评价

凡是涉及收集直接影响干预或教学效果的表现性信息的方法，均属于形成性评价。在形成性评价中，专业人员需要判断儿童的优势和需求，包括需要额外支持的特定领域并基于这些信息对项目进行调整。因为这些评价的非正式的性质，反思在形成性评价中就显得尤为重要，一定要注意的是避免先入为主的期望、偏见或主观性。

观察

观察早已被认为是加深对儿童理解的一个必经过程（Jablon，Dombro，& Dichtelmiller，2007）。评分者一致性信度是很重要的，可以确保观点是没有偏见的。当早期教育专业人员进行观察时，他们需要记录自己的看法，并对所见所闻作出阐述（Jablon，Dombro，& Dichtelmiller，2007；Losardo & Notari-Syverson，2001）。观察可以在不同的情境进行，包括结构化和非结构化的课堂活动及家庭环境。人们已经开发了一些工具在不同设置下为观察提供指导，如幼儿学习环境评量表（ECERS）、婴儿学习环境评量表（ITERS）、课堂互动评估系统（CLASS）（Harms & Clifford，1980；Pianta，La Paro，& Hamre，2007）。

虽然观察是评估的基本形式，但不应低估它的作用。鉴于其结构的开放性，团队成员是否能有效监控自己和问题是特别重要的。观察者必须知道发展的基准及定性因素是什么，比如定性因素包括儿童从内部出发的应对策略。他们还需要清楚地了解并关注自己的盲点。协调可以使得对每个儿童的认识更加有效、可信。

轶事记录

当我们使用各种各样的策略来收集信息时，轶事记录就格外重要（Losardo & Notari-Syverson，2001）。轶事记录包括从多种情境收集到的笔记，它记录和反映儿童当前的能力水平和重要互动。轶事记录可以促使我们对儿童发展有更宝贵的见解。专业人员应通过反思来选择可能被用到的轶事记录。用轶事记录来记录孩子的成长是一种被广泛接受的方法。但是记录的内容包括什么、不包括什么需要进一步思考。

最初，一些重要的变量可能对观察者来说并不明显。专业人员可以观察到的事件似乎是有显著意义的，然而实际上更加有意义的事件可能被遮蔽了。所以，有时候最明显的事件不一定对于儿童发展是最重要的。例如，如果一个孩子感到极其脆弱和害怕，他可能通过隐藏情绪的方式进行补偿。男孩经常被告知不可以害怕，所以他们可能通过表现坚强来补偿。对早期教育的专业人员来说，挖掘儿童深层的情感，而不是通过表象的行为形成假设是很重要的。

工作取样法

工作取样法原本是用于评估典型发展儿童的一种成熟的方法，之后渐渐也被用于特殊儿童的评估。迈泽尔斯（Meisels，1992），雅布隆、迪希特尔米勒和多夫曼（Jablon, Dichtelmiller, & Dorfman, 1994）创建了收集和组织工作样本的系统，其中包括了每个样本的详细说明、阐述其意义及与记录儿童能力水平和风格的相关性。这些样本可以作为反映儿童的优势和需要的丰富证据。工作样本在表现随着时间推移所发生的变化方面尤其有用。工作样本涵盖的内容很广，既可能有儿童的艺术作品样例，也可能有儿童堆砌积木或玩耍时的照片、视频文件。

事件取样法

当一个孩子表现出需要跨情景监控的特定行为时，专业人员可能会编制一个事件取样的表格，用以观察并记录不同情境的特定行为。事件取样是一个矩阵（matrix），可以记录具体行为的发生率（使用身体攻击而不是口头请求）。

成长记录袋法

成长记录袋法已被广泛使用在整个发展连续体上的不同发展情况的儿童。它包括各种文件，可以反映儿童在许多领域的发展。它可以包括工作样本、连续记录、事件取样、照片和其他关于儿童表现的评价。成长记录袋中的文件是经过长期收集而来的，为呈现儿童的成长提供了极好的机会。专业人员应该仔细选择成长记录袋的文件并确保它是可以组织的。作为一种真实可靠的评估，成长记录袋中文件的组织和仔细选择将有助于增强成长记录袋的有效性（Lynch & Struewing, 2002）。随着技术越来越先进，成长记录袋也有了电子版，它包括关于儿童参与活动的视频短片，这样可以大大提高教师和家长针对儿童优势和需求进行交流的可能性。

筛查工具

　　筛查工具提供比较有效的方法来判定儿童在各发展领域的能力是否在与其年龄相符的预期范围之内（Gilliam，Meisels，& Mayes，2005；Meisels & Atkins-Burnett，2005；Miller，1993）。用筛查工具进行评估须在 15 到 45 分钟内完成，相反地，全面的评估需要更长时间。如果用筛查工具评估一个儿童，结果不是很理想，并不意味着他有显著的发育迟缓或障碍，但他的表现将被视为一个警告信号，需要更进一步的评估。

　　筛查工具的分数并不一定能完全代表儿童的真实能力。如果他没有足够的睡眠、感觉不好或因不熟悉的环境而恐慌，那他的表现可能不能代表他已经掌握的技能。对儿童的父母或亲密的照顾者进行调查可以帮助我们判断分数的准确性。如果一个儿童在筛查工具上的得分良好，通常说明他是在健康发展。反思在筛查过程中是非常有用的，有利于与儿童建立融洽的关系和搜集最能代表孩子真实能力的信息。

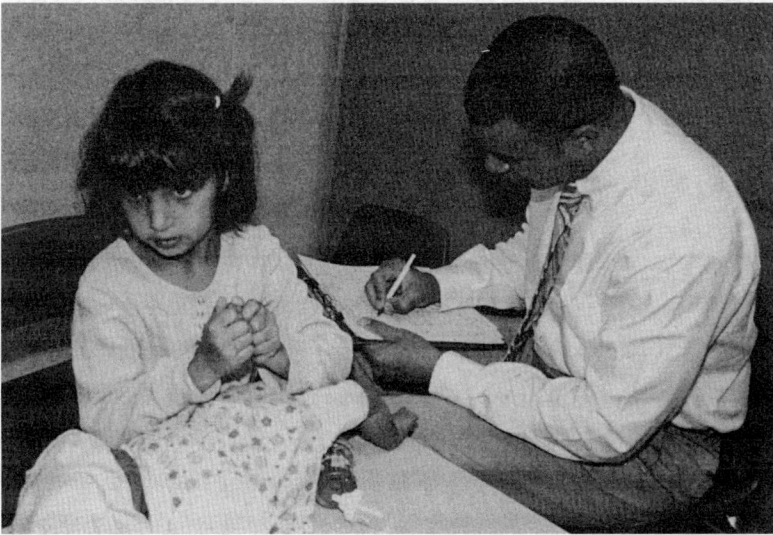

要根据儿童的特点和需求使用各种评估方法。

　　一般来说，如果一个儿童在筛查工具上的表现并不理想，则需要更深入的评估。深入评估有时是涉及所有发展领域的综合性的评估。但是，如果筛查结果表明儿童是在某一个领域（如：言语和语言）上有显著的发展迟缓，那么后续评估可能就会特别专注于这一领域，并且是由相关专家进行评估（Gilliam，Meisels，& Mayes，2005）。

生态化评估和自然环境

早期教育的专业人员必须考虑在什么情境下评估儿童的发展。从历史上看,儿童通常是在诊所情境接受专门的评估,这意味着评估与开展评估的情境是毫无关系的。但目前有越来越多的儿童评估发生在自然的环境中,可以在儿童感到舒适的家中,在早期教育中心或在尽可能有代表性的情境下(McCormick & Noonan, 2002)。在自然的环境中进行评估有很多优点。其中一个优点是所收集到的信息可以真实代表儿童的能力(Ostrosky & Hom, 2002)。不熟悉或令人生畏的环境会影响儿童的最佳表现(Linder, 2008)。

在生态化评估中,专业人员应仔细地记录可能影响儿童能力的环境因素,如结构、空间组织、与其他儿童的互动情况、成人对儿童的回应和指导程度(Ostrosky & Horn, 2002)。环境因素还包括是否有适当的玩具,以及照料者的行为。

基于游戏的评估

基于游戏的评估构建了一种环境,我们可以在其中有意地观察并记录儿童在不同情况下的表现,如结构化或非结构化的游戏、与同伴玩耍、点心时间(Linder, 2008)。20 世纪中期游戏治疗提供了许多有价值的观点,这几十年来,在游戏过程中进行的评估也在不断地改进。

对形成性评价的反思

尽管早期教育从业人员使用各种措施和方法来收集有关儿童当前能力水平的信息,但在关注儿童如何解决问题时还需要反思和更深层次的整合。对评估进行反思有利于识别关键问题和行为模式。专业人员有发展和维持平衡的意愿,这可以促进他们认识儿童发展独特模式的认识。反思包括分类、排除和丢弃误解的连续过程。不可以带有判断,也不能直接得出结论。通过反思可以更好地思考在每个儿童身上实际发生了什么,特别是关于潜在的因素和对主要症状的解释。

反思可以帮助我们确定用于记录儿童发展的独特模式的最佳方法,如连续记录法或工作抽样法。

终结性评价

标准化工具

标准化测验以具有代表性的样本的统计数据为基础,由样本数据去推断总体的表现。这些标准化数据被用来将每一个儿童的表现与其他儿童的平均水平作比较。当个别儿童的能力超出既定范围时,就可以确定该儿童有获得特殊服务的资格。

标准化的评估工具为教育工作者和其他社会学家提供了一种工具,但在标准化评估的使用方面仍有许多顾虑,特别是用其测量教育实践的有效性。长期以来,早期教育工作者对标准化测验的价值和有效性提出质疑(Kohn,2001)。

心理测量专家对此作出了回应,他们尝试提高测验的信度和效度,并且尝试使测验结果能更好地代表被评估小组的真实情况。人们所担心的与性别、文化和社会经济地位相关的偏见的担忧也得到了特别的处理。

由于《不让一个孩子掉队法》等立法日益加强了对标准化测验的关注,对团队来说考虑到每个儿童的结果,以确定信度和效度就显得非常重要。有时相较于其他测验,儿童可能在标准化测验上的表现更逊色些。如果存在这种情况,可以把这种差异也记录下来。

工具的选择

评估者应熟悉不同的评估工具,并能根据儿童的独特需求作出选择。如果儿童有一种可以通过特定工具进行评估的学习方式,那评估者评估时就可以选择相应的工具。如果儿童是在游戏情境下阐释概念,那么基于游戏的评估将是很有价值的。如果儿童有视觉障碍,那么应选择由其他感官参与的评估工具。由于学校预算的限制,很多项目中给所有儿童都使用的是单一的工具或样本量很小的工具。对评估者而言,要意识到可以通过哪些其他途径(如国家资源中心 http://www.nectac.org/chouse/)获取更多的评估工具。

教育报告

教育报告是终结性评价的其中一种范例,它包含各种来源的信息,也包括通过形成性评价得到的信息。教育报告对信息进行了整合与合并,既描述了儿童在所有发展领域的当前能力水平,还从随着时间推移儿童是如何发展的这一角度对信息进行阐述。基线期的数据及随时间的变化通常都包含在报告中。

对终结性评价的反思

评估者应从各种来源收集信息,包括定性的和定量的评估方法,并且他们应确保评估的结果可以为他人所理解。对障碍儿童进行全面的终结性评价应有一个基础性的目的:向团队提供关于障碍儿童特点的具体描述,以帮助团队作出适当调整。

信息呈现

如果评估者了解儿童当前能力水平,他们可以将从各种来源得到的信息纳入涵盖了所有发展领域的报告中。报告的编写应清晰明了，没有过多艰涩难懂的术语，表现出每个儿童积极的一面。报告还应精心组织，以家庭为中心，建设性地去呈现儿童需要关注的领域及其优势。除了一份书面的报告，专业人员还需要准备好在家长会议中分享这些信息。在会议中定下一个积极的基调，以良好的方式共享信息，可以促进有效沟通。

如果评估者还没有足够的信息充分了解儿童为何表现出某种特定行为，那么评估者应作出清晰的陈述；这比作出那些看似权威实际却并不准确的评论要好得多。儿童有时可能被误诊。因此，考虑发展问题的复杂性及其问题的背景是很重要的。我们提倡可以通过评估人员的反思、沟通和倾听不同的观点来尽可能地避免这种错误。评估者不应直接假设自己知道所有的答案，而是参与到团队评估幼儿的进程中促进共同进步。当我们撰写报告的时候，纳入儿童父母和其他团队成员的观点时，我们必须尽可能地进行编辑和修改，传达关于儿童发展的可靠和值得信赖的观点。有时候，我们选择不列入报告的内容其实和被列入报告的内容同样重要。

家庭和团队在评估中的角色变化

从历史上看，父母作为评估团队成员和儿童信息可靠来源的价值并未得到重视。人们经常会认为父母对孩子的看法在本质上是扭曲、片面、主观的，缺乏有效性（Turnbull, Turnbull, & Wehmeyer, 2007）。专业人员的作用应是提供有关儿童发展的清晰、客观和毫无偏见的观点。随着时间的推移和多年的倡导，很大一个变化就是父母被鼓励分享自身有价值的看法，以及他们对儿童发展挑战及能力的理解（Gallagher, Fialka, Rhodes, & Arceneaux, 2002；McWilliam, 2005；Turnbull, & Turnbull, & Wehmeyer, 2007）。这在早期特殊教育中是一个明显的进步，因为通常而言父母对儿童日常生活的情况是非常了解的。幸运的是，现在家长的观点被认为处于幼儿评估时不可或缺的核心地位，并且可以通过正式的工具来测量。

在评估幼儿时，专业人员应该认识到每个家庭的独特优势和需要（Jung, 2007；McWilliam, P.J., 2000）。专业人员的角色可以通过家庭的需要确定。有些家庭比教师更了解儿童的病情，因为家庭先前可能已经有应对的经验，特别是当它是一种非常罕见的、遗传性因素导致的综合征。而且随着互联网的发展，可以提供更充足的信息，家长可能成为他们孩子的专家。有的家庭成员甚至可以使用非常复杂的术语，如"黏多糖贮积症"（mucopolysaccharidosis）（Castelli, personal communication；November 11, 2009）。

团队合作的重要性

在评估过程中，家庭和专业人员应该作为一个团队一起工作，建立信任和增加对每个儿童的优势和需要的了解。建立一个共享的发展框架是有益的,可以借此考虑每个儿童的能力和进步,以帮助确定儿童是否需要特殊服务及需要哪些类型的服务与支持。

从多个角度进行记录

当使用观察法或轶事记录法来代替或者补充非正式的评估工具时,没有必要每个人对儿童的发展都持有相同的观点。事实上,儿童在不同的情境中有不同的行为是很常见的。这些不同的观点应记录在案。例如,评估人员可能会记录:"贾斯汀的母亲说,他能够自己穿上鞋子。但这种现象在学校中并未观察到。"这种观点上的差别不代表对儿童能力的判断存在严重冲突或分歧,但它们应该被记录下来。儿童在不同情境中的表现往往不尽相同。

对团队的反思:多角度

联邦法律要求,评估需要体现多学科合作,并且应有不同的方式来实现这一目标。团队是由许多人组成的,他们在团队中有不同的角色,这就意味着会存在各种观点。父母是团队的中心,他们的意见对树立每一个儿童完整的发展观是非常重要的。辅助人员和教师助理往往需要花大量的时间与儿童在一起,他们可能会有额外的观点进行分享。由于他们的专业知识及相应技能准备,教师(包括普通教育教师和特殊教育教师)能够观察、互动和对重要因素进行反思。专家、学校心理咨询师和社会工作者都会给团队带来他们自己有价值的观点。职业治疗师可能会比别人更倾向于将诸如感觉加工之类的问题纳入反思的过程,他可以与团队其他成员共享其对一些重要层面的见解。在对团队进行反思时,沟通是重要的一部分。

现在越来越多的特殊儿童被安置在融合的环境中,如果负责评估的人员对特殊教育没有广泛地了解,那他们评估时应该咨询有关专家而不是认为自己能够独立完成全面的评估。当由学校系统负责评估项目时,这种做法通常是可以被理解的。然而,如果是民办的早期教育项目,相关管理人员和教师有必要与当地的公立学校建立联系。

寻求专家的帮助

一旦老师证实儿童的表现超出普通发展的范围,比较合适的做法是提出转介并要求专家进行评估。听觉、视觉和一般健康检查身体发育评估的常见内容。有越来越多的证据表明,口腔健康对其他领域的发展有重要影响。在身体评估中,也可进行铅筛查。关于一些可能存在的慢性健康问题(包括糖尿病、镰状细胞紊乱、哮喘、过敏或癫痫)的信息也是很重要的(Batshaw, Pelligrini, & Roizen, 2007;Platt & Sacardote, 2002)。

评估者一致性

当共享的观点不止一个时,考虑团队成员之间的一致性就显得非常必要。评估者间信度是指不同团队成员报告儿童表现时的一致程度。所以设计评估工具时应尽量减少歧义,以清晰的方式呈现,提高评估者间信度(McLean,Bailey,& Wolery,2004)。

评估过程中与家庭进行沟通

当家长担忧自己的孩子可能是障碍或发育迟缓时,专业人员一定要接纳各种可能的反应。如果专业人员认为这些家庭肯定会因此而忧心忡忡,那这种偏见将会影响沟通的质量。专业人员也不该去假设有轻度发育迟缓孩子的家庭能更从容地应对挑战。有的家庭可能可以很好地应对重大的挑战。专业人员应当认真倾听,分享准确的信息,并能在不带任何假设和偏见的前提下了解相关情况。这将有助于同家庭建立良好的合作关系(Bailey & Powell 2005;Turnbull,Turnbull,& Wehmeyer,2007)。

融洽关系的重要性

当专业人员同儿童及其家庭建立了融洽的关系,儿童可能会更好地表现出代表他们能力的特征和行为。如果专业人员在与儿童的互动中回应差、反应冷淡或者不经意间对其进行恐吓,这都有可能抑制他的反应。与儿童进行互动时采用鼓励和支持的方式比很少给予回应要好得多。专业人员还可以通过面部表情、语音语调和肢体语言向孩子们传达自己是可以被信任的。这种信任感通常有助于儿童表现出更具代表性的行为,也有助于评估者进行更有效的评估。

虽然大多数幼儿并没有对测验产生根深蒂固的恐惧的消极生活经验,但从事评估的成年人可能会保留对测试的消极情绪。不幸的是,这些情绪可以通过面部表情、语调、手势被传达出来。专业人员不应创造或延续与评估相关的消极的互动模式。在评估中建立积极的、鼓励的基调才更有可能了解儿童的最佳水平是什么。而且可以有很多方式共享积极的反馈。

在评估中积极倾听

无论使用何种沟通方式,都有必要与儿童和家庭核实要表达的内容与被理解和接收的内容是否是一致的。使用积极的倾听方法可能有助于保证有效的沟通,比如可以说:"听起来你似乎很沮丧,是吗?"评估者用以确认的语言应根据不同的儿童和家庭进行调整。

解读线索

在评估中,对儿童线索的解读是必不可少的方面,但并不总是容易(Sheridan, Foley, & Radlinski, 1995)。儿童经常提供相对清晰、明确的和容易解读的线索和信号。反过来,他们也可能回应别人的线索,所以互惠性(reciprocity)是一个自然的过程和结果。当儿童表现出一些较难解读的线索时,要使用这些线索作为反映儿童当前能力水平的证据将更具挑战性。如果儿童有清晰明确的手势、面部表情和言语,我们可能很容易识别他理解了什么、想要表达什么。

当评估者很难解读儿童的信号和线索时,对儿童意图和理解水平的把握就会有更多的不确定性。所以评估者常常需要谨慎地解读线索并且使用开放式的措辞,如"看上去……"和"很可能……"而不是对儿童当前的能力水平作出肯定性的说明。如果专业人员对儿童逐渐熟悉,那么他们可以更加充分和清楚地阐明儿童的动机、优势和需要关注的领域。我们从普通发展的研究中可以了解到儿童发展的一般模式,但现在我们也越来越重视在一般模式之外的儿童发展的独特模式。

有时候,在评估中家长可能会受挫,特别是如果孩子的现实情况对他们以前的世界观产生冲击。所以专业人员应当理性判断是否有调整的必要性,给予支持时不要让人感觉是出于怜悯。当专业人员能真正地去接纳障碍者,他们也将更容易以自然、真诚的方式表达支持(Hanson & Lynch, 2004)。

虽然人们曾认为有障碍儿童的家庭一定会经历一个否认的阶段,但最近这一说法受到了挑战。不久之前人们还常常会认为只要当家庭中有孩子被确认为有发育障碍,整个家庭都会经历非常悲伤的阶段。虽然对于一些家庭来说,这种情况仍然可能会出现,但干预服务有利于改善这种情况,并尽可能减少家庭成员的心理创伤(Gallagher, Fialka, J., Rhodes, C., & Arceneaux, C., 2002)。

沟通、保密和协作

在团队中,沟通、保密和协作始终是关注的重点。团队成员需要就有关儿童评估的重要问题进行讨论。有时是通过会议进行讨论,包括正式的计划与安置会议和儿童研究会议。而在其他时候,沟通可以是非正式的,在不同情境下进行对话。无论对话是如何发生的,都必须重视保密性。对专业的团队而言,有一点是非常重要的:要记住,在任何情况下共享信息都要考虑它的权限,并且不要认为信息是可以随意与他人分享的。沟通协调也是必不可少的,尤其当有多个观点争持不下时。尽管信息来源的多样化对团队的工作是有帮助的,但这些信息可能呈现出碎片化的特征。所以把这些信息和观点整合并组织在一起是必要的。此外,对有特殊需要儿童的评估必须是一个协作的过程。

评估的文化视角

专业人员必须考虑文化价值观和信念，以便更好地了解幼儿的发展。在儿童早期教育方面，对文化价值观的理解取得了巨大进步。从反偏见课程（Derman-Sparks，1989；Derman-Sparks & Olsen Edwards，2010）到儿童保护基金会（Children's Defense Fund）和"开端计划"，有许多倡议都在幼儿项目中灌输了多元文化观点。在这些倡议中，所有主要的组织都发挥了领导作用。

与文化因素相关的动力学解释

文化因素在确定服务资格时是非常重要的，这有几个原因。首先，不同的文化对障碍有不同的认识。家庭在适应儿童发展状况的过程中可能经历各种的情感和文化信念的影响（Cheatham & Milagros-Santos，2005）。例如，在一些文化中，障碍被视为诅咒或祝福的标志。障碍也可能被视为是一种惩罚。一位母亲报告说，当她患有唐氏综合征的儿子出生时，她会从一些好心的熟人那里收到慰问卡。

专业人员不需要假设家庭在接受障碍儿童时会存在问题，能意识到可能存在问题就可以了。我们不想要创造自我实现的预言；与此同时，如果出现问题，我们要做好应对它们的准备。

在特殊教育中来自多元文化群体的儿童占多数

不幸的是，在特殊教育中存在着一个令人不安的统计趋势：大多数儿童都来自多元文化群体，尤其是有色人种（Pavri & Fowler，2001；Shealey & Lue，2006）。相反地，他们中被鉴定为具有天赋和才能的儿童人数却人数偏少（Cartledge，Gardner，& Ford，2009）。但我们在评估儿童时，不能将来自多元文化群体作为判定儿童更弱势的指标。

这些统计数字应结合社会体制中持续存在的不平等机会去考虑。最重要的危险因素是贫穷而不是种族。在所有族群中，贫困是不均等的。来自美国的多元文化群体的儿童，可能会比美国的白人更贫穷（Farran，2005）。社会经济地位低下是面临发展挑战的主要预测因素（Ziegler & Styfco，2004）。作为一个风险因素，社会经济地位低下经常伴随着其他风险因素的发生，如缺乏适当的医疗照顾、缺乏营养和缺乏支持健康发展的活动机会（Cooney et al.，2007；Hilliard，1997；Shealey & Lue，2006）。但也正因为如此，多元文化群体中生活贫困的儿童面临发展挑战的风险在很大程度上是可以预防的（Pavri & Fowler，2001）。当我们在一起评估幼儿时，我们必须牢记这一点。并且我们应主动去反思和重新思考假设的合理性。这包括了解个体所处的社会环境如何，是否有机会不平等因素。通过评估，我们有可能改变那些动力因素(Farran)。

面对刻板印象

人种、文化、种族和经济因素对幼儿的评估有潜在的影响。文化上的刻板印象也可能无意中影响期望。观察统计趋势和分类变量(如贫穷)是非常重要的。那到底是族群(ethnicity)还是贫穷导致了发展挑战呢?有大量的研究表明,贫穷会对发展产生消极影响,而不是人种(race)或族群(ethnicity)(Shonkoff & Phillips, 2001)。然而,某些疾病在特定族群中更普遍,如泰-萨克斯病、镰状细胞贫血病和地中海贫血病(Batshaw, Pelligrini, & Roizen, 2007)。

英语学习者

英语不流利的孩子在英语测评中很可能表现不佳。所以专业人员应避免过于仓促或过早下结论,要以恰当的、符合种族特色的方式了解并表述每个儿童的发展。专业人员应收集与儿童相关的成长背景信息,以保证孩子没有被误认为有特殊教育需要。如果儿童是一名英语学习者,那评估时应提供支持帮助其理解含义,并用儿童的首要语言(primary language)进行评估。当然,将英语作为第二语言而学习的儿童也应该得到支持,但这不同于发育障碍。教师必须考虑到各种影响儿童进步的因素(McLean, 2002)。

当设定了恰当的标准,这个标准不会因为儿童在贫困环境中成长而降低期望,为了达到这些标准,需要系统层面的责任来支持学生达到最佳发展结果。一些组织如玛丽安·赖特·埃德尔曼(Marian Wright Edelman)领导的儿童保护基金会就一直主张为那些一出生就处在恶劣环境中的儿童提供支持和服务,以减少贫穷对他们的负面影响。与其在意贫困对儿童发展的负面影响和降低我们对儿童发展的期望,我们不如坦然承认风险并想办法缓解风险(Farran, 2005)。

我们可能常认为文化包括了对经验的一系列具体的过滤。当评估儿童发展时,这样的观点有助于我们更好地理解在评估过程中进行确认和核实的方法。我们的第一印象会受到我们自认为所知道的和自认为重要的因素的影响。发展的某些方面可能与我们以前所认为的不一致,我们就必须反思,重新审视,并听取各种意见。对多元文化有坚实的了解,有助于我们进行反思和提高我们鉴别不同价值观、信念、习俗之间的细微差别的能力(Barrera & Kramer, 2009;Cheatham & Milagros Santos, 2005;Hilliard, 1997;Pavri & Fowler, 2002)。

通过增进对多元文化的认识,重新审视我们自己观点和信念的意愿也会发展起来。这种自我审视和反思自身假设的意愿对于减少偏见是非常有帮助的。

案例1：乔尔的小插曲

在波多黎各，一个约五岁的男孩有着非常有限的语言表达能力，他最近刚被诊断为患有自闭症，现在仍用婴儿奶瓶喝牛奶麦片。一位专业的顾问质疑为什么家长仍允许他从一个婴儿奶瓶里喝牛奶麦片，因为有记录的证据表明他能够独立地吃固体食物。专业顾问担心，如果让他继续用婴儿奶瓶而不是培养与其实际年龄相符的自主性和独立性，这样会促使他持续婴儿化。顾问的解释在某些情况下是有意义的，但她的评价缺少一个重要的信息：在波多黎各文化中，孩子在开始吃固体食物很久后依然用奶瓶喝东西，这种情况对于在整个发展连续体中的儿童都是十分常见的。鉴于此，对这个自闭症儿童的这一行为应有不同的解释。此外，如果对孩子的这种行为真的有发展方面的担忧，从熟悉这种文化传统的人那里得出这一观点将是非常有帮助的。

问题与反思：

1. 基于自身经验，你对哪种喂养实践最熟悉？
2. 你如何确保自己收集到了所需的关于不同文化的信息？
3. 如果是你照顾这个孩子，你怎么就乔尔的这一行为与他的母亲进行沟通？

确定当前的能力水平

为了写个别化教育计划（IEP）或个别化家庭服务计划（IFSP），专业人员必须确定儿童当前在所有发展领域的能力水平，从而确定儿童可达到的目标和期望的结果。儿童的能力可以通过使用某些基准进行评估。通过收集数据和仔细反思，专业人员可以发展出对儿童目前能力的清晰认识，不能只考虑儿童是否达到了一定的基准，还要考虑他们是如何学习的。之后专业人员可以依据不同儿童的不同需要来设计策略，举例来说，如果一个孩子在接受问题解决的新方法方面有困难，可以将言语反馈和示范作为脚手架。当儿童在某些领域有困难时，表 4.3 提供了一些使用脚手架的方法。

表 4.3　基准和调整

基　准	调　整
指尖抓握	手把手辅助
两字短语	提示；示范；要求
向其他儿童发起互动	脚手架；支持；示范
根据颜色进行分类	提示；示范；言语指导
使用教具解决问题的策略	言语指导；示范
在支持下走路	身体辅助；使用设备；无障碍环境

跨领域评估

跨领域发展通常是综合的而不是零散的,尤其当儿童属于普通发展时。然而,在实践中,我们经常是就不同的领域分别进行评估。当关注需要额外介入的领域时,跨领域评估尤为有用。不同领域的发展信息被分别报告的时候,要知道可能幼儿的行为表现会在很多领域是重叠的。如果一个孩子有言语迟缓,社会交往通常会受到影响。而当其有认知问题时,语言能力的发展往往也会受到影响。一份关于儿童现阶段表现水平的报告,可以包括也可以不包括起作用的根源因素。从本质上讲,儿童表现出来的症状、发展的基准和特征才是儿童当前表现水平报告的重点。

基准和里程碑:指标

研究已经确认各个领域普通发展的基准和里程碑(Gesell & Ilg,1949)。儿童的表现如果是在一定范围内的,就会被认为符合普通发展。从业者必须记住:普通发展的儿童同样会具有独特的特质,即使他们没有获得特殊服务的资格。明显处于普通发展范围之外的儿童有资格获得特殊服务。确定基准有助于确定获得特殊服务的资格和制定个别化方案。在普通发展过程中,特别是在成长和技能习得的速度上存在着显著的变化,因此特殊和普通发展之间的差异并不总是能清楚界定的。

随着时间的推移,关于儿童成长发展的研究有了变化,我们对于经验如何影响儿童的技能习得和概念发展有了更深刻的理解。许多关于普通发展的资源是可获得的,包括如无支撑型独坐、走出第一步、说第一句话等技能相对来说都是可以测量的。虽然关于儿童达到这些基准的时间会有一些差异,但发展序列和发展进程是共通的。

对于一些儿童来说,使用发展清单、评估工具或评估框架来评估他们的表现就足够了。我们可以识别在各领域中已经达到的和需要加强的技能。这些信息可以直接通过简单的陈述予以报告,如儿童可完成的特定精细运动技能等。对其他儿童来说,信息报告的过程更为复杂。但你可以在本书中找到相关答案,本书中关于课程调整的各章节会有一部分涉及每个领域的特定因素。

标准 任何评估必须包含对标准的讨论。像美国幼儿教育协会(NAEYC),早期教育部门(DEC)和国家开端计划协会(NHSA)都已经建立了标准。理解标准在教育各方面(包括评估)所扮演的角色是很重要的。基准和标准代表了一种共同的、关于希望孩子们达到什么水平的愿景。而这种愿景建立在切实的期望和有充分理由、有依据的发展信息基础上。现在已经有很多围绕标准的改革运动,尤其是那些关于创造力的标准(Hyson,2003)。此外,不同专业组织在不同的领域也制定了标准,如美国幼儿教育协会标准3,而美国特殊儿童协会早期教育部的标准8均与评估有关。

在自然环境里,仔细的记录是使用非标准化评估方式的一个重要要素。

关注特征

即使是一个准备充分的、经验丰富的完整团队,可能用了几个月时间也依旧无法明确儿童的特征而无法下确切的诊断,因此会感到困惑。这些情况说明了关注特征和将优势及需求模式与调整策略相匹配是多么有必要。专家在对幼儿作出明确诊断之前也可以制定和实施干预策略。许多州制定法规允许为确认存在发育迟缓的幼儿提供服务。此处,发育迟缓是指可以被测量、观察的延迟,但尚不能得到一个明确的诊断。这些儿童最终可能被诊断为有其他障碍,也可能不需要长期的服务。有些州允许为有发展风险的儿童提供服务,即使根据美国《障碍者教育法》他们的迟缓还未严重到享有服务资格的程度。随着时间的推移,我们会发现提供这样的服务可以节约成本,但仍然需要一定的资源支持。

记录需求领域

确定需求的领域不等于对孩子进行批判。一个技能清单可以指导这个团队更好地提供恰当的支持。如果专业人员声称儿童已掌握了某些技能而实际上儿童并没有完全掌握,这并不是在帮助孩子。如果我们高估了儿童目前的能力水平,我们可能会在不经意间提供与实际所需并不匹配的干预。

质性指标

当我们评估儿童时,质性指标是非常重要的。这些质性指标包括儿童的应对能力、互动方式和问题解决的策略。诸如气质这类变量和发展性特征,是动态发展中比较复杂的方面(Neisworth, Bagnato, Salvia, & Hunt, 1999;Williamson & Anzalone, 2001)。有些儿童可能特别容易受到环境因素(如干扰、噪音水平、总体组织情况、环境中的结构)的影响。有些质性特征会促使儿童在不同环境、不同时间下有不一致的表现。如果儿童自我调节存在困难,那么有可能会表现出问题行为(Bronson, 2001;Chandler & Dahlquist, 2002)。由于这些质的差异可能是难以诊断的神经障碍的症状,专业人员在评估过程中可能会因它们感到困惑(Als, 1986;Bronson, 2001;Chandler & Loncola, 2008;Shonkoff & Phillips, 2001)。

这一系列相关特点,可能会影响儿童发展的质性方面,包括感觉加工困难。这方面的困难会对其他许多领域的发展有影响。感觉统合存在困难通常是自闭症儿童特征的一部分,但也会对不处于广泛性发展障碍谱系中的其他儿童的表现产生影响。

解读儿童为什么没有进步

评估工具所测得分看似相同的两个孩子,随着时间的推移,彼此的发展可能会有显著的不同。在发展过程中,如果儿童得到了与发展相适应的干预和个别化支持,却还是没有取得多大进步,并不能因此说教师没有起到作用。它可能说明儿童有智力障碍(精神发育迟滞)而不是发育迟缓。当儿童最初被评估并转介到特殊服务中,专业人员可能并不能确定发展速度和质量方面的发展潜力。值得注意的是,拥有广泛知识准备和合适资质的专业人员可以练习并表达与儿童发展状况相关的临床意见。但通常来说,不会要求任课教师对儿童进行全面的诊断性评估。

记录儿童的能力

基于儿童的表现,专业人员千万不要低估儿童的能力。专业人员应该看到儿童潜在的闪光点,这样他们就不会在无意间降低对儿童的期待,从而在干预中提供更少的积极挑战。低期待与儿童的发展之间的动态关系,可能会使得儿童永远无法超越他们的限制。最终,早期教育专业人员的目的应该是提供支持,使所有儿童能有均等的机会去发挥他们的最佳能力。如果降低期望,儿童的能力和潜力会被低估,专业人员就会在无意中阻碍儿童进步。

儿童的潜能

有时候,提供恰当的干预后,还是可能不太清楚孩子会怎么样发展。如果一个儿童因缺乏环境机会和与发展相适应的干预表现出发育迟缓,依然有可能会在相对较短的时间内取得较大进步。只要提供机会,儿童可能在不到 12 个月的时间表现出超过一年的发展成就。在这些情况下,通过以儿童和家庭为中心的项目,发育迟缓可以得到更好地解决和缓解。

问题与反思:

1. 想想所关注的那名儿童,这个儿童在所有领域的发展已经达到什么基准?
2. 你是怎么确定孩子已经掌握特定的技能? 你使用了什么测量方法?
3. 你怎么确定你使用的测量方法能准确评估儿童的能力?
4. 这个孩子是否有一些发展方面的测量需要进行特别调整?

形成假设

专业人员可以形成很多关于儿童发展进步的假设,然后跟进观察这些假设是否准确代表了儿童的表现和能力。由于专业人员使用不同的测量方法来评估成就,他们必须记住,儿童并不是总能表现出他们已获得的技能。他们可能有学习技能的能力但实际上尚未掌握,尤其当他们成长的环境并没为他们提供与发展相适应的实践机会时。

评估中的法律因素

所有主要的特殊教育法都包括了对评估的要求,这些法律准则为有特殊需要的儿童提供了明确的参数(parameters)。这是一个在指导专业人员应该知道从哪里去获得更多信息的简单的概述。专业人员应该知道什么问题该询问法律,以及知道底线。专业人员具备立法的基本概念能够通过反思来指导他们的实践。

转介过程和资格确定

联邦法律规定,如果有显著的发育迟缓,将会有接受特殊服务的资格。其中,显著迟缓指在一个发展领域内偏离平均值(百分位数为 30)2 个标准差或者至少两个发展领域偏离平均值 1.5 个标准差。尽管资格的标准随时间已经发生改变,美国《障碍者教育法》的修订需要重新考虑,并对显著迟缓的规定仍有必要。在早期阶段,从业者可以识别发育迟缓的儿童,而不仅仅只是确定诊断的儿童。当儿童通过标准化测试没有表现出量化的迟缓但确实表现出令人担忧的行为时,由有资质的专业人员运用自己的判断或信息来确定资格也是可以的。这样的一个决定需要有与发展问题相关的、大量的文档支持。

在评估期间,专业人员必须搜集和提供信息,用于与计划和安置有关的集体会议,会议会作出关于儿童是否需要接受特殊服务及在什么情况下需要接受特殊服务的决定。当务之急就是专业人员要理解并对儿童的家庭传达这样的态度:资格决定并不是控告或者判决。当幼儿被确定拥有接受特殊服务的资格,这并不意味着他获得的是一张通往特殊教育的"单程票"。这种资格是基于当前的表现水平而确定的,当给予儿童适当的干预后并取得显著的进展时,还会有很多次这种资格(的评定)。有的家庭可能会害怕他们的孩子被确定资格,但是如果他们真正了解到他们的孩子并没有被贴上标签,那么团队就能够更好地共同努力,为儿童提供恰当的干预,帮助儿童应对发展的挑战。很重要的一点是,对于专业人员来说要记住,确定特殊需要的幼儿的服务资格可能对于整个家庭来说是非常情感性的经历(Bailey & Powell, 2005)。设定支持性的基调能够在儿童的适应过程中发挥重大的作用。最佳的互动是指,家庭和专业人员之间建立一个互相信任的气氛,"什么对儿童最好"成为明确的重点。

当在与儿童合作时,教师和其他的团队成员观察没有被确定拥有需要特殊服务资格的儿童并想要知道他们是否在以正常的速度进步,这是正常的。有些时候基于儿童的行为,这种担忧是合理的,但并没有长期进行的必要。儿童的行为可能会受到他们家庭结构变化的影响,如亲近的人生病了或者弟弟妹妹出生了。很多生活情境都会导致行为和表现的变化。还有些情况下,团队成员可能会观察到需要进行全面评估和特殊服务资格评定的行为与特征。当儿童已经接受了0—3岁服务并将要过渡到学前教育服务,早期评估信息应该与新的教师和团队成员共享。

总结

倡导在评估中加入反思环节时,我们需要谨慎地澄清,我们并不建议过度思考或者过多分析,这会使我们有时候偏离了现存的基本模式,可能会对制定行动方案造成困扰。

幼儿的特点有时候是复杂的,这使得我们很难去确定真正起作用的因素是什么。在这种情况下,团队跳出框架,不要尝试形成一个全面的理解,而是明确陈述可能持续存在的问题是什么,这样后续评估就可以继续监控这些变量。通过对所获得的信息进行深度而彻底的思考,以及对问题领域进行额外调查,可以基于可用信息总结当前表现水平,即使仍然存在一些问题。超越一定理解水平后的持续反思不一定会产生更大的智慧。在实际的应用中,可能在还没有一个明确的诊断之前,专业人员就已经开始制定并执行基于儿童当前各领域的表现水平的相应调整。所设计的调整方案应与儿童症状和特征相匹配并对其作出回应。

关键术语

Baseline data 基线期数据

Clinical opinion 临床意见

Diagnoses 诊断

Diagnostic evaluation 诊断性评价

Formative assessment 形成性评估

Individualized Education Program(IEP)个别化教育计划

Individualized Family Service Plan(IFSP)个别化家庭服务计划

Norm-referenced 常模参照

Performance 表现

Reliability 信度

Results-based accountability 基于结果的责任制

Self-regulation 自我调节

Sensory processing 感觉加工

Standardization 标准化

Summative assessment 总结性评估

网站

美国早期干预技术辅助中心

http://www.nectac.org/chouse

参考文献

Als，H. (1986). A synactive model of neonatal behavioral organization：Framework for the assessment of neurobehavioral development in the preterm infant and for the support of infants and parents in the neonatal intensive care environment. *Physical and Occupational Therapy in Pediatrics*. 6，613-653.

Bailey，D.，Bruer，J.，Symons，F.，& Lichtman，J. (Eds.). (2001). *Critical thinking about critical periods*. Baltimore：Paul H.Brookes.

Bailey，D. B.，& Powell，T. (2005). Assessing information needs of families in early intervention. In M. J. Guralnick(Ed.). *The developmental systems approach to early intervention*(pp.151-184). Baltimore：Paul H.Brookes.

Banks，R. A.，Milagros Santos，R.，& Roof，V. (2003). Sensitive family information gathering. *Young Exceptional Children*, 6(2), 11-19.

Barrera, I., & Kramer, L. (2009). *Using skilled dialogue to transform challenging interactions*. Baltimore: Paul H.Brookes.

Batshaw, M., Pellegrino, L., & Roizen, N. (Eds.). (2007). *Children with disabilities*(6th ed.). Baltimore: Paul H.Brookes.

Bayley, N. (1993). *Bayley Scales of Infant Development-II*. San Antonio, TX: Psychological Corporation.

Beaty, J. (2010). *Observing the development of the young child* (7th ed.). Upper Saddle River, NJ: Merrill/Pearson Education.

Bonderant-Utz, J. (2002). *Practical guide to assessing infants and preschoolers with special needs*. Upper Saddle River, NJ: Merrill/Pearson Education.

Brainard, M. B. (1997). Assessment as a way of seeing. In A. Lin Goodwin (Ed.), *Assessment for equity and inclusion*. London: Routledge.

Brazelton, T. B. (1973). *Neonatal behavioral assessment scale*. Philadelphia: B. Lippincott.

Bricker, D., & Pretti-Frontczak, K. (Eds.). (2002). *Assessment, evaluation, and programming system(AEPS) for infants and children (Vol.3) AEPS measurement for three to six years*. Baltimore: Paul H.Brookes.

Bricker, D., & Squires, J. (1999). *Ages and stages questionnaire*. Baltimore: Paul H. Brookes.

Bronfenbrenner, U. (1977). Toward an experimental ecology of human development. *American Psychologist*, *32*, 513-531.

Bronson, M. (2000). *Self-regulation in early childhood*. New York: The Guilford Press.

Buysse, V., & Wesley, P. (Eds.). (2006). *Evidence-based practices in the early childhood field*. Washington, DC: Zero-to-Three.

Cartledge, G., Gardner, R., & Ford, D. (2009). *Diverse learners with exceptionalities*. Upper Saddle River, NJ: Merrill/Pearson Education.

Chandler, L., & Dahlquist, C. M. (2002). *Functional assessment: Strategies to prevent and remediate challenging behavior in school settings*. Upper Saddle River, NJ: Merrill/ Pearson Education.

Chang, D., & Demyan, A. (2007). Teachers' stereo-types of Asian, black, and white students. *School Psychology Quarterly*, *22*, 91-114.

Cheatham, G., & Milagros Santos, R. (2005). A-B-Cs of bridging home and school expectations. *Young Exceptional Children*, 8(3), 3-11.

Cooney, M., Buchanan, M., Dombrowski, S., Noonan, K., & Martin, R. (2007). Low-birth weight and cognitive outcomes: Evidence for a gradient relationship in an urban, poor, African American birth cohort. *School Psychology Quarterly*, *22*(1), 26-43.

Derman-Sparks, L., & Olsen Edwards, J. (2010). *Antibias education for young children and ourselves*. Washington, DC: National Association for the Education of Young Children.

Dunst, C. J., Bruder, M. B., Trivette, C., Hamby, D., Raab, M., & McLean, M. (2001). Characteristics and consequences of everyday natural learning opportunities. *Topics in Early Childhood Special Education*, *21*(2), 68-92.

Farran, D. (2005). Developing and implementing preventive intervention programs for children at risk: Poverty as a case in point. In M. J. Guralnick(Ed.), *The developmental systems approach to early intervention* (pp.267-304). Baltimore: Paul H.Brookes.

Foley, G., & Hochman, J. (Eds.). (2006). *Mental health in early intervention*. Baltimore: Paul H.Brookes.

Fraiberg, S. (1977). *Insights from the blind: Comparative studies of blind and sighted infants*. New York: Basic Books.

Gallagher, P., Fialka, J., Rhodes, C., & Arceneaux, C. (2002). Working with families: Rethinking denial. *Young Exceptional Children*, 5(2) 11-17.

Gardner, H. (2000). *The disciplined mind*. New York: Penguin Books.

Gessell, A., & Ilg, F. L. (1949). *Child development*. New York: Harper & Row.

Gilliam, W., Meisels, S., & Mayes, L. (2005). Screening and surveillance in early intervention services. In M. J. Guralnick(Ed.), *The developmental systems approach to early intervention*. Baltimore: Paul H.Brookes.

Goodwin, A. Lin. (Ed.). (1997). *Assessment for equity and inclusion*. London: Routledge.

Guralnick, M. J. (Ed.). (2005). *The developmental systems approach to early intervention*. Baltimore: Paul H.Brookes.

Hanson, M., & Lynch, E. (2004). *Developing cross-cultural competence*(3rd ed.). Baltimore: Paul H.Brookes.

Harms, T., & Clifford, R. M. (1980). *Early childhood environment rating scale*. New York: Teachers College Press.

Hilliard, A. G. (1997). Language, culture, and the assessment of African American children. In A. Lin Goodwin (Ed.), *Assessment for equity and inclusion*. London: Routledge.

Hyson, M. (2003). (Ed.). *Preparing early childhood professionals: NAEYC's standards for programs*. Washington, DC: NAEYC.

Jablon, J., Dombro, A., & Dichtelmiller, M. (2007). *The power of observation*(2nd ed.). Washington, DC: NAEYC.

Jung, L. (2007). Writing individualized family service plan strategies that fit into the routine. *Young Exceptional Children. 10*(3), 2-9.

Kohn, A. (2001). Five reasons to stop saying "Good job!" *Young Children*, *56*(5), 24-28.

Linder, T. (2008). *Transdisciplinary play-based assessment*(2nd ed.). Baltimore: Paul H. Brookes.

Losardo, A., & Notari-Syverson, A. (2001). *Alternative approaches to assessing young children*. Baltimore: Paul H.Brookes.

Lynch, E., & Hanson, M. (2004). *Understanding families: Approaches to diversity, disability, and risk*. Baltimore: Paul H.Brookes.

Lynch, E. M., & Struewing, N. (2002). Children in context: Portfolio assessment in the inclusive early childhood classroom. In M. Ostrosky & E. Horn (Eds.), *Assessment: Gathering meaningful information. Young Exceptional Children Monograph Series No. 4*. Longmont, CO: The Division of Early Childhood/Sopris West.

McCormick, L., & Noonan, M. J.(2002). Ecological assessment and planning. In Ostrosky, M. & Horn, E. (Eds.), *Assessment: Gathering meaningful information* (pp.47-60). Longmont, CO: Sopris West/DEC.

McEvoy, M., Neilsen, S., & Reichle, J. (2004). Functional behavioral assessment in early childhood settings. In M. McLean, D. B. Bailey & M. Wolery(Eds.), *Assessing infants and preschoolers with special needs*(3rd ed., pp.236-261). Upper Saddle River, NJ: Merrill/Pearson Education.

McLaughlin, J., & Lewis, R. (2001). *Assessing students with special needs*. Upper Saddle River, NJ: Merrill/Pearson Education.

McLean, M. (2002). Assessing young children for whom English is a second language. In M. Ostrosky & E. Horn (Eds.), *Assessment: Gathering meaningful information. Young exceptional children monograph series No.4*. Longmont, CO: The Division of Early Childhood/Sopris West.

McLean, M., Bailey, D. B., & Wolery, M. (Eds.). (2004). *Assessing infants and preschoolers with special needs*. Upper Saddle River, NJ: Merrill/Pearson Education.

McWilliam, P. J. (2000). *Lives in progress: Case stories in early intervention*. Baltimore: Paul H.Brookes.

McWilliam, R. (2000). It's only natural ... to have early intervention in the environments where it's needed. In S. Sandall & M. Ostrosky(Eds.), *Young exceptional children monograph series No.2: Natural environments and inclusion*(pp.17-26). Denver, CO: The Division for Early Childhood of the Council for Exceptional Children.

McWilliam, R. (2005). Assessing the resource needs of families in the context of early intervention. In M. J. Guralnick(Ed.), *The Developmental Systems Approach to Early Intervention*(pp.215-234). Baltimore: Paul H.Brookes.

Meisels, S. (1992). *The work sampling system: An overview*. Ann Arbor, MI: University of Michigan.

Meisels, S., & Atkins-Burnett, S. (2005). *Developmental screening in early childhood*(5th ed.). Washington, DC: NAEYC.

Meisels, S., & Fenichel, E. (1996). *New visions for the developmental assessment of infants and young children*. Washington DC: Zero to Three.

Miller, L. (1993). *First STEP screening test for evaluating preschoolers*. San Antonio TX: Psychological Corporation.

Mindes, G. (2003). *Assessing young children*. Upper Saddle River, NJ: Merrill/Pearson Education.

Neisworth, J. T., & Bagnato, S. J. (2005). DEC recommended practices: Assessment. In S. Sandall, M. L. Hemmeter, B. Smith, & M. McLean, *DEC recommended practices*. Longmont, CO: Sopris West.

Odom, S. (2009). The tie that binds: Evidence-based practice, implementation science, and outcomes for children. *Topics in Early Childhood Special Education*, 29(1), 53-61.

Ostrosky, M., & Horn, E.(Eds.). (2002). *Assessment: Gathering meaningful information. Young Exceptional Children Monograph Series No. 4*. Longmont, CO: The Division of Early Childhood/Sopris West.

Pavri, S., & Fowler, S. (2001). *Child find, screening, and tracking: Serving culturally and linguistically diverse children and families*. Champagne, IL: CLAS, University of Illinois Urbana-Champagne.

Pianta, R., La Paro, K., & Hamre, B. (2007). *Classroom assessment scoring system*. Baltimore: Paul H.Brookes.

Platt, A. F., & Sacerdote, A. (2002). *Hope and destiny: A patient's and parent's guide to sickle cell diseases and sickle cell trait*. Roscoe, IL: Hilton Publishing Company.

Popham, W. J. (2005). *Classroom assessment: What teachers need to know*. Boston: Allyn & Bacon/Pearson Education.

Sandall, S., Hemmeter, M. L., Smith, B., & McLean, M. (2005). *DEC recommended practices*. Longmont, CO: Sopris West.

Shealey, M., & Lue, M. (2006). Why are all the black kids still in special education? Revisiting the issue of disproportionate representation. *Multicultural Perspectives*, 8 (2), 3-9.

Sheridan, M., Foley, G., & Radlinski, S. (1995). *Using the supportive play model: Individualized intervention in early childhood practice*. New York: Teachers College Press.

Shonkoff, J., & Phillips, D. (2001). *From neurons to neighborhoods*. Washington, DC: National Academy of Sciences.

Suzuki, L. A. (2002). *Handbook of multicultural assessment*. San Francisco: Jossey-Bass.

Turnbull, R., Turnbull, A., & Wehmeyer, M. (2007). *Exceptional lives* (5th ed.). Upper Saddle River, NJ: Merrill/Pearson Education.

Walsh, S., & Taylor, R. (2006). *Understanding IDEA: What it means for preschool children with disabilities and their families*. Reston, VA: Council for Exceptional Children.

Williamson, G. G., & Anzalone, M. E. (2001). *Sensory integration and self-regulation in infants and toddlers: Helping very young children interact with their environment*. Washington, DC: Zero to Three.

Wolraich, M., Gurwitch, R., Bruder, M. B., & Knight, L. (2005). The role of comprehensive interdisciplinary assessments in the early intervention system. In M. Guralnick (Ed.), *The developmental systems approach to early intervention* (pp.133-150). Baltimore: Paul H.Brookes.

Zigler, E., & Styfco, S. J. (Eds.). (2004). *The Head Start debates*. Baltimore: Paul H. Brookes.

第5章

课程调整概述

目标

读完本章,学生可以:

■ 理解何为与个体发展相适应的课程;

■ 了解如何使用一系列策略对学前课程进行调整,以满足不同个体需求;

■ 确定儿童特征与课程最佳调整方式之间的匹配程度;

■ 熟悉如何在普通课程中使用差异性的教学方法;

■ 识别有效的基于证据的实践。

调整课程,满足儿童的个别需求

实行学前融合教育对教师和相关工作人员提出了一项要求,就是在和障碍儿童工作时要有足够的能力和信心,且能熟练地调整课程以满足儿童的个别需求。在融合班级中能够熟练地掌握障碍儿童的特殊需求,已经逐渐成为优秀教师的重要特质之一。优秀教师可以与儿童建立并维持良好的关系,即使是教授正常儿童也可以自发地作出调整以适应不同个体的需求,并能鼓励儿童参与学习。

教师能够成功地给予儿童指导和支持,一部分原因是他们相信即使暂时遇到挑战、产生困惑,儿童仍是可以学习的。教师鼓励性的回应可以表现出对儿童发展和获得新技能的理解和信心。掌握新概念和新技能让人得到鼓励,但沮丧同样是学习固有的一部分。对障碍儿童的课程活动进行有效调整,扩展了目前已有的被广泛认可的学前实践。然而,如果不考虑幼儿,只以呆板机械的方式应用调整技术,并不是真正有效的课程调整。

循证实践:课程调整

本书讨论的是基于证据的实践。这一主题与如何进行课程调整有密切的关系,因为专家需要有明确的方法来确定哪些策略是有效的。在有些情况下,研究结果显示的某些通用策略对有相同特征的儿童都是有效的。在另一些情况下，只有单个儿童对特定干预的积极反应可以为有效性提供证据，在这种情况下，我们就需要通过收集数据，证明这些证据。教师在决策和反思时往往会考虑很多因素。表 5.1 就提供了一些教师在决定如何调整课程以满足儿童个体需求时，可以考虑的策略。这其中有些策略可以纳入常规，如提供一个可预测的环境。可预测的环境并不会减少个体的自发性，相反可能会提高个体的舒适度。

表 5.1　策略

可用的策略	基　本　原　理
更多的时间	儿童的加工比较缓慢
明确的期望	儿童可能不知道符合期望的行为是什么
清晰的界限	儿童可能没有健康的界限
简单的指令	儿童可能很难加工复杂或不清楚的指令
常规	可预测的、一致的常规有助于儿童预期将要发生的事
可预测的环境	在可预测的环境中儿童可获得一种"组织感"
有意义的组织	儿童更愿意服从对他们来说有意义的组织系统
一致的结构	一致的日程和系统可以让儿童获得稳定感
根据需要提供脚手架和支持	根据需要给予成人或同伴指导，确保难度水平与干预程度相匹配
根据需要调整材料	更大、更小或在某些方面有所不同的材料可能可以增强儿童的功能和参与度
同伴互动的机会	同伴可以为遇到挑战的儿童提供角色榜样和动机
给予积极反馈	增加儿童继续积极参与的可能性
协调的团队	缺少协调性可能导致分裂和信息的混杂
根据需要提供一对一的和有促进作用的同伴互动	需要时及时提供更有针对性的干预

识别互动的明确要素

对于学前教育领域那些促进最佳发展的互动，人们在识别其明确要素方面取得了巨大的进步。了解互动特定构成成分的教师有可能以更加自然的方式增强沟通的策略。对于这些互动要素的科学理解来自健康发展中自然出现的过程。尽管我们已经知道普通发展儿童可以进行偶发学习①，有些面临发展挑战的儿童在学习时却需要特定的支持。例如，普通发展儿童轮流对话的技能可以自然地发展出来，但面临发展挑战的儿童就可能需要更多的指导，以了解如何进行对话交流。

解读互动线索

在一段良好的依恋和关系中，人们发现一个重要的变量就是对线索的解读。眼神接触、

---

① 偶发学习（incidental learning），又称偶发性学习、附带学习等，是指个体在缺乏动机与刺激的情境下产生的学习或在没有正式教学的情形下产生的学习。

表情及声音的相互作用都会为联系和沟通创造情境。照料者自身某些特征有时会危害到常规关系的质量。比如,情绪比较压抑和反应比较迟钝的母亲可能不会对儿童的线索和信号作出回应,从而影响亲子的亲密和同步性(Birch,2009)。而儿童的某些特征在有些情况下也会使他人在解读线索时遇到困难。例如,一个盲童即使可以很好地感受听觉、触觉等刺激,他的表情通常并不能反映与他人亲密接触时的细微差别。

课程模式的种类

有些课程模式对特定儿童可能更多是采用"照本宣科"的方法(LaRocque & Darling,2008)。大多数在普通融合班级就读的特殊儿童使用的是和普通儿童同样的课程,但为了保证他们能充分参与,还需要对活动作些调整(Dunst et al.,2001)。不管实际执行者是家庭成员、助教或是物理治疗师,一旦他在融合项目工作过程中有了成功的经历,选择和实行适当有效的调整方式就会逐渐成为他们的第二天性。执行者通常一起讨论用在某个特定儿童身上最有效的方式,然后就照此执行。

执行者解决问题,仔细考虑所有的选项并选择可行的解决方案。之后,他们实施这些方案。在使用过程中评价自己的策略并根据需要进行调整(Filler & Xu,2007;Ostrosky & Cheatham,2005)。有些时候,即使是已经和学前障碍儿童打过很多交道的人也还是会不断寻找新的方法对环境进行调整。由于科技、法律和一些创新项目的不断发展,学前儿童教育也是一个动态的领域,需要从业者持续不断地进行专业化发展(Bruder,2009;Stayton,2009)。

响应能力和目的性

在学前融合情境中进行课程调整需要有认真的计划过程和换位思考的能力。要成为成功的学前教育者,响应能力、积极的处理方法及预期儿童所做所需的能力,都是被广泛认可的必备条件(Epstein,2007)。儿童总是会给我们带来惊喜。他们在与大的发展方向同步的同时又尝试保持自己的特点,这是一个持续的过程,也让我们更好地看到每个孩子不断变化的发展需求(Katz & McClellan,1997)。内心有一个参照标准,使得执行者更有可能了解不同情况下的有效方法并有目的地进行调整。需要注意的是,教师的相应能力并不等于"随大流"或是保持完全的一致。

根据需要进行调整

智力包括解决问题和根据需要调整应对策略的能力(Sternberg,2003)。一个好的问题解决者,不管年纪大小,相比坚持无效的努力,宁可不断调整和尝试直到找到有效的策略。灵活而不刻板的问题解决方式,对于障碍儿童的有效教学起到了主要的作用。

教师集中精力处理儿童的问题反而导致困难和行为问题增加的情况并不少见。成功的教学不是断言成人拥有超出儿童的力量，而应通过教师、学生有效地协商，找到彼此都认可的解决方法(Paley，1999)。

在行动中反思

莱特博尼女士

莱特博尼(Lightborne)女士的教龄近 20 年，她发现自己常常不断被要求促进自身的专业化发展。每一年她教授的学生都在变化。有着独特需求的儿童进入她的课堂，有些儿童被认定有资格接受特殊服务，有些虽未得到认定但确实面临挑战。如何为他们提供合适的策略成为每年都会出现的问题。今年，她的班级中有一个孩子有阿斯伯格综合征的特征，因此她正努力学习和了解相关情况，及可能有效的方法。

她发现要有效地实施策略，最困难的一点就是要从多角度考虑多样的环境因素。她的班级总是很热闹，除了有意引导的课堂参与，还有孩子们聊天的嗡嗡声。她注意到，相比在隔壁那间学生更少、环境更安静的房间，乔丹在她的班级会表现出更多的问题行为。莱特博尼女士喜欢营造一个热闹的班级氛围，因此她很难理解对于有感觉加工障碍的乔丹，这种刺激可能过强了。她正尝试着不要仅从自身考虑。与此同时，她也意识到有必要调整班级内的刺激水平。乔丹不会说："这对我来说太吵了！"成人要有能力觉察到这一点并作出必要的调整。图 5.1 展示了莱特博尼女士所作的反应过程。

情境：今年莱特博尼女士的班级中有一个有很多显著特征的孩子。当她逐渐了解他，她意识到一些极端行为似乎在很大程度上受到了环境因素的影响。

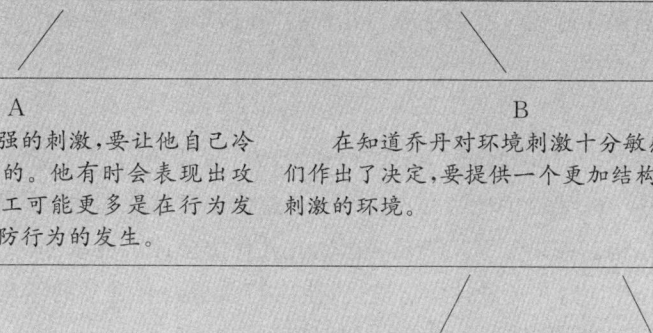

A
当乔丹接受了过强的刺激，要让他自己冷静下来几乎是不可能的。他有时会表现出攻击和冲动行为。教职工可能更多是在行为发生后作出反应而非预防行为的发生。

B
在知道乔丹对环境刺激十分敏感后，成员们作出了决定，要提供一个更加结构化和更少刺激的环境。

B-1 团队系统化地收集乔丹进步的数据

B-2

图 5.1 决策树

特征

当与特殊儿童一起工作时,专业人员必须了解一些实用性的知识,比如可能影响能力发挥的情境、儿童的特征和有效的干预策略等。仅仅根据诊断并不能产生干预方案,因为每个儿童都是独特的,他们的症状表现也各不相同。举例来说,每个患有自闭症的儿童都是与众不同的。想要创造性地解决干预中可能遇到的问题,先理解基础模式和起作用的因素是十分有帮助的。设计课程调整时,首先要知道多数自闭症患者同时伴有感觉加工困难。如果专业人员知道自闭症患者可能有触觉防御,对触摸和感觉的体验与我们普通人不同,他们就可以设计一些社交情境,尽量避免拥抱的出现。

即便每个个体都有他或她独特的症状表现,每种障碍还是有一些可预测的特征集合。各类障碍独特和准确的信息可以从国家障碍儿童、青少年信息中心等地方获取(http://www.nichcy.org; Paasche, Gorrill, & Strom, 2004)。

从具有发展适应性的课程开始

现在有很多专门为特殊儿童提供的课程模式(Squires & Bricker, 2007)。正如美国幼儿教育协会(NAEYC)和其他权威的学前机构所认证的,同样本书主要关注的是对具有发展适应性的课程进行调整。尽管在学前课堂对于术语“融合”有很多种不同的定义、描述和变式,但障碍儿童应该进入融合教室与典型发展的同龄人共同成长已经成为公认的观点。普通发展儿童要获得合适的教育机会,需要特殊服务的儿童同样如此。越来越多的标准和实践指向的是“所有儿童”,以此表现对发展多样性的重视(Hyson, 2003; Stayton, Miller, & Dinnebeil, 2003)。学前教育者应做好调整的准备,为在一个发展连续带上的所有儿童提供服务(Watson & McCathren, 2009)。目前专家对术语进行了更清晰的说明,如“障碍儿童融合”,这可以确保在避免过度关注障碍儿童的同时,不忽视应该被认识到的现实存在的差异。

建构主义

从具有发展适应性的建构主义课程开始,为我们提供了一个紧密联系的框架,多年来的研究可以为这个框架提供证明和支持。一个建构主义的课程为不同障碍类型的儿童提供了一个基本的结构。如果专家从满足美国幼儿教育协会评审要求和标准的项目开始(Hyson, 2003, 2008),并且为儿童设计学习机会,让他们参与到有意义的活动中并由此促进他们的发展,那么儿童就可以有一个良好的开始(Jalongo & Isenberg, 2008; LaRocque & Darling, 2008; Winter, 2007)。

为儿童提供这样的机会,专家也能因此提出一些表现明显的、独特的儿童发展模式,无论这些儿童是否能获得美国《障碍者教育法》、《康复法》504 条款(Section 504 of the Rehabilitation Act)或是美国《障碍者法》(the Americans with Disabilities Act)所规定的特殊服务(Rab & Wood, 1995；Walsh & Taylor, 2006；Wood & Youcha, 2009)。

儿童的特征：识别能力和需要

专家可以通过评估识别个体的能力和需求模式。不单是儿童的诊断，每个儿童的特征也有助于专家理解他或她现有的表现水平。这一点是非常重要的，不仅因为每个儿童都有独特的特征结构，还因为在幼儿期诊断并非决定儿童是否可以接受特殊服务的必要条件。

尽管联邦法律已经允许在没有明确诊断的情况下，也可以确定是否给予儿童接受特殊服务的资格，但仍有一些州在进行资格认定时并不认可"发育迟缓"这类尚未分类的诊断。

基于迟缓的尚未分类的资格认定

联邦法律的改变已经允许给予发展迟缓给予儿童资格认定(Walsh, 2006)。在有些情况下，诊断可能会推迟得出。例如，一个学龄前儿童的表现低于预期水平，若有资料证明其存在发展迟缓的情况，就会据此给予其接受特殊服务的资格。等到一年级，这个儿童被诊断为有学习障碍。这种情况并非罕见。无论学前儿童是否有明确的诊断，都应该为他们做出调整。我们可以通过识别每个儿童的特征，并将策略与特征相匹配的方式达到调整的目的。

这种不分类的资格认定使得儿童不需要一个特定的诊断也能获得干预服务。这对于学前儿童尤其意义重大。因为在很多情况下，他们可能会表现出与特定诊断相关的行为或症状，但并非真正地满足这种诊断。有时儿童在幼年时期的进步是巨大的。3 岁的孩子在 4 月可能还符合特定的诊断特征，但次年 2 月可能就已经有了很大的进步，根据联邦指导条例不再符合获得特殊服务的资格。资格认定的灵活性对于儿童来说是十分重要的。

当专家将关注点放在特征上，他们就能更清晰地概括出每个儿童的能力和需求或是需要关注的地方。由这种概括可以直接确定儿童在不同发展领域的目标或是期望的结果。

基于儿童需求，确定结果

从业者在确定儿童合适的结果时，很大程度上是基于他们的需求。有时这种方法是比较容易操作的，但有时又很复杂。指尖抓握是很多精细动作任务中需要具备的一个基本技能，如果一个儿童使用指尖抓握还存在困难，那么将掌握指尖抓握作为这个孩子需要达到的目标和结果就是合适的。专业人员可以使用脚手架和手把手的辅助等课程调整方式帮助儿童达到这个结果，也可以将这些调整融入日常生活中，从而为儿童提供更多的练习机会。如果儿童有可能掌握指尖抓握，这就是一个可实现的结果。如果儿童不可能掌握，那么把目标定位在给予支持的情况下儿童可以在多种情境下使用手掌抓握技能可能更加合适。之后的章节将会提及各个领域发展过程中的这一重要过程动态。

表 5.2　将策略与儿童特征相匹配

儿童的特征	可能的策略
指尖抓握有困难	手把手辅助;不同的材料
注意保持有困难	使用操作性材料;儿童感兴趣的主题
表达性语言有限	丰富的说话机会;使用线索和提示
智力障碍;概念获得慢	更多的时间;利用实物
经常不参与	成人降低参与的难度;使用能抓住儿童兴趣的材料
游戏中参与有限	与其他儿童互动的丰富机会;成人根据需要提供脚手架或是简化难度
无组织性;听指令有困难	清晰、明确的指令;常规和可预期的环境;图片日程表

将策略、调整与儿童特征相匹配

一旦专业人员了解了如何确定合适的调整方式,他们在实际调整时就会更加熟练。表 5.2 提供了一些儿童特征与可能的策略相匹配的例子。虽然这张表主要关注的是儿童的需求特征,但从业者也应记住要关注儿童的能力特征。并且请注意右边一栏的策略只是提供选择而不是要求。

儿童本身发展水平及其对教育方法与干预的需求之间的匹配程度对干预效果有重要的影响。要有效地确定何种策略可以与儿童特定的需求相匹配,问题解决模型的使用是不可或缺的(Ostrosky & Cheatham,2005)。选择有效的策略并制定计划将它们融入面临发展挑战的儿童的干预中十分重要。有时,反思过程也是计划和实施的一部分。考虑基本的因素,进行功能行为评估,有助于干预从需求出发,从而使得干预更加有效。

将目标融入活动中:理论

一旦个别化家庭服务计划(IFSP)或是个别化教育计划(IEP)确定了可实现的目标,就需要将目标融入活动计划和每天的活动日程中。融入目标和策略的模型已经通过研究建立起来并得以支持(LaRocque & Darling,2008;Odom,2000;Ostrosky & Sandall,2001;Pretti-Frotczak,Grisham-Brown,& Hemmeter,2005;Sandall & Schwartz,2009)。要提醒的是,使用的方法和调整方式并不是完全随意的。专业人员必须认真地计划、实施和监控以保证方法对每个儿童的有效性。因此,我们建立起一个系统使干预策略可以融入具有发展适应性的课程当中。

支持的水平和类型

支持水平的分层模型提供了连续性的选择。渐进性响应，也被称为"识别和响应"（Buysse & Wesley，2006；Winton，McCollum，& Catlett，2008），提供了三种支持水平。水平一是所有儿童都可以获得的，包括一般的支持策略。在儿童早期，除了根据需要提供脚手架，分组也被认为是普通课堂组织的一个重要手段。水平二是根据部分儿童的个别需求提供更合适、更有针对性的特定策略。水平三则提供更聚焦的干预。

我们已经讨论过有关融合的很多动机性因素。有些学者支持融合是因为已有证据证明其有效性（Buysse & Wesley，2006；Dunst & Trivett，2009；Dunst et al.，2001；McWilliam，Wolery & Odom，2001；Odom，2009）。还有些学者支持融合则是因为基于原则，他们认为融合是"正确的事情"（Pearpoint & Forest，1992；Pruitt，1997）。儿童本身和教育系统的巨大变化为融合的实施带来了挑战。如果已有证据证明何种调整对于一个特定的儿童是起作用的，那么就应基于有效的实践作出调整。专家在开始之前应掌握足够的策略，从而可以从中选择与每个儿童需求最匹配的策略。

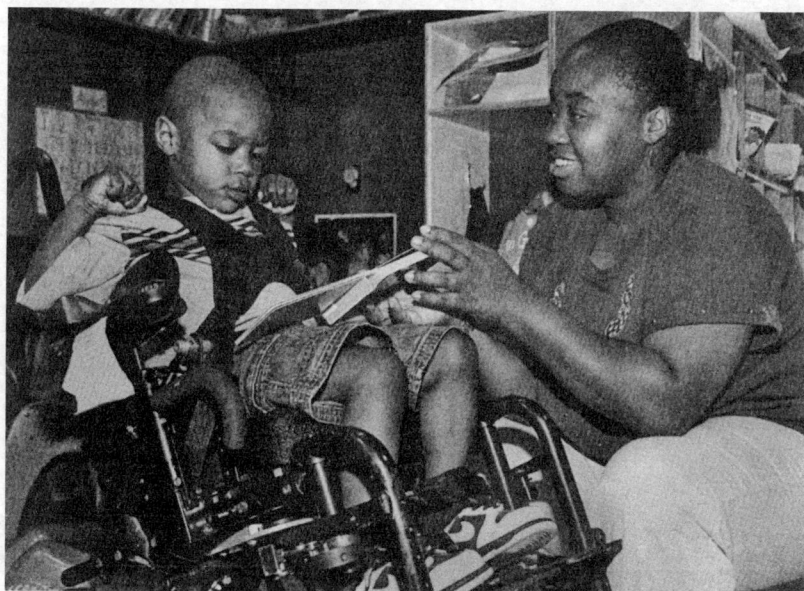

成人可以支持儿童参与到具有发展适应性的活动中。

对于特征和障碍情况更为复杂或罕见的儿童，要明确他们的需求通常是更具有挑战性的。在这种情况下，教师必须从一堆策略中选择并进行调整，使它尽可能与儿童的个别需求相适应。表 5.3 为特教教师总结了一些必需的重要职业能力。

表5.3 教师需要知道的

> 普通发展和特殊发展的模式和特征
> 关于家庭、文化和社区的信息和敏感性
> 如何选择和使用不同的评估方法
> 如何调整具有发展适应性的课程,使之适应不同发展水平的儿童的需求
> 如何在不同情境下体现专业性

来源:信息来自 CEC/DEC 标准。

尽管已经有一些课程模式可以提供相对规范的方法,但相比一些刻板的方法,本书关注的是干预策略,并使之更符合个体的学习差异。为了在融合课堂中调整课程活动,本书关注的是在儿童个体和他们的特征并非十分明显或可预测的情况下,教师反思、决策及调整支持水平的主动过程。接下来的每一章将会关注一个不同的发展领域。

每个儿童的发展需求及所提供的教育机会之间的匹配度一直被认为是有效教育实践的中心要素。当儿童面临发展挑战时,虽然基于相同的教育原则应使儿童的独特需求与教育方法相匹配,但要真正地适应每个儿童的现有表现水平和加工风格实际上是十分复杂的(Gardner,2000)。

有些调整相对来说比较有逻辑性。专业人员可以依据经验熟练地作出调整。比如说,如果一个儿童的加工过程较慢,就需要给他更多的时间。如果一个儿童操作小物体有困难,就需要为他准备更大的物体。如果一个儿童坐在轮椅上,为了让他能方便地在教室各处移动就需要给他更多的空间。如果一个儿童加工言语指令有困难,就需要提供更简单的指令,同时给予图片线索和示范。如果儿童很容易没有条理,并且在较少结构化的环境中有选择困难,那么就需要提供更加结构化和可预期的环境。

当儿童出现发展差异时,专家不仅要有一堆可以使用的策略,还要有能力把儿童的需求和打算使用的方法进行配对,确保融合课堂中的每个儿童的需求都得到了很好的照顾。这种能力是基于教师对普通发展和特殊发展的了解,以及对自身互动和教学风格的洞察力,无论这种风格是更具有结构性或是更具有自发性。

识别有效实践

优秀教师是如何了解儿童的独特需求的? 他们会做些什么和不同的儿童互动? 我们问了一些在这些方面颇有经验的教师,他们其中有些人有特殊教育资格证,有些没有。卡丽(Carrie)女士从事学前特殊教育工作已经超过 25 年,她回答说必须成为一个终身学习者,因为每个儿童都是不同的。了解每个儿童、确定对他/她最有效的教育方式十分重要。弗雷舍特(Freshette)先生是支持小组的成员,有丰富的学前融合情境下的特殊教育经验。即使孩

子非常沮丧时也能保持冷静。当孩子的问题行为增多,他也能给予明确、共情且一致的反应,不因此就向孩子们妥协。

不论儿童或教师,都是独特的个体,有自己的个性、风格、兴趣和动机。教师也有独特的能力和需求。有些经验丰富的教师在教授融合班的特殊儿童之前就早已形成自己的风格和方法。对有些教师来说,他们需要进行很大的调整,而对另一些教师来说这却是一个自然而然的转变过程。

综合性的支持

对于经验丰富的教师来说,当行政支持、健康的团队合作、协调一致的努力、交流的时间、专业化发展的机会等重要因素全部具备时,教师就更可能去提升自己的技能,从而更好地了解面临挑战的儿童的特殊需求。特鲁(True)女士就是这种情况。她在幼儿园工作了30 多年,没有特殊教育资格证书。

项目选择的多样性

过去,有特殊需要的儿童通常在隔壁教室、资源教室或是特殊学校就读,除非他们能满足特定的标准,才有资格回归"正常"的幼儿园(Bricker, 2000)。而由于最近融合的发展,特鲁女士的班级中有越来越多特殊儿童完完全全地融合进来,她也要因此调整她的教学策略。在这些儿童中,唐氏综合征、自闭症和神经功能缺损的儿童面临更多的挑战。当有多种安置方式可供选择时,就需要考虑何种环境是最少限制环境。

行政支持和专业化发展的必要性

除了参加专业化发展的相关活动,行政支持与特教教师的合作对于特鲁女士也十分重要,其中特教教师会间歇性地到幼儿园提供融合方面的咨询和支持。入园指导可以帮助特鲁女士发展自身的能力,将儿童发展需求与有效策略进行匹配。研究也为此过程提供支持(Leiber et al., 2000)。特鲁女士不仅反思和考虑她和团队其他成员在做什么,还思考他们是如何做的,这种能力对于实践的有效性是十分重要的。

教室氛围和环境

特鲁女士已经可以保持一个创造性的、接纳的和以儿童为中心的教室氛围,同时又避免给予障碍儿童过度和不必要的关注。在她班级里的所有儿童都可以积极参与到有意义的活动中并有所收获。有障碍的儿童被有目的地纳入,他们的同伴也逐渐接纳他们。大量的研究也提到了提供"建设性接触"机会的重要性(Dunst et al., 2001;McWilliam & Casey,

2008；Pianta，LaParo，& Hamre，2008）。

　　鼓励儿童关注自己在做什么而不是担心其他人，是特鲁女士采用的用来发展多样性氛围的方法之一。实际上，她营造的是这样一种氛围，即期望十分明确、儿童试着去监控自己的行为、教师的角色不是一个权威者而是一个支持者。这包括了教师与学生一对一或是与小组互动的机会，从而个别化指导的可能性更大。建立可预期的常规十分重要。班级中的噪音水平也有很大的影响。如有必要，特鲁女士会采用一系列的策略监控教室的噪音大小并反馈给儿童。使用一致性的信号有助于学生更好地为自己和自己所做的事负责，这也提供了机会培养他们的专注力。特鲁女士认为积极的教室氛围对所有儿童来说都是很重要的。

策略和结果的融合：应用

　　专家在为融合课堂制定计划时，使用不同的策略和基调都可能会有很大的差别。从确定每个儿童的特征和模式、确定有效的策略，再到将这些策略融入日常常规和活动中是一个自然渐进的过程。专家应该使用系统化的方法，同时也要评估自身行动的有效性；这有助于提高成功的可能性（Watson & McCathren，2009）。下面的例子可以更好地帮助我们了解这个过程。

例1　卡莉

　　卡莉小的时候有语言发育迟缓和感觉加工障碍，这影响了她精细动作的发展。为了明确与卡莉相适应的结果和策略，我们应充分地把卡莉看作一个独特的个体，尤其是要关注到她的创造力和理解力。她的敏感性、幽默和艺术天赋使得她有可能在油动机参与并充满意义的活动中专注在动作技能和感觉统合方面。因为她对于在陶碗外面用特殊颜料上釉有极大的兴趣，所以她能更好地坚持做这项精细动作活动并希望能反复地玩，这发展了她的技能和策略。卡莉的动机程度因此使得她得到了在有意义活动中反复锻炼的机会。相比于机械地使用"操作与练习型"的方法，这显然是个更棒的策略。

使活动计划的调整结构化

　　活动计划提供了结构性和组织性，使得活动实施更加简单。计划的形式虽然多样，但有些元素却是都要具备的，如表达明确的目标、材料、开始、过程和结束。有些州会有各自比较偏好的活动计划形式。明确表述结果和目标是很必要的。如果活动结果和目标与"个别化教育计划"（IEP）结果相互协调就能更好地帮助儿童的发展。有些情况下，活动计划包含了"差异教学"的部分，即要根据有天赋的或是有发展迟缓的儿童的要求进行调整。形式虽然不同,但大体上主要内容是一致的。图 5.2 所展示的沙盘活动就是在学前项目中常出现的一个简单的以儿童为中心的活动。

活动目的:	感觉经验
	语言发展
	与同龄人的社会互动
	概念(测量等)
材　料:	沙盘
	可选择的物品、人物;测量用的汤匙和杯子
过　程:	教师导入活动
	对关注点和材料进行概括
	根据儿童数量,教师提供言语指导

图 5.2　活动样例:沙盘

个别化策略的综合

个别化、差异化的策略可以在活动计划中体现,也可以单独列在最后。如果是放在活动计划当中,这些针对儿童个体的调整可以用颜色做标记以便阅读。如果是打在电脑上,用斜体或粗体打印的方式也可以使这些策略更加明显。如果一个小组中有好几名孩子需要差异性教学,就可以分别使用不同字体来表示。图 5.3 所列的活动计划中就用粗斜体嵌入了推荐给卡莉的一些策略。

活动目的:	感觉经验**卡莉可能对沙的质地比较敏感**
	语言发展**给卡莉配一个有言语的伙伴**
	与同龄人的社会互动**根据需要,给予一些简单的同伴互动机会**
	概念(测量等)
材　料:	沙盘**根据需要调整沙的质感,或者让卡莉戴上手套。如果接触沙子会激怒卡莉,也可以让她用餐具(汤匙、勺子)**
	可选择的物品、人物;测量用的汤匙和杯子**可激发卡莉和她朋友动机的材料**
过　程:	教师导入活动
	对关注点和材料进行概括
	根据儿童数量,教师提供言语指导**教师可以帮助儿童参与,但一旦他们可以独立参与,教师要注意撤销帮助**

图 5.3　活动调整样例:沙盘

无论使用什么方法,标注出来的调整策略必须能轻松地找到并读懂,这样教师或是团队中的其他成员能很容易地知道使用的是什么策略。有些州采用了所用学区都在使用的活动计划,将差异教学部分也囊括在其中。表 5.4 提供了一些例子,展示如何将一些适应特定挑战的策略融入日程和活动中。

表 5.4　特征,策略和日常环境中可应用的机会

特　　征	策　　略	机　　会
操作小物体有困难	使用大一些的物体	区角;点心;游戏
使用轮椅	无障碍环境	全天
言语指令加工有困难	简单、清晰、明确的指令;图案线索	环境线索;各种情境下成人和其他儿童提供脚手架和支持
儿童组织性差	结构化,可预期性	全天所有情境下的监控;指导和支持自我调节

基于独特特征，计划差异教学

有时候儿童的特征是非常复杂和综合的,从业者需要挑选出最重要的因素并确定最有效的策略。我们不应在尝试和错误的基础上随意地执行策略。教师和其他小组成员应当有意识地共同合作,确定最可能有效的策略并合作评估其效果。一致性是非常重要的,在确立了一个合适的计划之后更是如此(Epstein, 2007)。

特定策略的使用

有些时候我们会对儿童使用特定的策略,如在过渡到区角活动时给予儿童两个选择。这对于大多数儿童都是一个好方法。活动过渡看起来很简单,但如果儿童想做其他事情就可能引起他们情绪的大爆发。如果某个儿童的发展目标是他可以扩展游戏主题,他在被引导从自己所选的游戏区角离开时就会表现出抗拒。再过几个月,迪莉娅就要年满 4 岁。某个早上,弗雷舍特(Freshette)先生告诉她可以玩电脑或是七巧板,但不能在她之前一直呆的区角玩的时候,迪莉娅就出现了抵抗。提供两个活动以供选择的确给予了迪莉娅一定的控制感,但对留在她喜欢的地方的希望可能远远超过了这种控制感。

增强儿童本领的策略

提供选择是扩展儿童游戏主题的一个很好的策略,尤其当儿童固定在某一个或是极少量的主题上时,这种策略使用得较多(Linder, 1993, 2008)。术语"固着"有时就用来描述儿童的重复行为,这类儿童需要通过干预增加他们的参与范围。

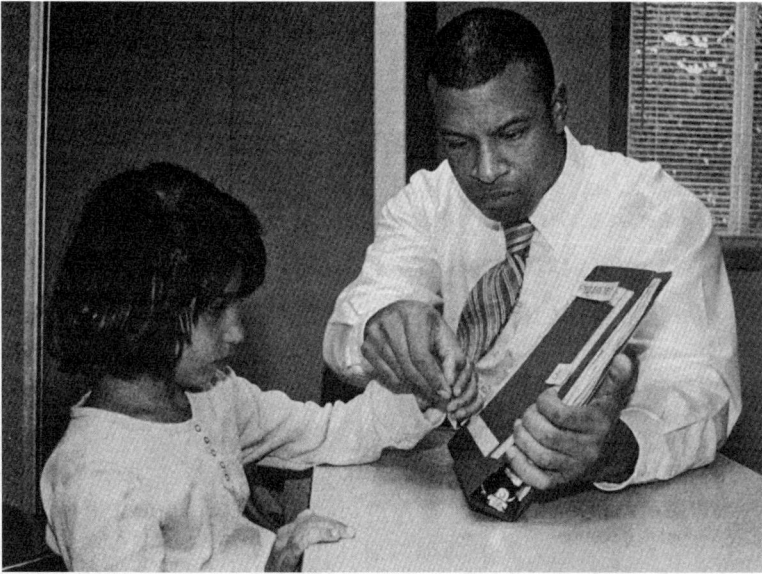

每个儿童的个别化需求是决定干预水平的基础。

有意识地选择策略

当小组成员知道可以有意识地作出决定、选择要使用的策略时，就增加了在教室中进行教育的机会。以一种组织化的方式思考策略是有帮助的。图 5.4 提供了按照调整类型来组织可能的策略的样例。

调整类型	样　例
环　境	噪音水平
	刺激的数量
	房间的布置
	无障碍性
材　料	不同的大小
	适当的（如剪刀）
	特殊设备
	位置
教学调整	脚手架
	提示
	线索
	提问策略

图 5.4　用以调整的策略类型

反思：调整方法，使之与干预相适应

反思不仅要思考调整过程中做了什么，还要思考是如何做的。迪莉娅和弗雷舍特先生互动时，弗雷舍特先生使用了具有支持性、共情性，但又清晰、实事求是的声音是很有帮助的。尤其重要的是，弗雷舍特先生没有提高音量对迪莉娅的爆发予以回应，也没有引发一场"权力"的斗争。他冷静而坚定地说："对不起，你今天早上必须选一些其他事情做。如果你希望也可以由我帮你选择。"弗雷舍特先生没有因为迪莉娅持续增长的情绪而妥协或是改变原有的要求。大约一分钟持续的情绪爆发之后，迪莉娅冷静下来，并接受指导开始使用电脑。这不仅显示出弗雷舍特先生做了什么，也可以看出来他是如何做的。

要帮助团队、专家和家长调整行动使之更加有效，反思是一个十分有力的工具。反思要求我们能熟悉尽可能多的策略及应对不同情境的反应，同时还要能迅速评估情境，选出干预的策略。有时这些是凭直觉发生的。专业人员可能自发地作出了与儿童需求相匹配的反应，结果也证明这个反应非常适合。有时照料者作出反应时太过自然，以至于他们无法有意识地计划并使用同一个策略。教师应该仔细思考什么是有效的，从而能够更加有意识地使用这些策略，而不要让策略仅仅是偶然发生(Epstein，2007)。要想提供能支持所有儿童最佳互动的环境，就需要在灵活的策略选择与可预测的常规之间寻求平衡。

团队成员的多种观点

团队成员在讨论儿童对情境的反应及可能起作用的行动时，就可以确定对这个儿童最有效的干预方法。团队交流对于高质量融合项目的配合和实施是十分必要的(Allred，Brien，& Black，2003)。交流也可以产生与重要文化因素有关的一些信息(Corso，Santos，& Rat，2002)。

CEC/DEC 标准4：教学策略	
CC4S4	使用策略，使得跨学习情境下技能的保持和迁移更加容易
CC4S6	使用策略，促进特殊学习需要的个体能够顺利转衔
EC4K1	"通用学习设计"的概念
EC4S1	基于对儿童个体、家庭和社区的了解，计划、实施和评估具有发展适应性的课程、教学和调整
EC4S2	简化儿童主导的发展和学习
EC4S3	使用教师支持的和教师主导的教学对儿童主导的学习进行补充
EC4S4	将发展、学习经验和教学联系起来促进教学转衔
EC4S5	使用个别和小组指导及问题解决策略，在教师与学生、学生与学生之间发展支持性的关系
EC4S6	使用策略教授社交和冲突解决技能
EC4S7	在通识课程和日常常规中使用一系列的干预策略以支持儿童参与

图 5.5　DEC(CEC/DEC 标准)

不断地调整

当专业人员自身可以思考出多种选择,同时外在系统又能提供支持时,有效的反思就会成为一个十分有用的过程。通过这一过程,个体再次考虑自己的选择。调整的过程中可以有一定的创新。比如,如果一个儿童正在尝试一个精细动作的活动,但在操作拼图块时遇到了困难,如果一个从业者有精细动作技能发展的基础知识,且对于调整原则十分敏感,他就可能会稍稍调整拼图的位置,因为倾斜时儿童更易操作。教师也可能寻找有把手的拼图。有时也可以以非常经济的方式对拼图进行改造使之更易操作(Milbourne & Campbell, 2007)。通过反思产生这些相对简单的方法意味着教师有能力在儿童遇到困难时思考出可能的解决办法。

将目标与儿童特征和课程调整相结合

为了积极参与到问题解决和策略探索的过程中,教师需要掌握有关每个儿童目前功能水平的信息。如果还未对儿童现有表现进行评估,那么评估应该是第一步。了解儿童现有发展水平之后,下一步就应该是确定合理的发展结果。这是"个别化家庭服务计划"(IFSP)或"个别化教育计划"(IEP)的一部分(Filler & Xu, 2007)。基于儿童尚未达到的能力和最近发展区给出的明确、可达到的相关目标。这样形成的干预策略可以更好地指导和支持儿童获得新技能或新的发展性能力(Vygotsky, 1967)。

在干预实施阶段,从业者每时每刻都要面临一个任务,就是匹配儿童需求。有些情况下,无论谁在和儿童互动,干预都要按照事先计划好的方式且所做的反应也要一致。这一点非常重要,因为在教室里通常不止一个成人,可预期的反应和结果对于成功十分必要。融合情境中的儿童要获得成功,可预期的反应和结果是社交环境中公认的重要因素。

举例来说,如果一个儿童语言发展迟滞,在尝试表达时因为无法使用正确的单词而变得沮丧时,就可以预先计划好一个有效的策略。教师要注意身体上的亲近性,直接看着孩子,示范一个简单的表述,如问儿童这(指某样东西)是不是他想要的。对儿童提出一个简单的要求同时示范可能的回答,就为儿童成功表达他的想法创造了一个机会。这个干预为儿童提供了反馈的选项。值得注意的是,当普通发展儿童刚开始习得语言并因无法和他们想象中一样快地说出单词而沮丧时,这种方法也常常会被用到。

锻炼专业判断能力

在为班级中所有孩子设计干预的时候,应鼓励教师依靠自身的专业判断考虑下一步要做什么。一个有助教的教师可能会感觉缺少支持,在决定怎样对儿童个体更好、怎样又能对教室中的所有儿童都有意义时,可能也会感到困难。教师应该利用这个机会,形成一个专业发展圈，与一位指导者建立关系或是与本校或其他学校的同事进行持续交流，这些有助于专业判断的练习。向其他专家呈现数据，邀请他参与到教学和干预的想法交流中，是教师成长的一种方式，也可以让教师在锻炼专业判断能力时感觉更加舒适、自然。

通过形成性评估了解实践状况

有效反思的一个重要组成部分就是通过形成性评估决定干预成功与否。不断地观察、连续地记录，以及其他的数据收集方式都可以提供有关儿童进步情况的有价值的信息，从而了解实践状况。如果某种方法或策略是有效的，那么就可以继续使用。专家和家长在决定干预策略是否有效时可以把儿童的表现作为衡量标准之一。明确并庆祝儿童的成就可以为后续的成功提供动力。

持续地收集数据

有些形式的进步并非立刻就能表现出来。在看到任何明显的结果之前，专业人员可能需要一段时间内持续使用同一种方法。在这种情况下，就需要持续而仔细地记录下所使用的方法及儿童的回应。如果花费了足够多的时间而某种策略仍无任何明显的积极作用，那么团队就应考虑对该策略进行一定的调整。

儿童的结果

每个儿童的结果都为干预有效性提供了很多的数据和信息。如果采取"全儿童"的视角，给予儿童进步和表现情况对干预有效性作出的判断就可能会有所出入，因为还要考虑先天因素和环境条件。即使是普通儿童，彼此的进步速率也有很大的差异。专家在评估进步情况和结果时应慎之又慎，并且将儿童的固有特征、基线水平及儿童发展和进步的具体情况全部考虑进来。接下来的章节大家有机会思考如何在各个发展领域应用课程调整。这些调整也会在遵守所有学前相关标准的情况下被用于不同的课程领域。

问题与反思

工作时，你是否意识到自己对儿童所作所为的观察情况如何？你是否意识到他对这个环境和互动是如何回应的？

1. 你使用了何种系统记录儿童的参与情况？
2. 你如何适应与儿童不断变化的互动？尽可能详细地描述。
3. 你是否调整了你的嗓音？你的位置？你的音量？
4. 如果儿童没有回应你，是否重新组织了你的问题或表述？

5. 当你与来自不同文化和/或语言环境中的儿童接触时,你是否有意识应怎样调整互动方式? 如果是,具体是如何调整的?

总结

从确定儿童个体的特征到确定可能的策略,再到最终将策略与日常常规和活动相结合,本章对这一过程进行了概述。接下来的章节将指导你在特定的领域里具体应用这些干预。

关键术语

Adaptations 调整

Recognition and response 识别和反应

Universal design for learning 通用学习设计

Evidence-based practices 循证实践

Strategies 策略

网站

融合圈 http://www.circleofinclusion.org

北卡罗林娜大学教堂的分校 Frank Porter Graham 儿童中心 http://www.fpg.unc.edu

美国特殊儿童协会早期教育部 http://www.dec-sped.org

美国幼儿教育协会 http://www.naeyc.org

美国障碍儿童与青少年宣传中心 http://www.nichcy.org

参考文献

Allred, K., Briem, R., & Black, S. (2003). Collaboratively addressing the needs of young children with disabilities. In C. Copple (Ed.), *A world of difference* (pp. 131-134). Washington, DC: National Association for the Education of Young Children.

Birch, M. (Ed.). (2009). *Finding hope in despair*. Washington, DC: Zero to Three.

Bricker, D. (2000). Inclusion: How the scene has changed. *Topics in Early Childhood Special Education*, *20*(1), 14-19.

Bronfenbrenner, U. (1992). Ecological systems theory. In R. Vasta (Ed.), *Six theories of child development: Revised formulations and current issues* (pp. 187-248). Philadelphia: Jessica Kingsley.

Bruder, M. B. (1993). The provisions of early intervention and early childhood special education within community early childhood programs: Characteristics of effective service delivery. *Topics in Early Childhood Special Education*, *13*(1), 19-37.

Bruder, M. B. (2009). The national status of in-service professional development systems for early intervention and early childhood special education. *Infants and Young Children*, *22*(1), 13-20.

Buysse, V., & Wesley, P. (Eds.). (2006). *Evidence-based practices in the early childhood field*. Washington, DC: Zero to Three.

Copple, C., & Bredekamp, S. (2009). *Developmentally appropriate practices* (3rd ed.). Washington, DC: National Association for the Education of Young Children.

Corso, R., Santos, R., & Roof, V. (2002). Honoring diversity in early childhood education materials. *Teaching Exceptional Children*, *34*(3), 30-36.

Dunst, C., Bruder, M. B., Trivette, C., Raab, M., & McLean, M. (2001). Natural learning opportunities for infants, toddlers, and preschoolers. *Young Exceptional Children*, *4*(3), 18-22.

Dunst, C., & Trivette, C. (2009). Using research evidence to inform and evaluate early childhood intervention practices. *Topics in Early Childhood Special Education*, *29*(1), 40-52.

Epstein, A. (2007). *The intentional teacher*. Washington, DC: National Association for the Education of Young Children.

Filler, J., & Xu, Y. (2007). Including children with disabilities in early childhood education programs: Individualizing appropriate practice. *Childhood Education*, *83*(2), 92-98.

Foley, G., & Hochman, J. (Eds.). (2006). *Mental health in early intervention*. Baltimore: Paul H.Brookes.

Gardner, H. (2000). *The disciplined mind*. New York: Penguin Books.

Grisham-Brown, J., Hemmeter, M. L., & Pretti-Frontczak, K. (2005). *Blended Practices*. Baltimore: Paul H.Brookes.

Guralnick, M. (Ed.). (2001). *Early childhood inclusion: Focus on change*. Baltimore: Paul H.Brookes.

Hemmeter, M. L. (2000). Classroom-based interventions: Evaluating the past and looking to the future. *Topics in Early Childhood Special Education*, *20*(1), 56-60.

Hyson, M. (Ed.). (2003). *Preparing early childhood professionals: NAEYC's Standards for Programs*. Washington, DC: National Association for the Education of Young Children.

Hyson, M. (2008). *Enthusiastic and engaged learners*. New York: Teachers College Press.

Jalongo, M. R., & Isenberg, J. P. (2008). *Exploring your role as a reflective practitioner*. Upper Saddle River, NJ: Merrill/Pearson Education.

Katz, L., & McClellan, D. (1997). *Fostering children's social competence: The teacher's role*. Washington, DC: National Association for the Education of Young Children.

LaRocque, M., & Darling, S. (Eds.). (2008). *Blended curriculum in the inclusive classroom*. Boston: Allyn & Bacon/Pearson Education.

Leiber, J., Hanson, M. J., Beckman, P. J., Odom, S. L., Sandall, S. R., Schwartz, I. S., et al. (2000). Key influences on the initiation and implementation of inclusive preschool programs. *Exceptional Children*, *67*(1), 83-98.

Linder, T. (1993/2008). *Transdisciplinary play-based intervention*. Baltimore: Paul H. Brookes.

McGuire-Schwartz, M., & Arndt, J. (2007). Transforming universal design for learning in early childhood teacher education from college classroom to early childhood classroom. *Journal of Early Childhood Teacher Education*, *28*, 127-139.

McWilliam, R., & Casey, A. (2008). *Engagement of every child in the preschool classroom*. Baltimore: Paul H.Brookes.

McWilliam, R., Wolery, M., & Odom, S. (2001). Instructional perspectives in inclusive preschool classrooms. In M. Guralnick (Ed.), *Early childhood inclusion: Focus on change* (pp.503-530). Baltimore: Paul H.Brookes.

Milbourne, S. A., & Campbell, P. H. (2007). *CARA's kit: Creating adaptations for routines and activities*. Philadelphia: Child and Family Studies Research Programs. Thomas Jefferson University.

Miller, R. (1996). *The developmentally appropriate inclusive classroom*. New York: Delmar.

Odom, S. (2000). Preschool inclusion: What we know and where we go from here. *Topics in Early Childhood Special Education*, *20*(1), 20-27.

Odom, S. (2009). The tie that binds: Evidence-based practice, implementation science, and outcomes for children. *Topics in Early Childhood Special Education*, *29*(1), 53-61.

Ostrosky, M., & Cheatham, G. (2005). Teaching the use of problem-solving process to early childhood educators. *Young Exceptional Children*. 9(1), 11-20.

Ostrosky, M., & Sandall, S. (2001). *Teaching strategies: What to do to support young children's development*. DEC Monograph #3. Longmont, CO: Sopris West.

Paasche, C., Gorrill, & Srom(2004). *Children with special needs in early childhood settings*. Clifton Park: NY: Thompson/Delmar.

Paley, V. (1999). *The kindness of children*. Cambridge, MA: Harvard University Press.

Pearpoint, J., Forest, M., & Snow, J. (1992). *The inclusion papers*. Toronto, Ontario, Canada: The Inclusion Press.

Pianta, R., La Paro, K., & Hamre, B. (2007). *Classroom assessment scoring system*. Baltimore: Paul H.Brookes.

Pickard-Kremenitzer, J., & Miller, R. (2008). Are you a highly qualified, emotionally intelligent early childhood educator? *Young Children*, *63*, 106-112.

Pruitt, P. L. (1997). Inclusive practices for preschoolers with disabilities. In P.Zionts (Ed.), *Inclusion for students with learning and behavior problems* (pp.329-390). Austin, TX: PRO-ED.

Rab, V., & Wood, K. (1995). *Child care and the ADA*. Baltimore: Paul H.Brookes.

Sandall, S., Hemmeter, M. L., Smith, B., & McLean, M. (2005). *Recommended practices: A comprehensive guide*. Longmont, CO: Sopris West.

Sandall, S., & Ostrosky, M. (Eds.). (2000). *Natural environments and inclusion*. DEC Monograph # 2. Longmont, CO: Sopris West.

Sandall, S., & Schwartz, S. (2009). *Building blocks* (2nd ed.). Baltimore: Paul H.Brookes.

Smith, B. J., McLean, M. E., Sandall, S., Snyder, P., & Broudy-Ramsey, A. (2005). Recommended practices: The practices and evidence base used to establish them. In S. Sandall, M. L. Hemmeter, B. J. Smith, & M. E. McLean(Eds.), *DEC recommended practices* (pp.27-44). Longmont, CO: Sopris West.

Squires, J., & Bricker, D.(2007). *An activity-based approach to developing young children's social emotional competence*. Baltimore: Paul H.Brookes.

Stayton, V. (2009). State certification requirements for early childhood special educators. *Infants and Young Children*, *22*(1), 4-12.

Stayton, V., Miller, P., & Dinnebeil, L. (2003). *Personnel preparation in early childhood special education: Implementing the DEC recommended practices*. Longmont, CO: Sopris West.

Sternberg, R. J. (2003). A broad view of intelligence: The theory of successful intelligence. *Consulting Psychology Journal: Practice & Research*, *55*, 139-154.

Tertell, E., Klein, S., & Jewett, J. (Eds.). (1998). *When teachers reflect: Journeys toward effective, inclusive practice*. Washington, DC: National Association for the Education of Young Children.

Turnbull, R., Turnbull, A., & Wehmeyer, M. (2007). *Exceptional lives* (5th ed.). Upper

Saddle River, NJ: Merrill/Pearson Education.

Vygotsky, L. (1967). Play and its role in the mental development of the child. *Soviet Psychology*, 5, 6-18. (Original work published in 1933).

Walsh, S., Smith, B., & Taylor, R. (2000). *IDEA requirements for preschoolers with disabilities*. Reston, VA: The Council for Exceptional Children.

Walsh, S., & Taylor, R. (2006). *Understanding IDEA: What it means for preschool children with disabilities and their families*. Reston, VA: Division of Early Childhood, Council for Exceptional Children.

Watson, A., & McCathren, R. (2009). Including children with special needs. Are you and your program ready? *Young Children*, 64(2), 20-26.

Winter, S. (2007). *Inclusive early childhood education: A collaborative approach*. Upper Saddle River, NJ: Merrill/Pearson Education.

Winton, P., McCollum, J., & Catlett, C. (2008). *Practical approaches to early childhood professional development*. Washington, DC: Zero-to-Three.

Wolery, M., & Sainato, D. M. (1996). General curriculum and intervention strategies. In S. L. Odom & M. E. McLean (Eds.), *Early intervention/early childhood special education: Recommended practices* (pp.125-158). Austin, TX: PRO-ED.

Wood, K., & Youcha, V. (2009). *The ABC's of the ADA*. Baltimore: Paul H.Brookes.

第6章

游戏和社交发展

目标

读完本章,学生可以:

■ 熟悉典型和特殊的社交—情感发展概况

■ 了解在早期干预中,游戏、课程和环境对于面临长短期社交—情感发展调整的儿童的重要性

■ 理解如何有效地将儿童特征与干预策略相匹配

■ 理解危险因素和保护因素分别是如何促发和减少挑战性行为的

■ 了解如何使用积极的反思过程,促进面临社交和情感调整的儿童的融合更加有效

支持社交—情感发展的具有发展适应性的课程

基础知识

由于社交—情感领域的复杂性和潜在的主观性,有社交和情感问题的幼儿常常给照料者带来独特的挑战。即使是在正常范围内的社交发展过程,也会在脾气、性格和互动方式等方面有极大的个体差异。

社交发展的理论众多,既包括埃里克·埃里克松(Erik Erikson, 1963)所使用的更偏向社会心理的解释方法,也包括一些更偏向行为的方式(Sandall & Ostrosky, 1999)。为了能区别在正常范围外的儿童特征,照料者们对正常社交发展的复杂性有所了解是十分必要的。

在所有领域中,社交—情感的发展可能是最复杂的。它也位于所有发展领域表现的中心。正常的社交—情感发展包含了在多个水平上大量的动态相互作用。科学家使用一些高科技手段来研究社交和情感发展,测量对于特定的刺激,大脑和全身的细胞所作出的化学反应和电反应(Shonkoff & Phillips, 2001; Shore, 1997)。但即使使用这些科学手段,仍有相

当多的未解之谜,尤其是发生在人与人之间的互动。

众所周知,依恋是健康情感发展的一个重要基础(Riley, San Juan, Klinkner, & Ramminger, 2008)。个体与其环境的互动在所有发展领域中都扮演十分重要的角色。这一点在心理生物学层面已被证实(Shore, 1997; Ziger & Styfko, 2004),并且对社会政策也有一定的影响(Shonkoff & Phillips, 2001)。这一现象在社交和情感发展中十分重要,不仅是考虑到神经学发展的复杂性,也考虑到理解团体动力和社会模式的复杂性。正如很多教师从自身经验中了解到的,课堂中的扰乱行为可能会影响每个人的互动质量。就好像分享一个美好的笑容可以为一个小组定下良好的互动基调,更多的消极互动则可能创造出一种情境促发更多的挑战。

危险和保护因素:心理弹性

在考虑非典型发展及需要接受干预的儿童的特点的同时,专家也要熟悉危险因素和保护因素的概念,因为它们可能影响发展的动态(Stormont, 2007)。幼儿教育者已经了解了儿童弹力及他们克服挑战时所具有的不可思议的能力。有些危险因素,如贫困,会影响多个发展领域,而有些危险因素则尤其会对社交和情感发展带来不利影响。有可能对关系造成负面影响的因素包括粗暴、虐待和忽视。对中央神经系统(CNS)会造成影响的因素有可能也会导致感觉加工方面的问题和自律困难。性格等因素可能影响儿童的处理和适应能力,因为在普通的学前课堂中有很多不可预期的元素。

如果专业人员缺少儿童发展方面的知识,就可能会对依恋产生不利影响,尤其是如果因缺少这些知识而产生一些不实际或是与儿童年龄所具备的能力不匹配的期待。比如,当给予儿童不一致的信息和期待时,儿童很难冷静下来,理解他人到底对自己的期待是什么。家长的心理健康问题,如未治疗的产后抑郁,也可能带来很大危害。家庭动力也可能是危险因素(Birch, 2009; Zeanah, 1993)。

健康依恋的标志包括:注视、同步以及相互性。每个个体都是千差万别的,每段关系因为包括的是不同的人,因此其步调、性情、节奏也是独特的。有些常规的关系模式是我们熟知的,但它们并非烹饪书上的配方,而是帮助我们识别人类共通之处的一些指导方针。在有疑惑时了解这些模式是有帮助的,它们可以展现一些健康良好的关系。表6.1简要地概括了童年早期重要的社交发展情况。

为健康的社交和情感发展做好准备

对于所有学前项目中被视为理想状态的健康社交和情感发展,有很多环境因素可以为其提供支持。在美国幼儿教育协会(NAEYC)、开端计划协会和幼儿环境量表(ECERS)、教室评估得分系统(CLASS)等指标给出的标准中都体现了这些因素。

在具有回应性、支持性，且所有个体差异都能被识别和尊重的环境中，这些健康的环境要素都是具备的。积极的校园环境应该能够尊重多样性的观点。关于人们应该如何对待彼此有隐性和显性两种理解方式。在幼年阶段，专业人员应确保所有儿童都能有机会接触个体、小组、集体等不同的互动方式。关于怎样的环境可以支持健康的社交和情感发展，图6.1提供了一些观点。

表 6.1　童年早期重要的社交发展

发展特征	重要指标	相关影响
依　恋	与他人的联系；信任	关系发展
分　离	自主行为；自尊；信心	自主性增强了社交互动的质量和责任
个性化	有能力与他人区别开来	儿童可以作为个体处理事务和行动
观点采择①	能够从多角度看待和理解相关情况	观点采择的困难会导致互动困难
共　情	表达对他人的关心	
社交问题解决	应对策略；协商；寻找双方可接受的解决方案	有利于在多种情境下顺利处理问题
冲突解决	言语协商；寻求帮助；确定可能的解决方案；用言语表达情感	儿童能更好地调解差异
自我管理	有能力自我安慰和保持冷静，并保持参与	自我管理困难会对互动和参与产生广泛地影响；功能性
游戏参与	在游戏情境下可促进多方面能力的健康发展	自发的互动有利于健康发展；游戏参与的困难会有重大影响

積极的学习环境应是乐于接受和接纳的。儿童全部积极地参与其中。教室里要有地方让孩子安静地呆着。无论他是一个人或是和其他孩子一起。氛围应是以儿童为中心且易接近的。无论儿童有没有挑战性问题都是教室中平等的一员。压倒性的和刺激强度过大的环境并不适合。教室中的成员彼此尊重。如有需要，儿童可以获得成人的支持，但同时有很多活动是以儿童为中心的。儿童有机会学习独立。明确的期待，结构化和可预测的日程能够为儿童提供安全感。明确的限制提供健康的界限。

图 6.1　高品质的融合社交环境：它们是什么样子的？

游戏、课程和社交—情感问题

游戏的重要性

在不同的阶段，游戏是不断发展的。积极的游戏体验可以联结并融合所有方面的发展，

---

①　观点采择，即站在他人的角度看问题，通常也可以被理解为换位思考。

对社交、情感、语言、躯体、认知、创造性、道德、文化等多个领域可以有促进作用（Tsao，2002；Van Horn，Nourot，Scales，& Alward，2007）。

游戏的阶段

帕滕（Parten，1932）通过社交互动镜头观察游戏情况。她建议观察发生在游戏过程中的儿童互动。帕滕将游戏分为几种类型。当儿童达到合作游戏的阶段,他们仍时不时地享受其他类型的游戏。其他一些理论家也从概念上界定了游戏的类型和阶段。表 6.2 对不同的游戏阶段进行了总结。

表 6.2　游戏的类型

游戏类型	儿　童　特　征
独自游戏	儿童单独行动
旁观游戏	儿童在旁边看别人
平行游戏	儿童一个人玩游戏,但使用的玩具、材料与周围其他儿童是相似的
联合游戏	和其他儿童参与同一个游戏,但是以非组织性的、分离的状态
合作游戏	儿童与其他孩子因某种原因组成小组（或大或小）;分享设备、材料、想法和目标
假装游戏	
社会戏剧游戏	
户外游戏	
客体游戏	

游戏的益处

游戏的益处有很多。游戏可以促进认知和技能发展。它可以促进发散思维和聚合思维。游戏帮助发展和改善儿童的交流技能,增强语言和读写能力。游戏还能促进粗大和精细动作发展。游戏鼓励积极的情感发展,为儿童提供发展社交互动技巧的机会。

游戏的角色

具有发展适应性的课程都包含了对社交—情感发展的支持。游戏是社交—情感发展的关键。游戏是一种交往的经验,允许幼儿发展出对同龄人积极关注的行为。在教室中寻找创造性游戏的机会可以更好地促进儿童的发展。在教室中进行游戏并不仅仅依靠材料和设备。虽然拥有大量的游戏材料的确可以使游戏的质量更高,但它并非必要条件。即使只有很少的材料来引导游戏的方向,儿童仍有能力创造出最好的游戏并参与其中。真正能使游戏具有促进发展作用的是学校教师和领导对游戏所持有的哲学观和价值观。成人在必要时支持和简化游戏和社交的互动过程可以展现出他们对游戏的态度（Kaiser & Rasminsky，2003；Sandall & Ostrosky，1999）。

游戏和活动的不同类型

在学前课堂中,一整天都有机会促进社交—情感的发展。一些活动能进一步鼓励社交—情感发展。戏剧、木偶戏,还有一些积木游戏可以培养社会性。户外游戏、艺术、音乐,一些运动活动也都包含丰富的社交发展机会。最初,儿童可能只是以旁观者而非积极参与者的身份参与其中。要注意在这种情况下儿童仍是在学习的。如果儿童迟迟没有发展到旁观游戏的下一阶段,可能就需要一些直接的干预并且考虑为什么会如此。比如,有创伤后应激障碍(PTSD)特征的孩子可能总感觉害怕,如果给予保证可能会让他更加安心。有非语言加工障碍的儿童可能在理解他人线索时存在困难,如果提供帮助他可能可以更好地理解其他孩子在做什么,并找到方法参与到游戏中。有感觉加工失调的儿童可能会因为游戏中的自发部分和触觉刺激而紧张不安。儿童还可能存在反应性依附障碍、焦虑、抑郁或是恐怖症的特征。

关于游戏的研究

关于游戏的发展及游戏在儿童发展多个方面所扮演的角色的研究,目前已有不少(Bretherton, 1989; Bretherton, O'Connell, Shore, & Bates, 1984; Fein, 1981; Fisher, 1992; Kinsman & Berk, 1979; Rubin, 1982)。Elias 和 Berk(2002)认为社交喜剧游戏在儿童自我管理中扮演了重要角色。布朗森(Bronson, 2000)进一步探索自我管理的重要性。如果儿童有神经学方面的危险因素,他们可能尤其需要可预测和有组织的课堂。在嘈杂或无组织的环境中,儿童甚至可能会受到影响而出现代偿失调。

假装游戏

在儿童开始参与假装游戏的同时,他们也开始发展接受性和表达性的语言,使用心理表征。因此,研究者强调这些过程之间的紧密关系也就不难理解了。假装游戏要求儿童可以象征性地使用物体和动作,它通常以交互式社交对话和协商的形式实现;包含了角色扮演、脚本知识和即兴。利拉德(Lillard, 1998)称,持不同观点的游戏者之间的协商、一个物体同一时间两种不同的代表意义(现实的和假想的)、要求表现出他人所想所为的角色扮演,以及适合不同情景、人物的情感描绘,都被囊括在假想游戏中。而这些都意味着游戏者具有了心理表征的能力。然而,后续有关儿童如何理解他人想法的研究证明,即使儿童能较早地在行为上进行假扮,他们也要到四五岁才能理解他人可能和自身的想法并不一样,这种观点采择的能力就是我们所说的"心理理论"。

游戏情景中的沟通与认知

假装游戏要使用语言,且通常发生在社交情境下。最近一些有关假装游戏的研究显示,社交和语言能力对学业成就起着至关重要的作用。在一项有关假装游戏的观察研究中,索耶(Sawyer,1997)发现,学前儿童的假装游戏更多是即兴的交流而非跟随一个特定的脚本。他还发现,相比于停下来商量一个明确的建议,在游戏过程中自然发生的交流好像更为成功。他举了很多例子展示儿童假装游戏中使用即兴时表现出来的技能。

非社交游戏行为

对有些儿童来说,从简单的社交假扮游戏过渡到更复杂的社交假扮游戏并不顺利。鲁宾(Rubin)和科普兰(Coplan)报告了一系列研究显示学前儿童的非社交或"退缩型"游戏行为。他们发现早期的社交退缩是以后青少年时期同伴拒斥、社交焦虑、孤独、抑郁和消极自尊的重要预告指标。非社交游戏行为还可能对学业成就有消极影响。研究者称,社交退缩的后果可能有文化差异;在有些文化中(如中国)认同被动、受控制和谨慎的行为,相比于处于这种文化中的男孩,美国男孩如果有社交退缩,其后果就会更加严重。游戏中的性别差异可能也会影响幼儿园的适应,游戏行为更加孤独、被动的男孩相比于女孩更多被教师列为适应困难儿童(Coplan, Gavinski-Molina, Lagace-Sequin, & Wichmann, 2001)。

社会经济因素

社会经济因素也会影响假装游戏的发展。在对 22 个教室前后两次的观察中发现,参加了 Title Ⅰ①学前项目的儿童在同一时间段内社交假装游戏的进步并不一致(Farran & Son-Yarbrough,2001)。研究发现在简单互动的联合游戏中言语行为增多最为明显,但第二次测量时,儿童的联合游戏减少,而只是在他人旁边玩却没有互动的平行游戏却增加了。这样的结果无疑让人十分担忧。

在 Title Ⅰ 学前课堂中,大量儿童拥有低社会经济背景,这种趋势也更加明显。在这项研究中,第二次测量时儿童言语互动的总量并未增加,这与多数研究结果有所出入。由于没有观察到社交假装游戏和言语使用的进步,研究者担心这类学前班可能有助于儿童在行为上更加符合公立学校的期待,但一旦课程要求提高,儿童早期的这些成就就可能因为缺少基础性的理解和经验而消失(Farran & Son-Yarbrough, 2001)。

残障儿童

研究证实社交假装游戏对残障儿童的发展有重要作用。然而,残障儿童通常很难参与

---

① 由美国政府提供财政支持的一个教育项目,Barbarin 用于提升处于不利条件下的儿童的教育表现,保证平等、高质量的教育机会,尤其是低成就表现、低收入家庭的儿童等。更多可见 http://www.title1project.com/。

到社交假装游戏中。奥多姆、麦康奈尔和钱德勒（Odom，McConnell，& Chandler，1993）发现，教师报告 75% 的残障儿童社交技能需要辅助。古拉尔尼克和哈蒙德（Guralnick & Hammond，1999）发现轻度障碍儿童游戏转换的过程（如从孤独游戏到平行游戏到社交游戏）和普通发展的同龄人是一样的。另一方面，自闭症儿童的社交和假装游戏形式与其他儿童都不同。自闭症儿童可能缺乏假装游戏所必需的心理表征和言语能力，或者是缺乏必需的自发性的思考技能（Jorrold，Boucher，& Smith，1996）。

诊断的复杂性

对于接受了专门领域训练的专家来说，特征的强度、持续时间和频率有时已足以让他们给出一个比较明确的诊断。但有时用于决定能否获得特殊服务资格的诊断却更加困难，需要在多个时间、多种情景下进行仔细观察。在社交和情感发展的评估和治疗中，家庭参与及对文化因素的考虑是十分必要的（Barbarin，2006；Bowman & Moore，2006）。目前很多州在决定服务资格时并不需要有关社交—情感状况的决定性诊断。有时一个有执照的心理学家的专业判断就足够了。积极行为支持的使用和采用分层方法的渐进性相应记录也有助于提供合适的干预。这种分层的方法提供了一个可行的结构，可以基于儿童所面临的挑战程度进行差异教学。

专家们将干预策略与个体特征相匹配，同时考虑到儿童在社交情感方面所面临的挑战是十分重要的。本章关注的就是非普通社交发展的特征，以及这些特征与干预策略的匹配，同时仔细地评估、确定儿童对干预的反应（Sugai & Horner，2002）。

课程实施与社交发展

以同样的方式教授一门课程并不能适应所有儿童的需求。在学前班中每一个儿童都是独特的个体，他们的技能、知识、发展水平和需求会随着时间发展并被老师所认识。课程的开发和实施是一个持续的过程，会通过对儿童的观察、试误以及对儿童偏好和能力的了解逐渐发展出来。有社交和情绪发展问题的儿童通常在言语和非言语交流、社会互动、游戏参与，以及在休闲或游戏活动中保持兴趣方面也存在困难。对于有些儿童来说，简单地表达一些不同的情绪有时都很困难，尤其是如果他分享自己的感受时接受过负面的信息。比如，很多男孩被认为哭是不好的，很多女孩则不被允许表达她们的愤怒。还有一些性别差异和社会化的固定模式也一直被认为与情绪发展这一主题相关（Kinsman & Berk，1979）。

戏剧游戏的调整

戏剧游戏中的很多材料和活动对于儿童来说都是十分熟悉的。如果一个孩子有特殊需求，家庭或是治疗师可能都已经了解如何调整以便儿童可以更好地使用戏剧游戏中的材料和活动。具体方法可能包括调整设备、家具以及寻找促进儿童参与的现实可行的方法。成人应在了解最初阻碍儿童参与的因素后进行综合的调整。

由于儿童体格的原因，戏剧游戏区域的物理设备可能给他们带来一定的阻碍。如果儿童有躯体障碍，够不到戏剧游戏区中桌子、地板或是橱子，就应该对环境进行调整。比如可以让儿童站着玩。这看上去是个简单的调整，但却可能给儿童带来很好的改变。在选择角色时，应鼓励有躯体障碍的儿童选择那些不需要坐下来或是从站位变换到座位的角色。站姿可以让儿童获得更大的移动范围，因为如果儿童站在移动支架上，站立姿势就可以让他在教师或同伴的帮助下在游戏区域更自由地移动，使用托盘或是改装过的椅子进行游戏。在扮演特定主题时，改装椅的使用同样有意义。如果情境设定是餐厅、面包店、图书馆或是商店，改装椅的表面就可以自然地成为戏剧中的一部分。尽管最理想的状态时有特殊需求的儿童可以和班级中的其他儿童在相同的游戏平面上玩，但有些孩子还是使用经过改造的托盘表面更加合适。

视觉障碍

有视觉障碍的儿童通常很喜欢玩戏剧游戏，成人也几乎不需要做什么调整。对于障碍程度较轻的儿童来说，尽可能地让他们接触材料和游戏环境是最佳选择。刚开始时可能需要帮助儿童找到材料并一起学习寻找材料位置的线索。一旦儿童熟悉了环境，就没有什么必需的调整了。有视觉障碍的儿童很享受戏剧游戏因为它的刺激并不强烈，不会增加视觉上的负担。

同伴互动可以有力地激发动机。

社交—情感或行为障碍

有些儿童的行为对同伴和成人来说都是具有挑战性的,对于这类儿童来说,戏剧游戏有时会让他们感到沮丧。有些儿童可能没有发展出应对的技能。在其他活动中,这些儿童如果第一次尝试的结果不够完美或是之前没有有关这个活动的经验,就可能给出负面的反应。这种情况在戏剧游戏区中同样可能发生。之所以会出现这种负面的回应,可能是由于儿童不具有在社会互动或是角色扮演中承担风险的社交技能或情感持久力。对于同伴对自己行为或是自己所选装扮衣物的反应,情感比较脆弱的儿童可能缺乏正确的认识。戏剧游戏非结构化和自然的状态可能迎合多数儿童,但恰恰让有特殊社交或情感需求的儿童感到害怕。在儿童尝试参与其中之前,教师可以花些时间和儿童一起观察、表演并做一些评论。一旦儿童准备好参与游戏了,教师就应让儿童轻松地进入游戏,并一直提供支持,直到儿童感觉自在。如果教师过早离开,儿童一定会跟随离开,这个儿童参与的戏剧情节就会结束。要让儿童轻松地进入积极的游戏情景中,无论儿童更倾向于表现型或是退缩型,教师都应提供同样具有支持性的帮助。

下面举一个此类互动的例子。有个儿童的嗓音嘶哑、扰人,还有些极端的发泄行为。同伴很少给予他积极关注。尽管他很聪明,能说会道,在被同伴拒绝时也能很好地表达他的感受,但并未意识到自己的行为对同班同学的影响。他的老师缓慢而谨慎地指出他可以参与游戏的情况,并明确告诉他如何用相反的方式和同伴说话,还有具体的说话内容,从而同伴可以给他积极的反馈。在这样的支持下,他可以用甜美的嗓音代替以往的刺耳高音。这个改变让同伴们都欢迎他一起游戏。他的家庭在强化他使用悦耳嗓音时也提供了很多支持,他们发现家人都很爱听他说话。提醒他使用不同的嗓音改变了声音的质量,还改变了他说话的内容。他的语言更加积极、关爱,指责的内容也变少了。

正如在讨论可操作的材料时所指出的,伴有语言迟滞的社交不成熟的儿童置身于戏剧游戏的对话环境中是可以受益的。尽管有语言迟滞的儿童并不一定能玩合作性的游戏,但即使是独立游戏,如果周围都是语言发展良好的同伴,也可以引发障碍儿童的语言参与。当儿童参与到戏剧游戏中时,不管是平行游戏或是合作游戏,他们都可能使用很多词汇叙述自己的活动。除了真实的词语,他们还可能创造一些新的词语来描述自己的行为。

学习困难和智力障碍

让有学习困难的儿童参与到戏剧游戏活动的调整方式有很多,其中之一就是让教师待在游戏区角,从而可以提供恰当游戏行为的示范,并支持这个儿童和该区域内其他儿童互动的发展。向儿童说明游戏材料的使用方法是有益的,由于发育迟缓的原因,这类儿童可能缺少与特定玩具接触的机会和经验。有学习困难的儿童在与他人互动之前可能缺乏必要的导入行为。他们也不知道如何扮演一个特定的角色。如果确实是这种情况,教师或许可以建立一个常规模式,儿童进园后第一件事就是进戏剧游戏区游戏。如果这个儿童是第一个在戏剧游戏区游戏的人,他努力参与到游戏中时就不会那么困难,这对于儿童来说是有帮助的。作为提示,教师可能会问儿童打算在游戏区做什么。如果同龄人可以提供支持,儿童对教师的依赖就会减少甚至避免。

要让有发展挑战的儿童参与到戏剧游戏中,可能需要提供经过调整的材料。如果儿童不能操作玩具小碟子、小杯子和一些银质餐具,可能就需要提供常规大小的塑料餐盘,这种餐盘更大,也更易抓取。如果玩具娃娃很重,可能娃娃家族就需要增添一两名体重较轻的娃娃。如果所有的娃娃都是用硬塑料做的,最好可以加入一些布制或是橡胶材质的娃娃。比起小纽扣或是拉链,有些装扮类的衣服最好是搭扣式的。水果和蔬菜最好分类装在几个小篮子里而不是全部放在一个大篮子中。如果儿童操作大的木质积木有困难,加一辆小货车可能就可以帮助儿童将积木运送到需要的地方。安全起见,教师可以引导两个孩子共同拿一个大的积木块。以上是一些可以操作的简单的调整方式。

有社交—情感挑战的儿童特征

自闭症

什么是自闭症?　自闭症是一种复杂的发育障碍,通常起病于 3 岁之前。目前公认将自闭症归因于神经学方面的失调,它影响了大脑的功能。但自闭症及其相关行为的预测仍充满挑战。由于在识别、定义个案及研究方法方面的差异和诊断标准的变化,想要预测自闭症发生率是非常困难且充满争议的事。有一项研究报告称 3—10 岁儿童的自闭症发生率约为3.4/1 000(Yeargin-Allsopp, Rice, Karapurkar, Doernberg, Boyle, & Murphy, 2003),而其他资料引用的发生率为 1/500(NICHCY, 2009)。一些最近的研究甚至已显示发生率达到 1/150[①]。自闭症在男孩中的发病率约为女孩的 4 倍。但患有自闭症的女孩通常症状更严重,认知缺陷也更明显。自闭症并无民族、种族和社会的差异。家庭收入、生活方式和教育水平都不会影响自闭症的发生率。

自闭症会影响达到社会交往和沟通技能区域的正常发展。患有自闭症的儿童和成人通常在言语和非言语交流、社会互动、休闲或游戏活动方面存在困难。他们还可能存在感觉加工缺陷,在观点采择方面也有困难。自闭症导致患者很难与他人交流,以及与外界环境建立联系。在有些情况下,他们还可能有攻击和自伤行为。患有自闭症的儿童可能表现出拍手、

---

① 自闭症过去被认为是一组有神经基础的广泛性发展障碍,主要包括自闭症、阿斯伯格综合征、雷特综合征、儿童瓦解性精神障碍和广泛性发育障碍未注明型。而在 2013 年 5 月出版的 DSM-Ⅴ中,雷特综合征作为神经系统疾病被移除,其余几类疾病都将不再单独出现,而只是作为自闭谱系障碍(以下简称 ASD)这一统称下轻重程度的不同表现,症状表现为社会/交流障碍、重复行为和狭隘兴趣。最新数据显示,ASD 的发生率达到 1/68。

摇晃等重复的身体运动,对他人的异常反应或是对物体的依恋,还有对日常常规变化的抵触。自闭症个体还可能在视、听、味、触、嗅觉方面异常的敏感。自闭症的高发生率使得它成为最常见的发展障碍疾病,但绝大多数公众,包括很多医学、教育学和职业领域的专家仍不知道自闭症是如何对人产生影响,以及如何与自闭症的个体进行有效的互动。

自闭症的类型

自闭症的类型是否不止一种? 广泛性发育障碍(PDD)是一类以在多个发展领域存在严重和广泛缺陷为特征的疾病。该类型包含若干相关的疾病(American Psychiatric Association,1994)。一个参照标准是《精神疾病诊断和统计手册》(DSM-Ⅳ)(第 4 版,1994),现已出到第 4 版。DSM-Ⅳ在 PDD 这一大类下列举了一些特定的诊断标准。当个体行为所满足的特征条目达到一定数量就作出诊断。诊断性评估则基于在观察和家长咨询中儿童呈现的特定行为表现,并由经验丰富、接受过专业培训的团队完成。当专家或家长提到自闭症的不同类型时,他们通常是将自闭症和其他某种广泛性发育障碍进行区分。

被诊断为广泛性发育障碍这一类型的个体,通常在沟通和社交缺陷上有一致性的表现,但障碍的严重程度却不尽相同。表 6.3 列举了帮助区分不同亚型的重点(来自 the Autism Society of America,http://www.autism-society.org;http://www.autismsociety.org)。

表 6.3　你知道吗? PDD 的不同类型

自闭型障碍	3 岁前在社交互动、沟通和想象性游戏方面有缺陷。刻板行为、兴趣和活动。
阿斯伯格综合征	社交互动有缺陷,表现出受限的兴趣、活动,但语言方面无显著迟滞,智力为正常水平及以上。
广泛性发育障碍未注明型(通常指非典型自闭症)	当儿童行为不满足特定诊断,但又确实在某些行为上表现出严重而广泛的缺陷时,即诊断为广泛性发育障碍未注明型。
雷特综合征	这是一个连续的、只发生于女孩的障碍。现有一段正常发展的过程,1—4 岁之后逐渐丧失原先拥有的技能和有目的地使用双手的能力,代之以重复的手部动作。
儿童瓦解性精神障碍	出生后至少 2 年内是正常发展,之后原先获得的技能有明显丧失(APA,1994)。自闭症被称为一个谱系障碍,这说明自闭症的症状和特征可以代表一个从轻到重的广泛范围内的状况。尽管自闭症是通过一系列特定的行为定义的,自闭症儿童和成人可以表现出各种不同严重程度的行为的组合。即使得到同样的诊断,两个儿童也会表现迥异,掌握的技能也大不相同。因此,自闭症是没有标准类型和典型个体的。

相关术语的澄清

很多术语会让自闭症家长感到困惑。家长可能会听到用于描述该谱系儿童的不同术语，比如自闭样、自闭趋势、自闭谱系、高功能或低功能、高能或低能。不管诊断是什么，值得注意的是，尽早开始且合适的教育和治疗会有助于儿童的学习和功能表现。

什么导致了自闭症？

世界各地的研究者均花费了大量时间和精力想要找到这个关键问题的答案。医学研究者为多样的自闭症形式寻找解释。尽管还没有单一确切的致病因素，但目前研究者都认为自闭症与大脑的生物学或神经学差异有关。在很多家庭中，自闭症或相关障碍所表现出的模式都说明自闭症存在遗传基础。目前为止，还没有基因显示出与自闭症有直接相关 (2009)（Stanford University Medical Center，2009，October，16.Mechanism Of Gene Linked To Autism，Schizophrenia Pinpointed. *Science Daily*. Retrieved November 15，2009，from http://www.sciencedaily.com/releases/2009/20/091012225541.htm）。

有些过时的自闭症病因论已经被证明是错误的。自闭症并非精神疾病，自闭症儿童也不是自己选择不作为。自闭症出现不是因为不良的养育，目前也未发现成长过程中的某些心理因素会导致自闭症的发生。

在行动中反思

莱特博尼女士

莱特博尼（Lightborne）女士一直在争取机会想要让乔丹获得接受服务的机会。乔丹有明显的语言迟滞和行为问题。他常常自己一个人呆着，显得特别孤立。目前还不清楚他的孤立是由于语言迟滞和感知觉等功能受限所致，还是与社交—情感发展有关。他达到了 DSM-Ⅳ 所规定的自闭症标准，但有时又会主动与他人互动。

通过与专家的交流，莱特博尼女士意识到要推荐服务并非必须给乔丹一个确定性的诊断。通过和咨询师的讨论及对自身行为的反思，她意识到以往都将诊断认定为后续干预必需的前提条件。她意识到之前一直把精力放在确认诊断上，却忽略了对乔丹的优势领域和需要重点关注的领域的确定。

你知道吗？

以下信息来自《精神疾病诊断与统计手册》第 4 版（DSM-Ⅳ）：

自闭障碍诊断标准

一、二、三三大项总共至少满足 6 个项目,一中至少 2 项,二、三中至少 1 项。

一、社交方面有质的损害,表现在下述至少两个方面:

　　a. 使用多种非语言行为时有显著损害,如眼神对视、面部表情、身体姿势,以及用来调整社交的姿势

　　b. 建立与发展水平相适应的同伴关系有困难

　　c. 缺乏主动寻找他人分享快乐、兴趣和成就的行为(如不向他人展示、指点感兴趣的物体或不会把物体拿给他人)

　　d. 缺乏社交或情感互动(该表述下举了以下例子:不主动参与简单社交游戏或活动、更喜欢一个人玩、在活动中将他人视作工具或机械性的辅助)

二、沟通方面有质的损害,表现在下述至少一个方面:

　　a. 口语表达发展迟滞或完全缺失,且未尝试通过姿势、手语等替代性的沟通方式进行足够的沟通,发起或保持与他人的谈话有明显的困难;语言或特殊语言的使用刻板重复

　　b. 缺少与发展相适应的多样、主动的假扮游戏或社会模仿游戏;行为模式、兴趣和活动受限、重复且刻板,并表现在下述至少两个方面:关注一个或多个刻板和受限的异常兴趣模式,无论是强度或是关注点都显著地不灵活,通常是特定、无功能性的常规或惯例

　　c. 刻板、重复的动作习惯(如拍手、拍打手指或捻指,复杂的全身运动等)

　　d. 持续关注物体的部分

三、在以下至少一个领域有迟滞或功能异常,开始于 3 岁之前:

　　a. 社交互动

　　b. 用于社交沟通的语言

　　c. 象征或想象性游戏

上述标准不能很好解释雷特综合征或是儿童瓦解性精神障碍

　　以下定义来自美国自闭症协会:

　　自闭症通常是一项使人丧失能力且持续终生的发展障碍,发生于出生后前三年。发生率约为 15/1 000,男生发生率是女生的 4 倍。世界上各个种族、民族和社会背景的家庭中都发生了自闭症。尚未发现儿童所处的心理环境会导致自闭症的发生。

　　症状由大脑的物理性障碍导致,包括:

　　1. 躯体、社交和语言能力受损。

　　2. 对感觉有异常反应。单一或多个感官或反应受到影响:视、听、触、痛、平衡、嗅、味觉和儿童控制自己身体的方式。

　　3. 言语和语言缺失或迟滞,但存在特定思考能力;与他人、物体和事件建立联系时的方式异常。

　　自闭症可以单独发生,也可以与影响大脑功能的其他障碍共病,如病毒感染、新陈代谢

失调和癫痫。由于诊断上的困惑可能会导致不适当或无效的干预技术,因此有必要将自闭症与智力迟滞或精神障碍区分开来。严重的症状表现可能会包含极端的自伤、重复、异常的行为和攻击性行为。行为主义的特殊教育项目已经被证明对于多数这类特征儿童的治疗是最为有效的。将离散单元等高度结构化的方式与更多融合机会的创新性结合对于一些儿童来说也取得了良好的效果。

以上症状的描述是指向儿童的,但这类儿童通常并不随着年龄增长就摆脱自闭症。很多自闭症的研究都是与儿童相关的,因为自闭症儿童的教育是一个很大的议题,需要更多以儿童而非成人为中心的研究、教育和著作提供支持。

目前自闭症领域的议题

自闭谱系障碍是增长最快的一类障碍,也是最具有挑战性的一类。预计其发生率在1/500至1/150,男女比例为 4∶1。目前公布的诊断数据使得更多人关注其可能的病因。目前的理论包括基因、环境因素(如农药、传染病、激素不平衡以及疫苗中的汞)。疾病控制和预防中心、食品和药品管理局、医药机构、世界卫生组织和美国儿科学会均否定了硫柳汞导致自闭症的观点。大多数研究也未发现其中的联系。尽管所有证据都指向相反的观点,责怪硫柳汞导致自闭症的家长数量却有增无减。这一议题已成为儿科医学界最难应对、极易造成意见不合的议题之一。由于疫苗成分已经调整,如果疫苗中的汞的确与自闭症存在联系,那么自闭症的人数应该有下降,然而事实并非如此。

严重的情绪障碍

你知道吗?

很多术语被人们用来描述情感、行为或精神障碍。目前,有这些障碍的儿童都被归类为有严重的情感问题,在美国《障碍者教育法》、101—476 公法(http://www.ed.gov/policy/speced/leg/idea/history.html;http://www.ed.gov/policy/speced/leg/idea/history.html)中被定义为:

在一段时期中表现出以下一个或多个特征且已在很大程度上对教育表现产生了影响:

A. 学习有困难且不能用智力、感觉或健康因素解释;

B. 不能与同伴、教师建立或保持满意的人际关系;

C. 在正常情境下表现出不恰当的行为或感受;

D. 常常表现出不开心或沮丧的情绪;

E. 在个人或学习问题方面有躯体症状或恐惧的趋势(IDEA, C.F.R. § 300.7(b)(9), 2004)。

根据美国《障碍者教育法》的定义,严重的情绪障碍也包括精神分裂,但这并不适用于社交适应不良的儿童,除非确定他们患有严重的情绪障碍(IDEA,C.F.R.§300.7(b)(9),2004)。

情绪障碍的指标是什么?

有一些与严重情绪障碍相关的特征已被广泛接受。这些特征有时会发生在所有个体身上,只是程度更轻一些。定义特征的部分表现要素如下:

● 学习有困难且不能用智力、感觉或健康因素解释。儿童的学习水平显著低于综合各种信息后所形成的期望。在较长一段时间内这种情况一直存在。根据智力/能力测验分数和课堂表现看,儿童是可以学习的。没有证据证明儿童存在视觉或听觉问题。对于存在的学习问题无法解释。

● 不能与同伴、教师建立或保持满意的人际关系。儿童的沟通技巧很弱,有扰乱课堂的行为,轮流有困难,眼神接触少,不能保持在某个话题上,对话不恰当,甚至可能不说实话。有证据显示儿童可能不能区分现实和想象。儿童可能有不恰当的接触、冒犯行为(吐口水、说脏话等)、不顺从行为,长期保持友谊有困难。这些行为表现会干扰与他人的合作及儿童自己的教育表现。

● 在正常情境下表现出不恰当的行为或感受。在相似的情境和状况下,儿童与同龄人相比没有作出恰当的反应。比如,学校恐怖症,在既定情境中作出非期望的行为或情绪反应。

● 常常表现出不开心或沮丧的情绪。幼儿通过攻击性或退缩行为表现他们的不开心。我们在学校不能接受攻击或退缩行为是因为它们会影响儿童的表现。专业人员关心儿童是否会长时间不开心并将担忧传达给父母。有时儿童会无缘无故哭起来并表现得十分沮丧。这些儿童需要我们的帮助。专业人员应支持父母,让他们接受这种帮助是很重要的。

● 在个人或学习问题方面有躯体症状或恐惧的趋势。恐惧包括与父母分离等,但这种恐惧会发生在与年龄不相适应的时间,或是持续时间过长。儿童可能害怕参与到小组当中。躯体症状包括抽搐、自虐、慢性胃不适、过多要求看护士,以及在没有明显躯体症状的情况下持续的哭闹。

特征

在有情绪障碍的儿童身上可以看到的特征包括:

活动过度(注意力时间短,冲动)

攻击/自伤行为(发泄,打架)

退缩(不能发起互动,从社交互动交流中撤退,过度害怕或焦虑)

不成熟(不恰当的哭闹,发脾气,较弱的应对技巧)

学习困难(学业表现低于年级水平)

大多数有严重情绪障碍的儿童可能会表现出认知歪曲、过度焦虑、奇怪的运动,以及异常的情感起伏。很多没有情绪障碍的儿童在发展过程中有时也会表现出相同的行为。当儿童有严重的情绪问题时，这些行为可能不会消失或者会在很长时间内一直存在。这意味着儿童不能应付他所处的环境或同伴，并且可能要花很多努力去克服高强度的压力。

次级心理问题

有躯体障碍、感觉缺陷或是医学状况的儿童有时可能存在次级心理问题，其中包括极端沮丧、抑郁、低自尊或是"习得性无助"。有时儿童需要额外支持来发展所需的应对策略。如果有恰当的支持，这些心理状况可以得到有效的治疗。最佳状况是，儿童学习以建设性的方式为自己主张并自我调整、适应自身状况，这会让他们过上更有意义的生活。

其他影响社交—情绪发展的因素

其他可能对社交和情绪发展产生消极影响的因素与生物学因素有关。如果儿童性格比较脆弱，如敏感性过高和反应过度等，这些就可能成为一连串的危险增强因素，导致自我调整的困难。感觉加工困难会进一步加剧这种模式，除非通过特定的干预予以处理（Schore，1994；Zeanah，1993）。与产前接触到药物和酒精等有害物质相比，其他一些与神经学因素相关的生物学上脆弱性更为重要。这些与儿童个体相关的信息有时教师并不知晓。即使儿童存在这种情况，教师也要注意不因为存在危险因素就提前对儿童做出消极的评价和主观的预言。有生物学危险因素的儿童可能更易出现挑战性行为，但他们同样可以对适当的干预做出良好的回应。

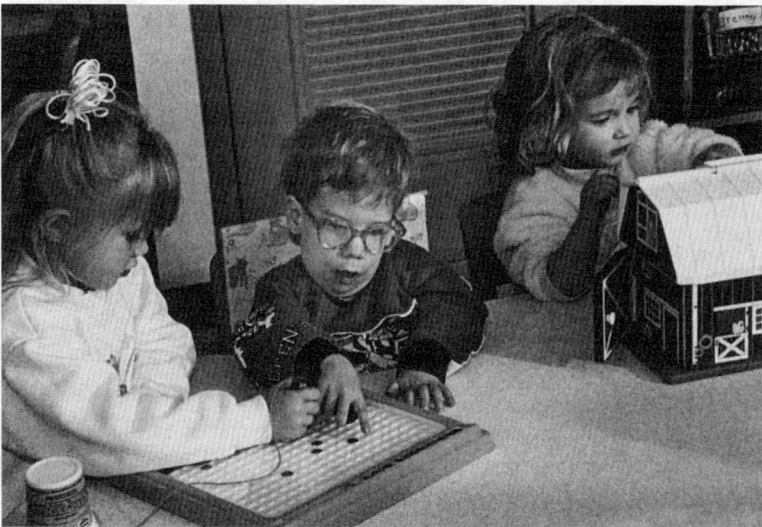

儿童在自然的环境中相互学习

自我调整与社会互动　为了练习其他人不需要努力就能拥有的自控能力,冲动和自我控制困难的儿童有时需要额外的支持。有感觉加工障碍的儿童可能就有这类困难。如果教师"无视"儿童的困难就会导致对儿童线索的错误理解和解读,就更难为儿童提供帮助(Schore,1994；Zeanah,1993)。教师可以以自然的、安抚的方式给予支持。当专业人员意识到感觉敏感性儿童的行为模式,他们就能提供机会帮助儿童进行自我整合。

将特征与干预相匹配

结果和干预

为了确定有效的干预策略,教师需要尽可能对特定问题有足够了解。什么是需要重视的症状特征？它们是如何发生的？在何种情况下会发生？它们是持续的还是间歇性的问题？目前已经做了什么来处理挑战性行为？在确定有效的干预时应以儿童、问题特征和环境为出发点。

在社交—情绪干预中反思

反思技能的发展和实践可以有很多作用,它可以提供机会让教师退一步回顾之前收集的数据,确定还需要收集的数据以便设计合适的干预,还有联络下一步干预中要使用的适当的支持。

反思场景

一个新的男孩刚刚加入你的班级。你知道这个家庭刚刚搬到这个城镇,男孩没有兄弟姐妹,父母双方都是学生,并且每周都尽可能地工作更长时间。除此之外,关于这个孩子你什么都不知道。孩子5岁,没有学校记录,你也不确定什么时候可以拿到记录,甚至不知道是否有记录。这个孩子不和任何人互动。他母亲接送他时他会与母亲有互动,但见到母亲时他看起来并不是十分的开心。当母亲靠近他时他会向母亲走去。当母亲进教室时他并不会跑向她。你没有听过他和母亲、教室里的孩子或是包括你在内的任何成人说话。

要反思的问题:

1. 在进入课堂后的两周内你要做些什么让孩子融入班级文化和日常常规中？
2. 你想要收集哪些信息？
3. 为什么这些信息对你来说是重要的？
4. 你是否想要某些学校职员到班级观察这个孩子？

5. 教室的物理环境是否需要一定的调整？

6. 信息收集好之后你打算怎么做？

积极的结果：友谊

虽然这并非是一个线性的过程，但在关注儿童的特征之后通常要做的就是确定我们希望看到孩子做些什么。专家可以将之看作期望的结果或目标（Bricker & Squires，1999）。确定这些结果或目标时，通常以未经额外干预的儿童在社交情感发展上的健康表现为基础。比如，对幼儿很多强调的重点都是基于建立有意义的友谊。而有意义的友谊的一个重要元素就是感受的交流。儿童建立有意义的友谊的能力常被视为是入学准备和学业成功的重要前提。

社交能力和学业成就的共同发展

社交能力较强的孩子通常学业上也可以获得更大的成就。较弱的社交技能被看作学业失败的有效预测指标。韦伯斯特-斯特拉顿和里德（Webster-Stratton & Reid，2004）描述了一个特制的课程项目，教授情感表达、移情或观点采择、友谊、沟通、愤怒管理、人际问题解决，以及如何在学校获得成功等方面的技能。"不可思议年代恐龙社交技能和问题解决儿童培训"（The Incredible Years Dinosaur Social Skills and problem-solving Children Training Program?）这个项目，是一个用来增强儿童社交、情感和学业能力的项目，比如理解和交流情感、使用有效的问题解决办法、管理愤怒、练习友谊和对话技能及合适的课堂行为，这个项目最初设计出来是为了对有对立违抗性障碍的儿童进行小组治疗。固定或整套的课程可能并不适合所有的班级或所有的教师，但有些教师可能会发现在社交情感领域以这一课程开始作为发展适应性项目或干预时是比较舒服的一个方式。

自闭症的治疗

自闭症的治疗方式有很多。教育类的治疗方法通常是强调沟通和行为，其中应用最广泛的就是应用行为分析。还有些策略对有些儿童有帮助但在该领域都是有争议的。还有些其他教育类的方法对有些自闭症儿童有效，但大样本的研究却未予以证实。另外还有些生物医学和饮食疗法。这些方法同样既有支持者也有反对者（Rimland & Baker，1996）。

教育实施

对于患有自闭症或严重情感问题的儿童进行教育有一些注意点。所有从事幼儿工作的专家都需要仔细考虑构成融合教育环境的因素，而在与自闭症儿童工作时，这种思考变得更为重要。需要记住，即便自闭症会影响社交互动，它并不属于严重的情感问题。包括空间的数量和使用情况在内的整体的教室环境、小组中的儿童人数、师生比例、室内和室外的监管、日程的变化、声音大小及亮度大小等都是需要仔细规划和实施的。

重要的环境因素

对于在自我行为控制方面有困难的儿童来说，如果环境更加可以预测、更具一致性、更加结构化，他们就能有更好的表现。结构化的环境并不意味着死板，它应该允许儿童参与到正在发生的事件中，从而让儿童获得安全感。转衔对于有自我调整困难的儿童来说通常是极富挑战性的，在变化的时间里可以通过一些策略使得儿童更加容易适应。积极的班级和学校环境的重要性不能过度夸大。但相互尊重和积极的环境都可以为积极的关系奠定基础，而后者正是健康情感发展的中心。

积极行为支持

为有情感问题儿童服务的教育项目在将注意力放在提供情绪和行为支持的同时，还应帮助儿童精通学业知识、发展社交技能、提高自我意识、自控和自尊。有很多研究关注在学校环境中为儿童提供积极行为支持的方法，因此孩子们的问题行为减少了，而积极、恰当的行为得以培养。积极行为支持是一套以研究为基础的干预策略，通过教授新技能并对儿童所处环境进行调整，达到提高生活质量、减少问题行为的目的(Sugai & Horner，2002)。

积极行为支持将重要的结果、行为科学、生物医学、已经验证的程序和系统化的改变结合起来，提高生活质量，减少自伤、攻击、破坏财产、异食、反抗、破坏等问题行为。提高在家庭、学校和社区等社会情境中儿童和他人的生活质量，正是积极行为支持最重要的目标(Sugai & Horner，2002)。

如果儿童的行为阻碍了自己或同伴的学习，那么这个儿童的"个别化教育计划"(IEP)团队就要考虑处理这一行为的策略，包括积极行为的干预、策略和支持。在情感紊乱分类下获得特殊教育服务资格的儿童的 IEP 中可能包括心理学或咨询服务。这些是法律规定可获得的重要相关服务，应由社工、心理学家、咨询老师或有资质的其他人员提供。

家庭参与的重要性

越来越多人承认，有挑战性行为的儿童的家庭需要得到支持、喘息服务、集中的个案管理及合作式的多机构参与的服务方法。很多社区正致力于提供这些外周服务。越来越多的机构和组织正积极投入其中，在社区中建立支持服务(Bowman & Moore，2006)。明确团队中的角色是很重要的。如果学前儿童就已有严重的挑战性行为，那么很可能在婴儿期某些特定的行为就已经表现出来。由于人们常把婴儿一些严重的沮丧或是发脾气行为视作正常表现而忽视，直到学前阶段这些行为才被人们识别和重视。

在对挑战性行为进行评估时，与家庭的交流可能十分敏感，尤其要注意避免一些责备，因为那可能引发家庭的防御。对文化因素的意识和敏感性对专家来说是十分重要的，尤其在考虑期望和社会常模的变化时。对于主要语言是非英语的家庭来说也同样如此。

课程包

对教师或是班级中的学生来说，无论他们有没有社交和情感问题，当教师使用事先规定好的课程而不考虑儿童个体的行为和兴趣时都是十分危险的。仔细考虑个体的优势、需求模式以及所有儿童的动机，是有效支持幼儿社交情感发展的一个重要元素。专家应欣赏并欢迎不同的文化和家庭价值观、优势事项，以及风格的多样性和差异性，而非期望所谓"正常的"发展——即完全一致的行为和价值观（Barbarin，2006）。

大量研究提到，在获得特殊服务资格的情况中，挑战性行为通常是最为困难的。虽然这似乎与直觉不符。有明显躯体障碍并要依靠辅助性设备的儿童可能从表面看更加复杂。另一方面，有挑战性行为的儿童看起来可能很"正常"。从外表并不能很明显地看出他们面临很多的困难。矛盾的是，他人尤其是儿童可能发现，这种表面上没什么区别的儿童体验的困难最多。当儿童表现出破坏或攻击行为时，教师和其他专家很容易就会认定儿童是故意为之的。

课程调整：游戏和社交发展

发展适应性课程举例

无论是沙戏、水戏等以儿童为中心的感官游戏机会，涉及工具使用的面团游戏等，还是布偶游戏等社交—戏剧游戏，以及主动的积木游戏，有很多课程活动可以支持健康的社交和情感发展。所有这些活动对于有发展性挑战的儿童来说都是相关且有意义的。在有些情况下，只需要在活动中提供最少的支持。在其他情况下，则需要更为明显的支持。团队有责任确定一些策略，以使有发展差异的儿童有更大可能参与到活动中。

活动与有效策略的融合

如果退缩型的情绪问题儿童在社交戏剧区域不主动发起游戏，就应在活动中嵌入一些策略。可以加入一些可以激发儿童动机的支持物，以及邀请一到两名同伴参与其中。提供可供多个角色使用的材料也能有助于更多儿童加入游戏中。成人应是支持性的，必要时能提供帮助，但要避免太多突出，当儿童有自发互动之后就应及时撤出。

参与

尽管游戏被视作幼儿学习和发展社交技能的自然媒介,在没有支持和调解的状态下,有社交和情感问题的儿童可能无法发展出恰当的游戏行为和技能。所有幼儿在被鼓励使用不同玩具和材料并参与到新活动中时都可以从中受益,但有社交—情感问题的儿童往往需要更多支持(McWilliam & Casey, 2008)。有社交问题的儿童可能需要手把手等更加结构化的支持来帮助他们参与游戏。新事物对有社交障碍的儿童来说是恐怖的,他们会因为害怕失败、害怕活动的结果或是活动中的表现而对尝试某些事物犹豫不决。比如说,儿童可能因为画画时需要穿罩衫而害怕画画。可能罩衫正是真正的阻碍,如果去掉穿罩衫的要求,儿童就能参与到活动中并享受这个体验。

示范

示范恰当的游戏行为是帮助儿童获得游戏技能并开始体验游戏乐趣的又一干预方式。不是所有儿童都知道如何使用特定的玩具或材料游戏,他们甚至根本不知道如何游戏。一个对结构化有很高要求并有很多重复行为的儿童需要引导进行游戏体验以便学习如何游戏。这种游戏培训要求成人花时间给儿童示范如何用特定玩具或材料进行游戏,比如,用某种方式开玩具车且嘴里发出开车的声音,或是搂抱娃娃并给娃娃唱歌,或是用填充动物示范照料行为,用家具用品示范戏剧游戏等。

鼓励社交语言

如果儿童有语言,游戏中另一个可以促进的领域就是鼓励他使用社交语言。有些有社交问题的儿童不知道如何使用社交语言。他们可能在说话,但只是自言自语。一个孩子可能说"喝",然后自己去厨房拿饮料,他并不知道当他提出请求之后厨房的成人可以帮助他拿到饮料。如果儿童有上述表现,就需要获得支持,学习使用指向外部的语言与周围的人、环境和实物接触。

材料选择

用于游戏的玩具或其他材料应该是耐用且安全的。有些有社交—情绪问题的孩子可能并不能好好对待材料和玩具。他们可能习惯性地把东西扔向空中,也可能撕扯物品。倾向于表现出这种行为的儿童可能需要这类行为的发泄口,并需要更适合撕扯或撞击的物品。相比于总是在儿童表现出不恰当行为时给出消极的评价,为这些可能会长期存在的行为提供一个更现实、更能被社会接受的替代性表达渠道显得更加有益。

将儿童分组

在角色扮演或调解游戏情景中将社交—情绪迟滞儿童和正常发展儿童配对对于有社交—情绪问题的儿童来说是有益的。很多儿童相比于成人更喜欢同伴的陪伴。有些儿童有能力成为优秀的调解者、角色示范或是同龄人的帮助者。但要注意的是要确保需要此类干预的儿童有足够的物理和社交空间。

清晰的限制

儿童不应被允许破坏其他儿童的工作或活动。当儿童表现出这种行为,应采取转移注意、重新定向或是从游戏区域带离等方式。如果在教室中总是让学生从特定情境中离开,他可能就永远学不到正确的行为或反应。在这种情况下,儿童也许能够通过社交脚手架获益。

在室内和室外游戏中,教师应保证儿童不会离群走散。对于对走失没有真正概念的儿童来说,提供实际的物理边界并不足够。参与到班级活动中的儿童更少可能会闲逛。接着,儿童可能会越过玩具和材料而与同伴或是成人互动,这也是一个减少儿童闲逛的令人满意且有效的方式。

需要身体参与的游戏和活动可以吸引自闭症或是情绪紊乱的个体参与。包括接触或是其他社交互动的游戏可以让社交联系的威胁感降低。

为社交发展提供脚手架的重要性

自己做与在外界帮助下完成之间的差别就是脚手架。对于需要帮助以过渡到更高水平社交行为的儿童来说,脚手架是一种社会支持,最终是为了让儿童成为社区中的一部分。伍德、布鲁纳和罗斯(Wood, Bruner & Ross, 1976)引入了"脚手架"这一术语来描述儿童在游戏和学习时对成人及时的引导的需求。感官游戏可以让儿童宽心。列夫·维戈特斯基(Lev Vygotsky, 1967)也使用了这一术语。伴随经验的积累,思考与儿童需求相匹配的调整方式可以逐渐成为一个自动化的过程。比如,当儿童发泄且不遵守限制时,教师就应明确这些限制。

建立一个策略群　当团队在考虑可能的策略时,专家应该有足够的、完善的调整策略进行选择。图 6.2 简单综述了可能有用的策略。

你怎么想?　你成为一名幼儿教师已经好几年了。刚开始,你班级的孩子都来自中等收入家庭。之后你换了学校,开始教授内陆城市的孩子,班级中有发展迟缓或是某种障碍的儿童数量逐渐增多。时间一年年过去,你发现要了解如何与那些非典型幼儿互动是一件极富挑战性的事。你不知道为什么已经有好几年经历却仍面对这么多挑战。相比你刚开始教学,现在不应该更简单吗?你不知道该怎么办,也不知道要向谁诉说这些事情。

要反思的问题：

1. 你认为这名教师为什么对他的教学会产生怀疑？

2. 你认为这名教师应该从哪里开始寻找答案？

3. 你认为这名教师是否应该换一个职业？

结构化的环境

可预测的日常和常规

明确的期望

对结果的清晰表述（"如果……那么……"）

支持

鼓励

游戏和社会互动的机会

为冲突解决提供支持

言语指导

重新定向

用更能被社会接受的方式代替"不恰当"行为

脚手架

提供明确、结构化的选择

使用社交故事

支持自我安慰；冷静

在转衔时提供支持

分组，有目的地促进同伴互动

选择材料增强动机

对儿童的主动发起和情绪给予回应

扩展儿童技能（如在游戏中）

提供社交语言的示范

支持儿童有目的地参与

整合提问策略，支持参与

需要时提供更具结构化的支持

调整环境因素，使教室环境有助于注意集中而不要有过度的刺激

图 6.2 用于社交和情感发展的策略

将特征与干预相匹配的重要性

本章考虑了很多将每个儿童的个别化需求与使用的策略相匹配的例子。表 6.4 提供了一些支持健康社交—情感发展的例子，并给出了这些决策背后的原理。

表6.4　将儿童特征与策略相匹配

特征	可用的策略	原理
攻击性 打　击 　咬 　踢 　推 干　扰 唠　叨 喊　叫	明确的限制 重新定向 躯体活动 情感表达（愤怒等） 关注积极面 替代行为	多种因素会加重攻击性；儿童可能需要非常特殊、明确和坚定的引导来改变攻击行为模式
退　缩 孤　立 分　离 躲　避 脱　离	儿童参与感兴趣的活动	儿童可能需要在支持下通过多种有目的的方式参与。当儿童不知所措或需要时间处理时也会出现退缩
情感表达困难 情感空虚或平淡 躯体冲动性	给予情感表达的支持和引导	情感的接受和表达可能是充满挑战的，尤其是害怕、愤怒、悲哀和其他悲伤的情感，如果没有支持可能不会发生
表述/自我调节困难； 安抚；冷静 焦虑不安	提供支持让儿童冷静下来； 安抚；用以调整的策略	主动冷静有困难的儿童可能需要学习并练习特定的策略

团队

　　包括家长在内的多团队、团队间以及跨学科教育团队必须设计能满足面临挑战性行为的儿童个别化行为和学业需求的项目。普通学前项目提供的支持性治疗可以让大多数儿童获益。对另一些儿童而言，暂时性安置在特殊教室、学校或机构项目中可能是更合适的。

在行动中反思

反思场景

　　之前，莱特博尼（Lightborne）女士反思了如何有效地做乔丹工作。时间过去，她发现一天中有些时候乔丹发泄的状况要比其余时间多。尤其在转衔时他会变得无组织、充满攻击性。不同活动中间会有很多转衔。一旦乔丹兴奋起来，就要花很长时间才能放松下来。很明显，在转衔中乔丹的感觉变化对他的行为产生了累积性的消极影响，也阻碍了他在其他情境中的积极参与。当莱特博尼女士意识到了这个情况，她精心安排了更为积极的转衔，在转衔中提供支持、结构和动机。这的确起到了效果。莱特博尼女士继续收集乔丹的良好和不良表现的数据，这对于记录有效策略也是很有帮助的。

结构化的环境

特殊教育项目通常努力提供一个结构化的环境,在这里儿童可以体会到极大的成功感,规则和常规都是可预测的,学生能持续获得有关合适行为的积极反馈。在为严重情感问题儿童服务的项目中,会使用正强化、代币、契约和隔离等行为管理技术,这些技术依靠的是对行为改变进行直接的测量和监控。其他一些干预方法则更加有效,偏向于精神动力。识别每个儿童的需求和导致挑战行为的潜在因素,有助于确定最有用的方法和策略。通过示范、讨论以及预演等方式评估并系统性地教授社交技巧是通常使用的方式,帮助儿童增强对行为的控制力,改善他们和他人的关系。另外,如果儿童可以从音乐、艺术、锻炼和放松技术等支持性治疗中获益,这些策略也会实施。

德文

德文三岁四个月,是一个可爱又敏感的男孩。最近他开始参加一个新的学前项目,在来现在学校之前并没有很多的社交经历。他的老师很关心他行为上的困难,包括他与其他儿童发生情感联系时面临的挑战。大部分时候他很安静缄默,更喜欢一个人重复地使用玩具。他的弟弟和他在同一个教育项目中,但非常外向,无论儿童或成人都能很快和他们建立关系。有时德文会表现地十分兴奋。在这种情况下,无论是对他人还是自己,他好像都失去了控制。德文似乎在自我安抚和自我冷静方面存在一些生物学上的困难。

要反思的问题:
1. 在为德文设计恰当的干预计划时,还有哪些信息是有帮助的?
2. 你收集信息时哪些人可以提供帮助?
3. 何种类型的策略可以有效地帮助德文冷静下来?
4. 你的团队准备如何实施和监控用以处理德文特定挑战的行动计划?

德文的积极结果

当德文还未被正式认定可以获得特殊服务的资格时,团队已经达成一致要监控他的发展,尤其是社交和情感领域,并关注他的进步情况。团队使用的策略中有些是 Tier Ⅱ 中的策略。它们特别关注提供支持以促进德文参与到其他儿童之中。它们还注重提供支持帮助德文在兴奋时冷静下来或是避免变得更加严重。即使德文目前还没有"个别化教育计划"(IEP),团队还是写下了目标帮助指导团队工作。包括:

在根据需求提供帮助的情况下,德文可以每天都参与到其他儿童的游戏中。

在根据需求提供帮助的情况下,德文可以从让他感到沮丧的活动中离开,时间应足够让他冷静下来。

这是目标中的两个例子。

成人的身体接触、言语线索、可激发动机的材料及兴奋时安静的背景音乐对德文都是十分有效的策略。一个可预测的行程表也十分有帮助。工作人员和德文的父母共同合作记录他在学校和家里的表现。还有常规举行的会议,定期讨论德文的进步情况。

要反思的问题:

1. 如果儿童在自我调整方面有神经生理方面的基础,干预策略应有何不同? 请具体说明。

2. 确定并列举三种可以用更恰当的行为代替不恰当行为的具体方式。这些是如何起作用的。

3. 列举考虑健康社交情绪发展时与家庭和文化相关的三个因素。

4. 在区分有挑战性但"正常"的行为与需要干预的行为特征时,我们会考虑哪些因素?

总结

本章讨论了社交和情绪发展的发生环境、一些障碍特征,以及专家考虑儿童特征和有效干预策略之间的匹配程度的过程。

本章讨论了在理解行为挑战时一些内在的干扰。可预测性、结构化和充满社会支持的环境很重要,专家考虑并实施有效干预策略的意愿也可以产生积极的效果。最终,我们想要在确认和实施有效调整的过程中交流对儿童发展的希望。有社交和情绪挑战的儿童通常对有效干预有良好的反应,一个团队承诺一起解决问题也会给儿童的生活带来强有力的变化。

关键术语

Positive behavioral supports 积极行为支持

Stages of play 游戏阶段

关于儿童社会情绪发展的书目

愤怒

And My Mean Old Mother Will Be Sorry by Martha G. Alexander

Blackboard Bear by Martha G. Alexander

When Sophie Gets Angry—Really, Really Angry ... by Molly Bang

Let's Talk About Feeling Angry by Joy Wilt Berry

Smoky Night by Eve Bunting

Dark Day, Light Night by Jan Carr

Larky Mavis by Brock Cole

Carousel by Pat Cummings

It's Hard to Be 5: Learning How to Work My Control Panel by Jamie Lee Curtis

Today I Feel Silly & Other Moods That Make My Day by Jamie Lee Curtis

Llama Llama Mad at Mamma by Anna Dewdney

I Was So Mad by Karen Erickson

Mean Soup by Betsy Everitt

Harriet, You'll Drive Me Wild by Mem Fox

Feeling Angry by Helen Frost

At Daddy's On Saturdays by Linda W. Girard

Lilly's Purple Plastic Purse by Kevin Henkes

Princess Penelope's Parrot by Helen Lester

Alley Oops by Janice Levy

I'll Always Be Your Friend by Sam McBratney

I Was So Mad by Mercer Mayer

The Book of Mean People by Toni Morrison

Smudge's Grumpy Day by Miriam Moss

Bounjour, Butterfly by Jane O'Connor

Goldie Is Mad by Margie Palatini

Very Far Away by Maurice Sendak

Where The Wild Things Are by Maurice Sendak

Caps for Sale by Esphyr Slobodkina

Lila Bloom by Alexander Stadler

Mouse Was Mad by Linda Urban

Sometimes I'm Bombaloo by Rachel Vail

The Quarreling Book by Charlotte Zolotow

尴尬

Shenandoah Noah by Jim Aylesworth

Arthur's Underwear by Marc Brown

Daniel's Duck by Clyde Robert Bulla

A Picnic in October by Eve Bunting

Loudmouth George and the Big Race by Nancy L. Carlson

Great-Uncle Felix by Denys Cazet

Molly's Pilgrim by Barbara Cohen

Donald Says Thumbs Down by Nancy Evans Cooney

My Dad by Niki Daly

Quiet! There's a Canary in the Library by Don Freeman

The Rooftop Mystery by Joan M. Lexau

My Father Always Embarrasses Me by Meir Shalev

羡慕/嫉妒

Nobody Asked Me If I Wanted a Baby Sister by Martha G. Alexander

When the New Baby Comes, I'm Moving Out by Martha G. Alexander

Cousins by Elisa Amado

Bear's Bargain by Frank Asch

I Don't Like It! by Ruth Brown

A Surprise for Mitzi Mouse by Kathleen Bullock

I Need a Lunch Box by Jeannette Caines

High-wire Henry by Mary Calhoun

Herbert Binns and the Flying Tricycle by Caroline Castle

Janet's Thingamajigs by Beverly Cleary

The New Baby at Your House by Joanna Cole

Ella and the Naughty Lion by Anne Corrtinger

A Bunny Ride by Ida DeLage

Jealousy by Eva Ericksson

I Wish I Was Sick Too! by Franz Brandenberg

Geraldine's Baby Brother by Holly Keller

Best Friends by Steven Kellog

Alexander and the Wind Up Mouse by Leo Lionni

I'd Rather Have an Iguana by Heidi Stetson Mario

Lottie's New Friend by Petra Mathers

One Frog Too Many by Mercer Mayer

A Visit to Amy-Claire by Claudia Mills

The Luckiest One of All by Bill Peet

Dancing on the Moon by Janice M. Roper

Because You're Lucky by Irene Smalls-Hector

Lyle and the Birthday Party by Bernard Waber

Mabel Ran Away with the Toys by Jan Wahl

Sometimes I'm Jealous by Jane Werner Watson

Fox by Margaret Wild

A Baby Just Like You by Susan Winter

To Hilda for Helping by Margot Zemach

Popcorn Dragon by Jane Thayer

恐惧/鼓励

I Can Do It Myself by Diane Adams

Mikale of Hawaii by Maya Angelou

Brave Martha by Margot Apple

Pepito the Brave by Scott Beck

Snip Snap! What's That? by Mara Bergman

Too Many Monsters by Eve Bunting

Harriet's Recital by Nancy L. Carlson

There's a Big Beautiful World Out There! by Nancy L. Carlson

What's That Noise? by William Carman

Boo! Made You Jump! by Lauren Child

My Brother John by Kristine Church

Good, Says Jerome by Lucille Clifton

Bravery Soup by Maryann Cocca-Leffer

Jim Meets the Thing by Miriam Cohen

Eugene the Brave by Ellen Conford

The Bear Under the Stairs by Helen Cooper

Stop, Drop and Roll by Margery Cuyler

Scared Stiff by Katie Davis

Llama Llama Red Pajama by Anna Dewdney

Go Away, Big Green Monster by Ed Emberley

Harry and the Terrible Whatzit by Dick Cackenbach

Zee Is Not Scared by Michel Gay

Brave Little Raccoon by Erica Wolf

Lights Out by Arthur Geisert

Keep Your Socks on, Albert! by Linda Glaser

A Lion at Bedtime by Debi Gliori

Night Lights by Barbara Diamond Goldin

Dear Bear by Joanna Harrison

The Storm by Marc Harshman

Fang by Barbara Shook Hazen

The Knight Who Was Afraid of the Dark by Barbara Shook Hazen

The Knight Who Was Afraid to Fight by Barbara Shook Hazen

Some Things Are Scary by Florence Parry Heide

Big Chickens by Leslie Helakoski

The Very Noisy Night by Diana Hendry

Go Away, Bad Dreams! by Susan Hill

My Own Big Bed by Anna Grossnickle Hines

Bedtime for Frances by Russell Hoban

There's a Monster Under My Bed by James Howe

Penguin Small by Mick Inkpen

Little Rabbit Goes to Sleep by Tony Johnston

Something Might Happen by Helen Lester

The Listening Walk by David Kirk

The Spider's Tea Party by David Kirk

No Such Thing by Jackie French Koller

Noel the Coward by Robert Krauss

Don't Touch My Room by Pat Lakin

Trevor's Wiggly-Wobbly Tooth by Lester I. Laminack

Ben Has Something to Say by Laurie Lears

Something Might Happen by Helen Lester

Froggy Learns to Swim by Jonathan London

First Day by Dandi Daley Mackall

Good Night, Stella by Kate McMullan

Brave Bear by Kathy Mallat

Nathaniel Willy, Scared Silly by Judith Mathews

There's a Nightmare in My Closet by Mercer Mayer

There's an Alligator under My Bed by Mercer Mayer

Jump Up Time by Lynn Joseph

You're the Scaredy Cat by Mercer Mayer

Can't Scare Me！by Melissa Milich

A Big Day for Little Jack by Inga Moore

Rainbow Fish to the Rescue！by Marcus Pfister

Nosey Gilbert by Abigail Pizer

Thunder Cake by Patricia Polacco

Katie Catz Makes a Splash by Anne F. Rockewll

Welcome to Kindergarten by Anne F. Rockewll

The Sneetches，and Other Stories by Dr. Seuss

Brave Irene by William Steig

What's Under My Bed? by James Stevenson

The Owl Who Was Afraid of the Dark by Jill Tomlinson

My Mama Says There Aren't Any Zombies，Ghosts，Vampires，Creatures，Demons，Monsters，Fiends，Goblins，or Things by Judith Viorst

Can't You Sleep，Little Bear? by Martin Waddle

Let's Go Home，Little Bear? by Martin Waddle

Owl Babies by Martin Waddle

Tom Rabbit by Martin Waddle

Rosie and the Nightmares by Philip Waechter

The Moon in My Room by Ila Wallen

Henry and the Cow Problem by Iona Whishaw

The Little Old Lady Who Was Not Afraid of Anything by Linda Williams

Max's Starry Night by Ken Wilson-Max

Give Maggie a Chance by Frieda Wishinsky

Brave Little Raccoon by Erica Wolf

友谊、分享与合作

Friend Is Someone Who Likes You by Joan Walsh Anglund

Willie's Not the Hugging Kind? by Joyce Durham Barrett

One for You and One for Me by Wendy Blaxland

Stone Soup by Marcia Brown

Friends at School by Rochelle Bunnett

Friends at Work and Play by Rochelle Bunnett

Will I Have A Friend? by Miriam Cohen

Best Friends by Miriam Cohen

May I Bring a Friend by Deatrice Schenk DeRegniers

That's What a Friend Is by P. K. Hallinan

Friends by Helme Heine

Alfie Gives A Hand by Shirley Hughes

Friends? by Rachel Isadora

George And Martha One Fine Day by James Marshall

Messy Bessey's Closet by Patricia McKissack and Fredrick McKissack

Mirandy and Brother Wind by Patricia C. McKissack

All Fall Down by Helen Oxenbury

The Rainbow Fish by Marcus Pfister

Margaret and Margarita by Lynn Reiser

What if the Zebras Lost Their Stripes by John Reitano

Making Friends by Fred Rodgers

Rose and Dorothy by Roslyn Schwartz

The Giving Tree by Shel Silverstein

Cherries and Cherry Pits by Vera B. Williams

悲痛/丧失

The Two of Them by Aliki

The Dead Bird by Margaret Wise Brown

The Memory String by Margaret Wise Brown

Rudi's Pond by Margaret Wise Brown

You Hold Me and I'll Hold You by Jo Carson

Everett Anderson's Goodbye by Lucille Clifton

Nana Upstairs and Nana Downstairs by Tomie De Paola

A Dog Like Jack by DyAnne DiSalvo-Ryan

Tough Boris by Mem Fox

Goodbye Mousie by Robie H. Harris

Poppy's Chair by Karen Hesse

Liplap's Wish by Jonathan London

The Tenth Good Thing About Barney by Judith Viorst

I'll Always Love You by Hans Wilhelm

The Old Dog by Charlotte Zolotow

快乐/幸福

If You're Happy and You Know It! by Jane Cabrera

Life Is Fun by Nancy Carlson

Across the Blue Mountains by Emma Chichester Clark

Happy to You! by Caron Lee Cohen

Mr. Happy by Roger Hargreaves

Photographer Mole by Dennis Haseley

Grandpa Bear's Fantastic Scarf by Gillian Heal

A Good Day by Kevin Henkes

What Comes in Spring? by Barbara Savadge Horton

Charlie's Checklist by Rory S. Lerman

Stone Soup retold by Jon J. Muth

The Boy Who Cried Fabulous by Lesléa Newman

If You're Happy and You Know It! by Jan Ormerod

The Feel Good Book by Todd Parr

The Happy Hedgehog by Marcus Pfister

10(Ten)：A Wonderful Story by Vladimir Radunsky

What Sadie Sang by Eve Rice

Spinky Sulks by William Steig

Susan Laughs by Jeanne Willis

Jubal's Wish by Audrey Wood

恨

Smoky Night by Eve Bunting

We Hate Rain! by James Stevenson

Lovable Lyle by Bernard Waber

The Hating Book by Charlotte Zolotow

孤独

My Friend Bear by Jez Alborough

We Are Best Friends by Aliki

My Father Is Far Away by Robin Ballard

Gingerbread Friends by Jan Brett

The Happy Lion Roars by Louise Fatio

Say Hello by Jack & Michael Foreman

Hunwick's Egg by Mem Fox

Big Little Elephant by Valeri Gorbachev

Toby and the Snowflakes by Julie Halpern

The Dog Who Belonged to No One by Amy Hest

Grandpa's Soup by Eiko Kadono

The Trip by Ezra Keats

The Other Goose by Judith Kerr

The Howling Dog by Tracey Campbell Pearson

The Rainbow Fish by Marcus Pfister

The Loudness of Sam by James Proimos

Oh, the Places You'll Go! by Dr. Seuss.

When I Miss You by Cornelia Spelman

The Small World of Binky Braverman by Rosemary Wells

The Lonely Doll by Dare Wright

Janey by Charlotte Zolotow

爱/激情/情感

Mommy's Best Kisses by Margaret Anastas

Oh My Baby, Little One by Kathi Appelt

I Love You Because You're You by Liza Baker

Why Do You Love Me? by Martin Baynton

The Velveteen Rabbit by Margery

Fuzzy Rabbit by Rosemary Billam

Grandmother and I by Helen Elizabeth Buckley

Everett Anderson's Goodbye by Lucille Clifton

Leon and Albertine by Christine Davenier

You're My Nikki by Phyllis Rose Eisenberg

Ask Mr. Bear by Marjorie Flack

The Hippopotamus Song by Michael Flanders

Koala Lou by Mem Fox

Corduroy by Don Freeman

Even if I did Something Awful by Barbara Shook Hazen

Mama Do You Love Me? by Barbara M. Joose

A Mother for Choco by Keiko Kasza

Little Miss Spider by David Kirk

Mouse in Love by Robert Kraus

Big and Little by Ruth Krauss

Baby Loves by Michael Lawrence

Grandfather's Lovesong by Reeve Lindberg

A Koala for Katie by Jonathan London

What Do You Love? by Jonathan London

Guess How Much I Love You by Sam McBratney

Who Loves Me? by Patricia MacLachlan

Sisters by David M. McPhail

The Teddy Bear by David McPhail

Knots on a Counting Rope by Bill Martin

Two Homes by Claire Masurel

Loving by Ann Morris

Mommy Loves Her Baby; Daddy Loves His Baby by Tara Jayne Morrow

Love You Forever by Robert N. Munsch

Mole and the Baby Bird by Marjorie Newman

I Love You So Much by Carl Norac

I Love You, Bunny Rabbit by Shulamith Levey Oppenheim

Daddy All Day Long by Francesca Rusackas

On Mother's Lap by Ann Herbert Scott

Pierre: A Cautionary Tale in Five Chapters by Maurice Sendak

Tiffky Doofky by William Steig

Elizabeti's Doll by Stephanie Stuve-Bodeen

I Love You, Little One by Nancy Tafuri

Do You Know How Much I Love You? by Donna Tedesco

Frog in Love by Max Velthuijs

Love and Kisses by Sarah Wilson

Do You Know What I'll Do? by Charlotte Zolotow

If You Listen by Charlotte Zolotow

Say It! by Charlotte Zolotow

Some Things Go Together by Charlotte Zolotow

悲伤/失望/受伤

When I'm Sad by Jane Aaron

We Are Best Friends by Aliki

The Hurt by Teddi Dolesky

Flyaway Katie by Polly Dunbar

Glad Monster，Sad Monster：A Book About Feelings by Ed Emberley

No One Is Perfect by Karen Erickson

Yesterday I Had the Blues by Jeron Ashford Frame

The Tangerine Tree by Regina Hanson

Lizzy's Ups and Downs：Not an Ordinary School Day by Jessica Harper

Jamaica's Blue Marker by Juanita Havill

Toot and Puddle：You Are My Sunshine by Holly Hobbie

The Aunt in Our House by Angela Johnson

Why Do You Cry? Not a Sob Story by Kate Klise

Hurt Feelings by Helen Lester

The Mountain That Loved a Bird by Alice McLerran

Michael Rosen's Sad Book by Michael Rosen

Mrs. Biddlebox by Linda Smith

When I Feel Sad by Cornelia Maude Spelman

The Big Little Book of Happy Sadness by Colin Thompson

Misery Moo by Jeanne Willis

一般性的书

Hoot and Holler by Alan Brown

Big Words for little People by Jamie Lee Curtis

Sometimes I Feel Like a Mouse：A Book About Feelings by Jeanne Modesitt

Many Colored Days by Dr. Seuss

Alexander and the Terrible，Horrible，No Good，Very Bad Day by Judith Viorst

患情绪障碍的儿童

Russell Is Extra Special by C. A. Amenta

Playing by the Rules by Dena Fox Luchsinger

Shelley，the Hyperactive Turtle by Deborah Moss

Blink，Blink，Clop，Clop：Why Do We Do Things We Can't Stop? by E. Katia Moritz and Jennifer Jablonsky

Andy and His Yellow Frisbee by Mary Thompson

网站

积极行为支持资源

积极行为干预与支持中心 http://www.pbis.org

《积极行为干预》杂志 http://education.ucsb.edu/autism/jpbi.html

循证实践中心：有挑战行为的儿童 http://www.challengingbehavior.org

美国特殊儿童委员会早期教育部 http://www.dec-sped.org

美国特殊儿童委员会 http://www.cec.sped.org

Frank Porter Graham（波太奇）儿童发展中心 http://www.fpg.unc.edu

明尼苏达州发展障碍委员会 http://www.mncdd.org

美国障碍儿童与青少年信息中心 http://www.nichcy.org

美国心理健康中心 http://www.nimh.gov.org

《美国障碍者教育法案》IDEA 合作伙伴 http://www.ideapractices.org

参考文献

American Psychiatric Association. (1994). *Diagnostic and statistical manual of mental disorders* (4th ed.). Washington, DC: Author.

Barbarin, O. (2006). ABLE: A system for mental health screening and care for preschool children. In B. Bowman & E. Moore, (Eds.), *School readiness and social-emotional development* (pp.77-88). Washington, DC: National Black Child Development Institute.

Bergen, D. (2001). *Pretend play and young children's development*. ERIC Digest Pretend Play and Young Children's Development. ERIC Digest. ED458045.

Birch, M. (Ed.). (2008). *Finding hope in despair*. Washington, DC: Zero to Three.

Bowman, B., & Moore, E. (Eds.). (2006). *School readiness and social-emotional development*. Washington, DC: National Black Child Development Institute.

Bretherton, I. (1989). Pretense: The form and function of make-believe play. *Developmental Review*, *9*, 383-401.

Bretherton, I., O'Connell, B., Shore, C., & Bates, E. (1984). The effects on contextual variation on symbolic play: Development from 20 to 28 months. In I. Bretherton (Ed.), *Symbolic play and the development of social understanding* (pp.271-298), New York: Academic Press.

Bricker, D., & Squires, J. (1999). *The ages and stages questionnaires*. Baltimore: Paul H. Brookes.

Bronson, M. B. (2000). *Self-regulation in early childhood: Nature and nurture*. New

York: The Guilford Press.

Brown, W., Odom, S., & McConnell, S. (2008). *Social competence of young children*. Baltimore: Paul H.Brookes.

Carr, E. G., Dunlap, G., Horner, R. H., Koegel, R. L., Turnbull, A., Sailor, W., Anderson, J., Albin, R., Koegel, L. K., & Fox, L. (2002). Positive behavior support: Evolution of an applied science. *Journal of Positive Behavior Interventions*, 4 (1), 4-16.

Catlett, C., & Winton, P. (2009). Resources within reason. *Young Exceptional Children*, 12(3), 45.

Coplan, R., Gavinski-Molina, M., Lagace-Seguin, D. G., & Wichmann, C. (2001). When girls versus boys play alone: Nonsocial play and adjustment in kindergarten. *Developmental Psychology*, 37, 464-474.

Elias, C., & Berk, L. (2002). Self-regulation in young children: Is there a role for sociodramatic play? *Early Childhood Research Quarterly*, 17, 216-238.

Epstein, A. (2009). *Me, you, us: Social-emotional learning in preschool*. Ypsilanti, MI: High Scope Press/ Washington, DC: NAEYC.

Erikson. E. H. (1968). *Childhood and society* (rev. ed.). New York: Norton.

Farran, D. C., & Son-Yarbrough, W. (2001). Title I funded preschools as a developmental context for children's play and verbal behaviors. *Early Childhood Research Quarterly*, 16, 245-262.

Fein, G. G. (1981). Pretend play: An integrative review. *Child Development*, 52, 1095-1118.

Fisher, E. P. (1992). The impact of play on development: A meta-analysis. *Play & Culture*, 5, 159-181.

Gartrell, D. (2002). Replacing time-out: Part two—Using guidance to maintain an encouraging classroom. *Young Children*, 57(2), 36-43.

Guralnick, M. J., & Hammond, M. A. (1999). Sequential analysis of the social play of children with mild developmental delays. *Journal of Early Intervention*, 22, 243-256.

Hemmeter, M. L., Fox, L., Jack, S., & Broyles, L. (2007). A program-wide model of positive behavior support in early childhood settings. *Journal of Early Intervention*, 29, 337-355.

Horn, E., & Jones, H. (2006). *Social & emotional monograph*. Missoula, MT: Division of Early Childhood, Council for Exceptional Children.

Hunter, A., & Hemmeter, M. L. (2009). The center on the social and emotional foundations for early learning. *Zero to Three*, *29*(3), 5-12.

Jarrold, C., Boucher, J., & Smith, P. K. (1996). Generativity deficits in pretend play in autism. *British Journal of Developmental Psychology*, *14*, 275-230.

Kaiser, B., & Rasminsky, J. S. (2003). *Challenging behavior in young children*. Boston: Allyn & Bacon/Pearson Education.

Kinsman, C., & Berk, L. (1979). Joining the block and housekeeping areas: Changes in play and social behavior. *Young Children*, *35*, 66-75.

Lillard, A. S. (1998) Wanting to be it: Children's understanding of intentions underlying pretense. *Development*, *69*, 981-993.

Linder, T. (1993). *Transdisciplinary play based intervention*. Baltimore: Paul H.Brookes.

Linder, T. (2008). *Transdisciplinary play based intervention*. Baltimore: Paul H.Brookes.

McWilliam, R., & Casey, A. (2008). *Engagement of every child in the preschool classroom*. Baltimore: Paul H.Brookes.

NICHCY (2009). November Newsletter. Washington, DC: National Dissemination Center for Children with Disabilities.

Odom, S. L., McConnell, S. R., & Chandler, L. K. (1993). Acceptability and feasibility of classroom-based social interaction interventions for young children with disabilities. *Exceptional Children*, *60*, 226-236.

Parten, M. B. (1932). Social participation among preschool children. *Journal of Abnormal and Social Psychology*, *27*, 243-269.

Perry, D., Kaufmann, R., & Knitzer, J. (2007). *Social and emotional health in early childhood*. Baltimore: Brookes.

Pickard Kremenitzer, J., & Miller, R. (2008). Are you a highly qualified, emotionally intelligent early childhood educator? *Young Children*, *63*, 106-112.

Riley, D., San Juan, R., Klinkner, J., & Ramminger, A. (2008). *Social and emotional development: Connecting science and practice*. St. Paul, MN: Redleaf Press.

Rimland, B., & Baker, S. M. (1996). Brief report: Alternative approaches to the development of effective treatments for Autism, *Journal of Autism and Developmental Disorders*, *26*(2), 237-241.

Rubin, K. H. (1982). Nonsocial-play in preschoolers: Necessary evil? *Child Development*, *53*, 651-657.

Rubin, K. H., & Coplan, R. J. (1998). Social and nonsocial play in childhood: An individual differences perspective. In O. N. Saracho & B. Spodek (Eds.), *Multiple perspectives on play in early childhood* (pp. 144-170). Albany, NY: State University of New York Press.

Sandall, S., & Ostrosky, M. (Eds.). (1999). *Practical ideas for addressing challenging behaviors*. Longmont, CO: Sopris West/The Division of Early Childhood, Council for Exceptional Children.

Sawyer, R. K. (1997). *Pretend play as improvisation: Conversation in the preschool classroom* Mahwah, NJ: Lawrence Erlbaum.

Schore, A. (1994). *Affect regulation and the origin of the self*. Hillsdale, NJ: Lawrence Erlbaum.

Shonkoff, J., & Phillips, D. (2001). *From neurons to neighborhoods: The science of early childhood development*. Washington DC: National Academy Press.

Shore, R. (1997), *Rethinking the brain*. New York: Families and Work Institute.

Squires, J., & Bricker, D. (2007). *An activity-based approach to developing young children's social emotional competence*. Baltimore: Paul H.Brookes.

Stanford University Medical Center (2009, October 16). Mechanism of Gene Linked to Autism, Schizophrenia Pinpointed. *ScienceDaily*. Retrieved November 15, 2009, from http:// www. sciencedaily.com/releases/ 2009/10/091012225541.htm.

Stormont, M. (2007). *Fostering resilience in young children*. Upper Saddle River, NJ: Merrill/Pearson Education.

Sugai, G., & Horner, R. H. (2002). The evolution of discipline practices: School-wide positive behavior supports. *Child and Family Behavior Therapy*, *24*, 23-50.

Tarullo, A. R., Obradovic, J., & Gunnar, M. R. (2009). Self-control and the developing brain. *Zero to Three*, *29*(3), 31-37.

Tsao, L. (2002). How much do we know about the importance of play in child development? *Childhood Education*, *78*, 230-233.

Van Horn, J., Nourot, P. M., Scales, B., & Alward, K. R. (2007). *Play at the center of the curriculum* (4th ed.). Upper Saddle River, NJ: Merrill/Pearson Education.

Vygotsky, L. (1967). Play and its role in the mental development of the child. *Soviet Psychology*, *5*, 6-18. (Original work published in 1933.)

Webster-Stratton, C., & Reid, M. J. (2004). Strengthening social and emotional competence in young children—the foundation for early school readiness and success: Incredible years classroom skills and problem-solving curriculum. *Infants & Young Children*, *17*(2), 96-113.

Widerstrom，A. (2005). *Achieving learning goals through play* (2nd ed.). Baltimore：Paul H.Brookes.

Wood，D.，Bruner，J.，& Ross，G. (1976). The role of tutoring in problem solving. *Journal of Child Psychology and Psychiatry*，*17*，89-100.

Yeargin-Allsopp，M.，Rice，C.，Karapurkar，T.，Doernberg，N.，Boyle，C.，& Murphy，C. (2003). Prevalence of autism in a US metropolitan area. *The Journal of the American Medical Association*，*1289*，49-55.

Zigler，E.，& Styfco，S. (2004). *The Head Start debates*. Baltimore：Paul H.Brookes.

第7章

课程调整：语言和读写能力

目标

读完本章，学生可以：

- 对早期语言和读写能力发展的范围和内容有概念性了解。
- 识别可能会导致语言、交流和读写障碍的因素。
- 理解在语言和读写领域，优势和需求的模式与适当策略之间的联系。
- 对辅助科技和扩大沟通等可能使用的策略有基本了解。
- 了解如何在语言和读写活动中使用积极反思以提高融合的有效性。

基础知识

沟通对人类和其他动物都有着重要的作用。基本的信号系统是生存和健康的必要条件。参与互动的能力，不管是非语言的或语言的互动，都是人际关系和个人成长的非常重要的一个方面。沟通是结果，也是一种达到目的的手段。我们可以在沟通过程中学习很多东西。在人类社会中，沟通包含口语的习得，还有从口语到书面语或阅读的转变。

从发声到用各种声音分享意义的过程是一种普遍的过程。尽管在不同文化背景下会有一些差异，但这种发展顺序还是非常可预测的，除非遇到一些挑战或困难。最终，沟通的核心落在人际关系。沟通依靠相互作用和双向反应。这一点在婴儿身上非常明显，他们的沟通是单纯和直接的，用来建立即时的联系。即使婴幼儿与他们的照顾者有着良好的沟通，但还是可能存在信号被忽略或者被混淆的情况。婴儿有时给出的线索很难让照顾者理解，所以照顾者可能会很难给予回应。

影响沟通的重叠因素

动机是有效沟通的固有成分。在健康的发展过程中,动机一直贯穿整个互动过程,这个过程是作为依恋的一部分开始的。早期教育专业人员可能对这个过程的根本原因没有完全地了解或感觉理解困难,但是毫无疑问的是,不同领域的发展困难会有重叠效应。如果在人际关系和社会互动上存在挑战,这些问题也通常会对沟通产生影响。相反,如果在沟通方面存在问题,这些问题也会影响社会互动。如果认知加工存在困难,会导致语言习得迟缓。语言习得的困难会影响孩子对概念的言语加工和理解能力的发展。高质量互动对健康发展有着重大意义。互惠性、双向性为沟通提供动力,并邀请对方给出回应。在良好的关系中,这种互动经常会支持和助长沟通和语言发展,而且不需要直接刻意的技能教学。专业人员可使用这种发生在正常语言习得过程中的了不起的动力作为自然情境中的干预模型。如果孩子存在沟通困难,应在自然互动中使用尽可能多的策略提供支持。这些策略可能包括身体上的亲近、眼神接触、非言语的沟通、面部表情和语音语调。

模式

识别和了解几种关于语言习得和语言能力的广泛模式是有帮助的。这其中最基本和最重要的模式包括信号产生/编码(声音、手势等等),信号理解/解码、轮换、有意义的声音与信号的联合、沟通意图和沟通的组织(Ysseldyke & Algozzie, 2006)。当出现沟通困难时,问题通常集中于这些基本功能中的一个或多个。评估语言不是很容易,但是有许多有效的方法,也有许多具有这些领域专业知识的专家。发音困难可能表现在具体的发音(音素)、发音清晰度和流畅性等。言语语言治疗师(有时也会被称为言语病理学家)在言语和语言方面有着丰富的实践经验和专业知识。

语言障碍的评估

当专业人员和家长努力更好地去理解非普通语言发展的复杂性时,他们有必要对"正常"语言发展的顺序和质性指标有清晰地认识。即使在正常的表达性和接受性语言发展范围内,也会在类型、发展速率和与别人沟通的方式方面有很多不同。同时,在典型发展过程中,有一些模式和具有明显的预测性的基准,这些基准会在一定的时间范围里发生,虽然具体出现的时间因人而异,但都是在这个范围内的。专业人员在制定计划过程中可以使用发展的框架结构来更好地理解特殊发展及确定理想的结果。表7.1提供了接受性和表达性语言重要基准的简明概述。

表 7.1 你知道吗？语言和沟通的发展基准

哭

眼神接触

面部表情

手势

发音和发声

（婴儿发出的）咿呀声

会说一些含糊不清的话/方言和玩语调游戏

用表情、声音等进行双向互动

越来越会控制发声

声音模仿

音域扩大

开始关注特定语言中被更频繁使用到的声音（因素）

词联想

越来越会把声音与共同的意义联系在一起（词素）

越来越会使用手势和声音来有意地表达自己想要的和自己的需求

从词联想能够转换到第一个词

用单个词表示句子（独词句）

两个词组成一个句子，句子中包含重要元素，但没有叙词、代词等（电报句）

表达性语言结构越来越复杂（会使用代词、形容词等等）

清晰地发出一串声音的能力增强

有能力检索和组织单词，形成可理解的表述

词汇

有能力参与到互动性的对话中

有能力解码或者阅读非言语线索，有时会懂微妙的社会性信号

第二语言学习者可能可以区分不同情境并恰当地使用语言

语言和沟通障碍的特征

孩子在特定年龄没有达到相应基准，说明他可能在语言和沟通方面存在问题。考虑到正常发展的范围很大，识别一个孩子是否需要干预是一件不容易的事情。有一些孩子可能会有明显的语言发展迟缓，但是有些孩子可能只是具有不同的沟通风格。表 7.2 提供了一些关于语言和沟通发展困难的概述。

表 7.2　你知道吗？语言和沟通的发展困难

难以通过哭、眼神接触和面部表情沟通

缺少或在以下方面有困难：使用手势、发音、发声和咿呀声

缺少或在以下方面有困难：说含糊不清的话/方言、玩语调游戏、用声音或表情进行双向互动

缺少或在以下方面有困难：逐渐增强的发声控制能力、声音模仿、音域的扩大

很难关注特定语言中被更频繁使用的发音（音素）

很少或没有词联想，很少或不会逐渐将声音与共同的意义联系在一起（词素）

不会使用手势和声音来有目的地表达自己的需求或在此方面存在困难

几乎没有迹象表明：从词联想转换到第一句话

不会或很少用单词表示句子（独词句）

很难把两个词组成一个句子，在这类句子中，包含重要元素，但没有叙词、代词等（电报句）

表达性语言结构复杂性（会使用形容词、副词等等）没有提高或在此方面发展存在困难

难以清晰地发出一串声音

缺乏检索和组织单词，使这些单词形成可理解表述的能力

难以参与到互动性的对话中

解码或者阅读非言语线索、理解微妙的社会性信号方面有困难

第二语言学习者不能够区分情境，不能够使用适当的语言

有限的词汇量

语言和沟通发展迟缓的评估

在评估语言和沟通迟缓的过程中，专业人员在一起确定困难的区域和迟缓的程度。因为语言迟缓在早期发展挑战中是最普遍的表现形式，造成迟缓的原因很多。有资质的专家可能依据具体的困难领域来识别迟缓。孩子的发展与普通发展的差别程度是确定干预类型的一个决定性因素。有时，孩子以慢于其他儿童的速度沿发展序列前进，尽管这样，他们还是在进步并达到发展基准。比较某个孩子和典型孩子习得能力的年龄可以帮助专家识别其是否有资格接收特殊服务。有时当孩子的发展过程与典型孩子发展过程有明显差异，专业人员将会根据他们个人需要选择干预方法。

模式识别

识别潜在的模式对调整干预使之适应每一位孩子的独特需要有很大的帮助。当专业人员不知道为什么孩子在表达性语言方面有困难时，我们识别潜在的模式是很有帮助的。比如，一个孩子是早产，孩子的语言迟缓有可能是神经加工困难导致的结果。如果一个孩子有听觉障碍或者在他的耳朵里有断断续续的液体流动，孩子的语言迟缓更可能是听敏度较差导致的结果。有时家庭也会受到遗传因素的影响。

案例1:莉莉

当从业者试着去预言孩子未来的发展,他们的反思能起到重要的作用。例如:莉莉,她在婴儿时期被收养,她在幼儿园表现出了选择性缄默症的特征。评估显示在家里她的语言发展得很好,但是,在学校里,她很少讲话。当她要到小学预备班时,团队评估她达到了选择缄默症的诊断标准,她有资格接受特殊服务。这时就出现了一个问题,即是否正式把她纳入特殊服务,尤其当她要转换到一个新的环境。在她父母积极地参与后,团队决定先不给她特殊服务。而是监控她的发展状况,并在需要时提供帮助。随着转换到新环境,莉莉从本质上开始新生了。她的三个哥哥和她在同一所学校。

她在她的新学校里没有出现选择性缄默症的特征。因此,她不需要特殊服务。在莉莉的评估过程,反思过程是一个必不可少的元素,许多成员参与到各种各样的情境中。莉莉的家庭和他们的积极参与是非常重要的。通过讨论、非正式的观察和干预,创造在家和学校之间的桥梁,这个过程帮助减少孩子要在学校说话的时候确实存在或她自己感受到的压力。我们可能最终也不会明确知道为什么在莉莉的发展过程中出现了这样的积极变化。然而,清楚的是出现的症状的确得到了部分解决。

问题与反思:

1. 哪些环境因素对莉莉在不同情境的表现有重要影响?
2. 团队用什么方式调整互动来支持莉莉?
3. 如果你是莉莉的小学预备班老师,你会提供什么支持帮助她参与到课堂中?

对数据的反思和解释

评估远不止标准测试的一个分数那么简单。无论是语言评估或者其他发展领域均是如此。下面有个例子:马克是一个男孩,当他三岁时,由于他的表达性语言发展严重迟缓而被转介到特殊服务。他的表达性词汇大概有40个,这个数量远远低于他这个年龄阶段正常应达到的表达性语言词汇量。按照发展基准,Mark其他的领域进展是不错的。他的精细和粗大动作技能发展很好。然而,据观察,他爬楼梯时不断地用一只脚爬楼梯,而不是两只脚交替地爬。这可能是也可能不是一个重要的细节。有时,缺少左右运动协调能力是中央神经系统的左右半脑缺少协调能力的指标。马克的老师与马克建立了一个温和、信任的人际关系。马克的老师评估他的过程:他让马克看一只猫的图片,马克指着这张图片,用他的手指表示11(他先把10个手指全部伸出来,然后再伸出一个手指)。马克的老师用语言对马克的非语言信号进行回应，"是的，一个猫，11?"马克点点头。"你有 11 只猫?"马克又点了点头。马克的老师记录了马克不可思议的互动，然后再与马克的妈妈核实，马克的妈妈证实了在他们家的蓄棚里有 11 只猫。这是一个非常有意义的事件。如果马克的老师忽略马克的手势，而只是严格按照评估的脚本进行评估，在呈现马克整体能力时就不会提到这一重要内容。事实表明他确实在语言方面存在严重的发展迟缓。然而，经过一年的幼儿园生活，他能够说很长且非常复杂的句子，进一步评估表明：马克有很高的天赋，他的智商达到 160 左右。

问题与反思：

　　1. 马克使用什么信号，来表达自己的内心想法?

　　2. 如果你是他的老师，你会怎么调整你的风格来支持他?

沟通的方式有很多种

结果和目标

识别关注的领域

　　在仔细地评估之后，家长和专家可以识别出儿童需要关注的领域和优势领域。在此领域内，目标的选定可以基于个体发展的状况及普通儿童发展的基准。这些目标聚焦于提高表达性语言及接受性语言的质量和数量。为了这个目的，可以使用那些通过不同方式支持语言习得和沟通能力发展的策略。

干预

由于互动和照料方式的多样性和语言结构的复杂性，许多孩子在缺乏直接教学的情况下习得了语言，这一点是很值得注意的。但当儿童在语言习得与使用方面遇到困难时，干预最好能够契合儿童的独特需要。

儿童的风格和需要不尽相同，家长和教师亦有不同的风格和教养方式。一些人倾向于指导，一些人倾向于回应。当给幼儿制定个别化的项目和干预计划时，也需参考家长和教师的风格及个性。当然，幼儿自己的需要还是应该放在第一位。如果一位照料者的回应性要优于指导性，但是儿童的干预却需要更直接和明确的沟通，那么就要发展家长调整自身互动风格的能力以适应儿童的需要。如果一位照料者的口语很多，这可以给儿童提供非常丰富的语言环境，但如果儿童的发展需要家长简化语言，成人话太多反而不一定给儿童的语言获得带来积极影响。

例如：如果一个儿童还只能使用独词句，那么家长和老师给儿童的示范包含了儿童沟通意图的双词句，将会产生更好的干预效果。如果示范更高级或更复杂的词句则难以达到这样的效果，这就是维果斯基所说的"最近发展区"。

对于干预人员来说，最重要的是能够调整他们的互动风格和水平，以适应每个儿童个体发展的需要。这一点应该是优质融合课堂所不可或缺的一部分。当然，关于课程、方法、儿童发展的专业知识是必需的，但是只具备这些知识还不足以确保实施合适的策略。干预必须以一个接一个的儿童为基础进行调整和校准。不管儿童是否被诊断为异常，他们都是充满惊喜的。所以，很多专业的准备都是为了发展出基于儿童的需要进行策略调整的能力。而要做到这一点，需要充分理解很多基础概念，对于各种可能的选择有全面认识，并有根据需要重新分组的能力，等等。计划的制定以对每个儿童的了解和全班的目标为基础。在计划实施过程中，可以根据实际需要进行调整。

确定有效沟通的基调

形成有效沟通的变量排列方式多种多样。然而，有一个因素虽然普遍存在，却并没有得到承认，这就是专家或家长确定基调的重要性。确定基调可以表现在很多方面，包括"设定预期"、等待时间等，它会通过各种形式表现出来。它包括创造一个相互重视和尊重的环境。不管是直接或间接，我们都知道倾听是沟通中的一个重要部分。成人可以给沟通设定一个积极的基调，尤其在关注儿童尝试沟通的内容是什么的时候。典型的、健康的沟通就是在看护孩子时从有规律的轮流过程中开始的。语言学家从婴儿被喂养时简单的暂停、吮吸、相互的眼神交流和其他行为中识别了对话的来源，这些行为对于向照料者传递信号发挥了重要作用，当照料者给予回应时就开始了相互的沟通过程(Brazleton & Cramer，1990；Snow，1983)。

当婴儿在健康的关系中被养育,他们最有可能成为自然的沟通者。当儿童逐渐成长到学步阶段时,发展需要的变化是一个很大的标志,但是,当有一个稳固的双向的沟通环境时,儿童沟通需求方面的挫折会因一种支持的关系而减少。分享参与沟通的责任,对儿童和照料者都是有帮助的(Thoman & Browder，1987)。

有时,导致儿童语言困难的主要因素源于缺少一个强有力的沟通情境。共同注意,这种沟通中基本的元素,如果看护者不关注的话,是不会自然发生的。在这个多任务化的世界,成人同时做多种事情并不罕见。如果照料者存在这种情况,应该做相应的调整以便儿童得到全面的关注。

当成人给予儿童全面的关注,这便为优质沟通奠定了基础。优质沟通还可以通过改变语音语调和使用提问策略来帮助实现。有许多具体的策略可以被使用来获得和维持这种积极氛围下的双向关注。这对预防挑战性和破坏性行为是很有效的。

当家长和专业人员考虑通过哪些方式促进儿童语言发展提供机会时,他们会采用带有目的性的策略(Epstein，2007)。方法的设计和调整有许多种方式。这些方法都会反映教学技术和方式的目的。在计划干预的时候预留一些策略总是有帮助的。表 7.3 提供了一些策略供你参考。

表 7.3　语言和读写活动中可用的策略

障碍类型	可能的特征	可用的策略
自闭症	语言加工困难 语言刻板	与相关经验有关的语言的即时使用 扩大性沟通 图片交换 手势语 社会故事
盲/视障	视敏度不足	大字印刷 盲文 清晰画面(框架) 目标 定位 大图书 材质
聋/听障	听觉困难	文本/打印 定位 辅助沟通(手势语,综合沟通)
发展迟缓	延迟的行为表现	语言经验 读写经验 大量的日常互动
智力障碍	有限的词汇 概念认知困难	使用实物 大量感知觉活动和语言经验 外显的连接

（续表）

障碍类型	可能的特征	可用的策略
语言迟缓	有限的语言表达、词汇和语法	语言经验
学习障碍	词语检索困难 组织	线索和提示 排序方面的辅助
神经障碍	检索和组织存在问题	线索和提示 图片
肢体障碍	语言的身体协调部分存在问题	头韵(alliteration)书的使用 重复的声音
重度情绪障碍	情感表达困难	社会交往的支持 使用词语表达感觉

干预的连续线

有两大类干预。第一种包括周密计划的、相对有据可依或可预测的策略。例如：如果专业人员知道儿童在某些环境中使用类似词的字词，而且能够根据示范改善自己的发音，就可以在儿童使用类似词时提供提示和示范，要求儿童发出更清晰的声音(Clark，2006)。

相反的，第二种干预方法更多在游戏和非正式情境中，会提供更多自发的交往机会。这两种干预方式代表了课程调整连续性的不同方面，这一点我们在第五章有过讨论。从以儿童为中心的活动到以教师为主导的活动中间有一个很大的调整范围，当然，这些都建立在儿童需要的基础上(Schwartz & Heller Miller，1997)。

虽然有时这两种干预会有所重叠，但是这本书会将其分开讨论。第一种干预包含较少的反思和较多的具体策略的信息。第二种干预包含更高层次的反思和在自发的交往过程中进行调节的能力。这两种干预都是有价值的，相互搭配可以弥补各自的缺失并促使干预更有效地执行。有计划的教学(Intentional teaching)(Epstein，2007)可能会使用这两种干预。"个别化教育计划"(IEP)中的具体目标可以被整合到与儿童的非正式交往中。显然这使得教师师资准备的难度提升，因为要求教师在多样的环境内自发地泛化使用特定的技能。对家长来说，这种方法似乎稍微简单一点，他们只需要关注自己的孩子而不是整个小组。

以儿童为关注点的、教师主导的教学策略

当儿童面对更多的重大挑战，以及在自然和偶发的机会中难以较好学习时，通常会使用教师主导的教学策略。如果儿童对很多自然干预和互动的回应良好，那么更加结构化干预就是没必要的或不合适的。干预者开展这些一致且计划周密的互动时，应尽可能使用更自然的方式(McCathren & Howard Allor，2002；McCathren & Waston，2001)。

当儿童需要更多集中和主导式的干预来表达自己的时候,团队中所有的成员需要有一致的示范性语言。这并不意味着他们要成为其他人的复制品。风格、语音语调和个性的自然差异都使得生活变得更加有趣。它实际的含义是,一致的、可预测的线索和提示对于有语言加工障碍的儿童是有利的。图 7.1 说明了清晰沟通的重要性。

> 想象一下,一个成人对一个在室内奔跑的儿童说:"你需要停下来想一想你自己在做什么。班里有这么多孩子,你在教室里走这么快是很危险的。在教室里不可以跑!"
>
> 但是,儿童只听到了——"跑"!

图 7.1 把儿童加工过程与语言相匹配

当团队成员想要实施更加结构化的、以儿童为关注点的教学时,他们需要以积极的结果或目标为指导。这些策略可能包括与儿童互动的所有人员都使用的一致性的提示语。参见"教师主导/以儿童为关注点的教学策略"。它阐明了以儿童为关注点的教学策略。

教师主导/以儿童为关注点的教学策略

儿童 A 当前的功能水平
类似词、手势、指点
目标:在日常活动中,提供提示和线索的情况下儿童能使用独词句表达自己的需求,每天至少出现三次。
干预:在日常常规和其他活动中,教师会按照一致的顺序和结构用问题提示儿童 A。
嵌入/整合到日常活动中:
点心时间,教师问:"你想要什么?"
"你想要果汁还是牛奶?"
"你想要饼干还是水果?"
以固定的顺序提供提示。如果儿童对第一个问题没有反应,但却看着果汁,教师应立刻对这一线索作出反应并说:"果汁? 你想要果汁吗?"如果儿童能使用一个类似词,他将会被要求使用这个发音。如果他能使用一个词,那么将要求其在教师示范后说出这个词。
当儿童使用综合沟通时,手势和词语可以一起使用,教师可以示范口语和手势的结合。
这一连串的问题和提示可以调整并在不同的活动和常规中使用。

规划语言经验

早期阶段是一个语言习得的重要时期,幼儿教育课程和推荐实践是可以促进语言习得发展的。早期阶段为儿童提供了大量的交往机会。在自然的情境中,普遍的沟通氛围使得语言障碍儿童得以接触大量的语言,获得很多的练习机会(Shickedanze,2008;Weitzman,Greenberg,2002)。事实上,对那些有障碍的儿童来说,在高质量的早期教育项目中照料者和儿童之间使用的方法、策略都是有利的。有时,在教室里正在使用的方法经过简单的修改也可以成为适当的干预。例如:如果一个儿童关注语言特定的方面或属性有困难,他可能就会被指导着听一些特定的语音类型。如果儿童在语言加工方面存在困难,那么照料者可能会减少与儿童进行语言沟通的数量。

很明显,沟通时应该用简单句替代长的、复杂的句式。示范是可以经过调整以适应儿童的沟通水平的,足够支持他们达到下一个更高水平就可以了。

促进自然情境中的非正式交往

非正式对话和语言示范给有效的语言发展提供了很好的机会。对于有语言习得障碍的儿童甚至正常发展的儿童,都可以支持他们的沟通发展。融合课堂在自然情境下提供了很多语言体验的丰富机会,尤其在小组活动和游戏时,相互参与的质量和共同兴趣可以刺激更多的参与(McCathren & Watson,2001;Weitzman & Greenberg,2002)。

成人能根据儿童的个体需要扮演很多的角色并调整他们的支持水平。当儿童自发地和别人交往时,善于观察和反思的成人会让自己"撤退",让儿童间自发的互动成为维持对话的主动力。当儿童需要更多的语言示范和鼓励时,成人可以更积极地参与并提示儿童增加他们的参与度。

在需要时,有帮助的策略均可被使用,不必拘泥于既定计划。一个有经验的、敏感的教师会注意到情境中很多因素并与之协调,包括儿童的兴趣以及他们感兴趣的事物。比起替儿童说,成人也可以关注到儿童表现出的沟通意图,并给儿童进行示范,让他们使用到自己的交往方式中。这可以发生在非正式的游戏和半结构化活动中。教师可以鼓励儿童在各种情境中主动地表达他们的需求。有时,儿童需要支持以维持来回的互动从而扩展他们的对话。有很多方式可以支持这种相互关系,包括有效的提问、回应儿童的陈述、扩展儿童发起的沟通。它可以包括介绍描述性的词汇和更多复杂的概念,这样儿童可以对他们已经表达的内容作更详细的说明。理想的状态是,发生在对话和自发互动中的这类干预不会让儿童感觉到难为情。相反的,可以有意识地创造与儿童真实兴趣和动机相关的共同关注点。参见"教师需要知道什么",其中提到了一些早期教育教师为健康的语言和沟通提供支持时,需要具备的能力。

教师需要知道什么

正常的接受性和表达性语言的发展、变化、基准的基础知识

理解第二语言习得/英语学习者

理解语言习得的各种困难和与挑战相关的特征

解读非言语线索

怎样对非言语线索做出回应

怎样核查理解是否正确

怎样在需要时根据儿童的互动和回应调整互动

怎样反思互动并作出双向互动相关的决策

怎样反思互动并作出活动结构方面的决策

怎样使用反思调整脚手架的种类和水平,以适应儿童的个体发展需要

团队合作的重要性

教师、家长、辅助人员和言语语言治疗师

　　团队合作是提高沟通能力的核心。实施与发展和个体相适应的干预时，能够提供拥有许多积极交往机会的环境是非常重要的。儿童会经历许多威胁到沟通的挑战。反过来，就需要有大量的策略来应对这些挑战。表7.4 提供了团队在处理这些挑战时可用策略的概述。

表 7.4　应对语言和沟通发展挑战的策略和方法

发　展　挑　战	干　预　方　法
难以通过哭、眼神接触和面部表情沟通	调整线索以更好地与儿童线索相匹配 基于需求作出回应 安抚
缺少或在以下方面有困难：使用手势、发音、发声和咿呀声	发起声音游戏和互动性游戏 对儿童使用手势或发音
缺少或在以下方面有困难：含糊不清的话/方言、玩语调游戏、用声音或表情进行双向互动	用含糊不清的话进行幽默互动用音乐、故事等教语调
缺少或在以下方面有困难：逐渐增强的发声控制能力、声音模仿、发音范围的扩大	提供大量关注发音的机会
很难关注特定语言中被更频繁使用的发音（音素）	使用押头韵（重复语音）的故事和歌曲，在双向的有意义的情境中进行重复
很少或没有词联想，或者很少或不会逐渐将声音与共同的意义联系在一起（词素）	在自然的互动中鼓励发音和使用词语
不会使用手势和声音来有目的地表达自己的需求或在此方面存在困难	有目的地引出互动性的手势和声音以强化需求的表达
几乎没有迹象表明：从词联想转换到第一句话	使用明确的语言 使用简单的短语、标签、具体的实物
不会或很少用单词表示句子（独词句）	仔细策划活动，支持语音和词语的联系
很难把两个词组成一个句子，在这类句子中，包含重要元素，但没有叙词、代词等（电报句）	成人示范两到三个词语的短语
表达性语言结构复杂性（会使用形容词、副词等等）没有提高或在此方面发展存在困难	有意识地输入来增加复杂性
难以清晰地发出一串声音	在自然的情境中系统地将融入语音练习
缺乏检索和组织单词，使这些单词形成可理解表述的能力	线索和提示 可预测的语言常规
难以参与到互动性的对话中	有计划地创造更多互动性对话机会 使用问题策略
解码或者阅读非言语线索、理解微妙的社会性信号方面有困难	自然地解释非言语线索和信号
第二语言学习者不能够区分情境，不能够使用适当的语言	在需要时进行示范和支持

不同文化和语言背景的特殊学习者

不论在讨论时，还是考虑普通的范式和发展趋势的时候，来自不同的文化背景和不以英语为母语的儿童也需要被纳入考虑之中。但是，不幸的是，一些统计文件的主题或趋势需要引起我们的特别关注。一是来自不同文化背景的儿童比例过高。二是错误地认为所有有语言困难的儿童都会出现语言发展迟缓。语言发展迟缓和第二语言习得并不是一回事。所有的团队成员都能关注到儿童的能力并为儿童习得流畅英语提供支持是非常重要的。另外，除了语言学方面的区别，专业人员还要识别非言语沟通上的差异，包括眼神接触、手势和面部表情。语调也是值得注意的。想要持续地解决这些问题的意愿将会极大地增强在不同班级有效地支持健康沟通的能力。教师必须处理这些"成就差距"以创建成功的全纳课堂（Barbrain，2002；Carteldge，Gardner & Ford，2009；Gonzalez-Mena，2008；Horton-Ikard，2006；Tabors，2008）。

扩大及替代性沟通

有许多策略和设备可以用来帮助需要支持的儿童来扩大语言和沟通。这些方法和设备可能用于有听力损失、加工差异或智力障碍的儿童。图 7.2 呈现了一些关于扩大性和替代性沟通及辅助技术的例子。

盲文
图片交换沟通系统（PECS）
综合沟通/手语
社会故事™
发音计算机（Talking computers）
电子白板
Go Talk™
Big Mac™
转换器

图 7.2　扩大性和替代性沟通及辅助技术

语言与读写能力之间的联系

象征系统的扩展

在语言和读写能力之间建立起有效的连接是构建儿童流利的阅读水平的重要基础。这种连接可以通过许多的途径实现，例如，提供可以大量接触儿童文学和作品的环境。儿童较早并频繁地接触语言和读写,有利于他们自然而然地在语言机构和系统整合方面取得进步(Hyson,2008)。平日里自然发生的阅读行为为有意义的学习提供了环境(Schickedanz,2008)。这完全不同于零散的、生硬的字母教学。在为儿童提供优质的机会时,成人读写能力是重要要素。当儿童和成人在读写方面都存在困难,项目优先关注家庭读写的主动性是很有价值的。

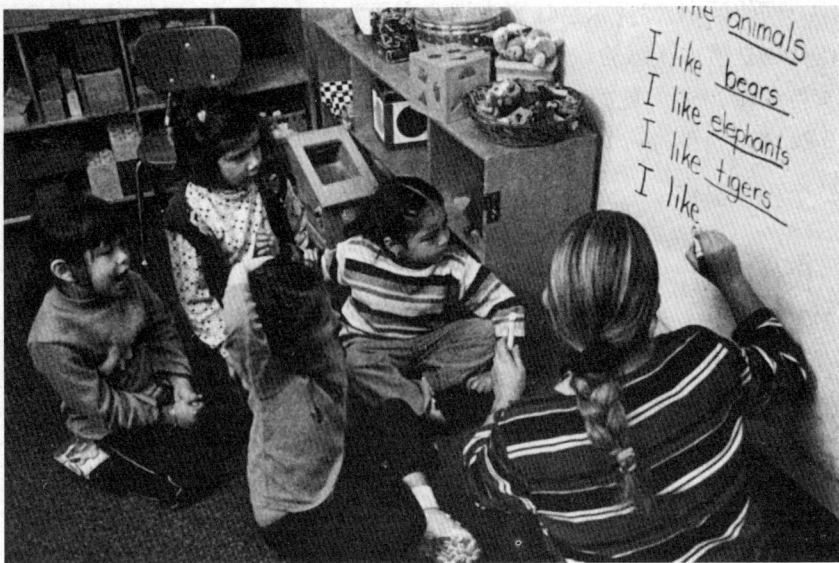

教师可以建立口语与书面语之间的纽带。

共同的意义：以儿童的兴趣为基础

发现文字能包含共同意义,对于幼儿来说确实是一件有趣的事情。当他们和成人或者是其他儿童坐在一起看图片和文字并意识到这是一个共同的体验时,就会产生一种有力的自然强化。这种内在的激励可以给人带来极大的满足感。持续地以学生兴趣为基础的干预过程可以确保儿童拥有参与的动机。

声音符号与文字符号的联系

儿童了解声音与文字符号之间的联系是形成因素或语音意识关键(Phillips,Clancy-Mechett,& Lonigan,2008)。一种练习的方法就是在教室里的各种物品上贴标签,并设计一些让儿童发现这些标签的机会。创造一个丰富的书本环境或丰富的语言环境,可以每天让儿童意识到词语作为有意义的书面符号的功能。支持语言发展的很多方法同样有助于在口语和书面语之间建立起联系。如果书面语一开始就被正确地整合进来，如接触书本、把文字与儿童的语言联系起来等，读写能力的发展就会自然发生。语音意识是儿童读写发展的重要组成部分。

在促进沟通发展的过程中进行反思

反思对促进儿童互动和沟通发展很重要。为了有效的调整策略适应儿童的独特需求，家长应该有一个内部的（internal）教育指南，让他们知道儿童每个年龄阶段发展的典型特点。本书简要地介绍了儿童发展的基准和沟通发展中可能遇到的挑战的基本信息。如果专业人员了解可能有用的各种策略，就拥有了干预的资源库。然而，作出策略实施的决定时，还是要基于每个孩子的特点。有时互动是自发进行的。自发性的互动模式有时包括了在更加结构化的环境中已经建立起来的沟通模式，有时则更加开放一些。

自我检查

专业人员在实践过程中进行反思时，可以有意识地使用自我检查。专业人员应该系统地考虑与儿童有关的各个方面的因素，这样反思不会导致与策略实施无关的反应和语言。

案例 2：阿曼达

背景和基本信息介绍

阿曼达现在是一个三岁的孩子，在她婴儿时期就开始出现癫痫的症状。开始的时候，她的发展还是正常的，但之后便出现发展迟缓，尤其是在语言表达方面。数月之后，大家密切关注她的癫痫问题，并进行医学检查以求确定病因。当她 17 个月大的时候，通过核磁共振发现她大脑海马部分有阴影，被诊断为脑瘤。除了接受早期干预之外，她的父母不断探索各种治疗方法。他们听取了外科医生的各种观点，最终确定由纽约市一位因对此类脑瘤有丰富经验而广受尊敬和推崇的医生给阿曼达做手术。医生建议等阿曼达两岁的时候再做手术，降低由脑部手术带来的风险。

重要因素的鉴定

从阿曼达第一次发癫痫到做手术大约 15 个月，占她 2 岁生命一半以上的时间。在此期间她基本没有语言表达能力。她有时候会有嚎叫的现象出现，除此之外几乎很少发音。

她的父母和其他亲人，甚至家人的朋友都会和她说话交流，有时也会开展一些与其发展相适应的活动,例如在水池里玩,画画。在游戏中,成人会和她说话或者提些问题为她创造丰富的语言环境。阿曼达不会回应别人的话,但成人就好像阿曼达参与到对话中一样,与她进行互动。这种对话持续进行,以期望阿曼达能够听懂这些语言。虽然她不能及时地对别人说的话作出反应,但在有意义的情景中接触语言为阿曼达学习语言的结构和意义提供了机会。

重要因素:缺乏儿童的回应

如果一方和另一方交流,而另一方不去倾听,也不作出回应,那么即便是几分钟的持续交流也很难实现。与阿曼达交流15个月却得不到回应的确很令人沮丧。对父母、大家族成员、朋友和教师来说,通过反思、自我检查的方式来确定儿童遇到的挑战是非常重要的。确定问题可以对情境进行结构化组织,更多的人可以和儿童互动并提供接触语言的机会,而不是用一种看上去十分刻意、不自然的策略。

另外一种解决交流中儿童一方缺少回应的方法就是通过仔细观察儿童表情、性情的变化来了解可能被忽视的儿童潜在的线索。当儿童表达受限时使用扩大性沟通尤其有效。在阿曼达的实例中,她的早期干预团队在她两岁之前通过手语及综合沟通和她交流。她的父母和教师一致性地使用这种方式和她交流,她也很乐于对这种沟通方式作出回应。

阿曼达的父母和教师通过反思和自我检查,帮助他们共同确定了在阿曼达不能作出清晰回应的情况下,发展其语言表达能力的难度。确定下来之后,他们可以知道这15个月期间,怎样通过一些创造性的策略保证她持续地接触丰富的语言环境。

后续

在阿曼达手术之后,她进步很是惊人。在她长出头发之前,她开始使用单个的词。几个月之后,她开始能说出句子了。毋庸置疑,她表达性语言能力的迅速发展并不仅仅是由于手术的成功,更离不开她开口说话前所获得的语言经验。

支持语言和读写能力发展的活动

嵌入式策略的活动概述

从发展的角度来看,对儿童来说活动必须是有趣且有意义的。他们必须有亲身的感知觉经验。所有的活动要为儿童提供丰富的语言环境。一些活动在设计时就要明确这个目的。本书将引导你了解制定计划、考虑个别化调整和策略的因素、反思哪些地方可以再作调整的全过程。这种情况下的反思补充了标准化评估的不足。图7.3呈现的就是活动实例。图7.4是对前一个活动主题进行扩展的另一个活动实例。

目标

　　儿童会倾听故事，并回答关于毛毛虫及它在吃什么的问题

　　用词命名水果

　　按照水果名选择水果

　　描述毛毛虫是怎么变为蝴蝶的

　　标准：美国幼儿教育协会：1 和 4　　美国特殊儿童协会早期教育部（CEC/DEC）：4&6

材料

　　大书——饥饿的毛毛虫

　　小一些的纸板书

　　毛毡卡片（毛毛虫，水果）

开始

　　教师等待学生参与活动

　　通过语音、语调吸引学生参与

　　拿垫子让学生坐下

　　如有必要调整学生的位置

　　教师拿起大书并向学生提问，激发学生参与

　　例如：你见过毛毛虫吗？

　　我们一起去看一看毛毛虫喜欢吃什么？你认为它喜欢吃什么？

　　教师把毛毡卡片发给学生每人一张。

过程

　　教师讲故事，在提问时，不断地变换语调并适当停顿。

问题

　　你认为毛毛虫接下来会吃什么？

　　你认为毛毛虫将会发生什么？

结束

　　教师提问：

　　有人记得毛毛虫刚刚吃什么了吗？

　　有人记得毛毛虫刚刚发生什么了？

　　（当学生回答问题的时候，可能会把毛毡卡片贴到纸板上。）

过渡

　　儿童可能会被要求像蝴蝶一样闪动翅膀，并被带领进入下一个活动。

评估

　　教师观察和轶事记录表

　　回答问题

图 7.3　艾瑞·卡尔的好饿的毛毛虫

> **目标**
> 　　儿童可以决定要做蝴蝶还是毛毛虫
> 　　儿童可以使用精细动作技能操作艺术材料
> 　　儿童可以通过语言(或其他沟通方式)描述他们在做什么
> 　　标准:美国幼儿教育协会:1和4　　美国特殊儿童协会早期教育部(CEC/DEC):4&6
> **材料**
> 　　做毛毛虫——鸡蛋纸盒纵向切断,将各种装饰物糊在上面。
> 　　做蝴蝶——将纸巾或者是咖啡滤纸切成蝴蝶的形状、食用色素、不同颜色的挤压式滴管
> **过程**
> 　　教师介绍材料,并询问毛毛虫和蝴蝶像什么。
> 　　会用到关于形状和颜色的词汇。如有需要,可以用图片进行提示。
> 　　这个活动相对来说比较开放。教师的作用是为了使交流更加顺利,并提供必要的帮助。
> **结束**
> 　　在每个孩子完成之后,教师帮助孩子使用描述性的词语描述蝴蝶和毛毛虫是什么样的?

图7.4　小组活动:艺术——蝴蝶或毛毛虫的制作

团队反思

莉莉　团队一致同意学校不施加压力去强迫莉莉说话。她的老师经常做家访,结果表明很有效。莉莉的学校和她家联系密切。虽然莉莉在家访期间不爱说话,但还是会积极参与其中。基于这一特点,决定在活动中重新组织问题,让儿童可以通过非语言的方式作答。例如,不是问每个人是否看到过毛毛虫,而是让看到过毛毛虫的人举手。

团队认为一开始要通过故事的形式让儿童在小团体的活动中学习语言。成人可能在与另一位儿童进行语言交流,同时参与与主题相关的艺术活动。家庭和学校之间的交流包括把艺术作品或其他作品带回家。在这种情况下,家里也会有一本《好饿的毛毛虫》,如果没有的话,学校会给家里送一本。

教师和言语语言治疗师共同讨论语调和语言结构。莉莉在家中使用"大苹果电脑"录下她对问题的回答,这可以作为活动的扩展。这个决定不是为了制定计划要求莉莉说话从而获得强化,相反,一个有意义的回应已经自然地强化了儿童的沟通意图。

很多关于莉莉干预的反思关注到提供一个使其有归属感、可控感、能被其接受的社交环境。这样积极的、支持性的环境避免了直接的、对立性,满足了莉莉独特的需求,同时鼓励其进行交流。有意选择符合莉莉兴趣和动机的活动内容又提供了额外的激励。

莉莉当前的发展水平优势:在莉莉四岁的时候,她非常喜欢美术和运动。莉莉是一个非常热情的读者,她对每一本书的内容都非常感兴趣。她的接受性语言发展非常好。通过她执行指令和参与活动的表现来看,莉莉的理解能力是很好的。莉莉在家里说话所使用的表

达性语言结构、语法和词汇的水平都是在该年龄阶段的水平范围内。

关注点：我们主要需要关注莉莉在家以外的选择性缄默症。最初，选择性缄默症没有正式诊断，但是这种模式维持了一段时间后，就作出了正式诊断。莉莉在家里一直说结构完整的语言，但是在其他的地方，包括在学校，莉莉却不可以。

莉莉个别化教育计划　因为莉莉的发展水平在大多数领域是在正常范围内的，因此，她的整体目标主要集中于在表达性沟通。下面就是具体针对莉莉的表达性语言的一个目标。

目的和目标

目的：在学校环境中，提高莉莉的沟通能力

目标：

1. 每天在需要时提供线索和提示，莉莉可以在学校表达自己的需求。

2. 莉莉将会参加学校里的大型活动和小组集体活动，每天用相互能理解的、简易的线索系统和至少一个小朋友进行互动，有需要时可以简化或辅助。

3. 莉莉每天使用符号，如图片和单词，来提高在班级里的沟通能力，有需要时可以简化或辅助。

阿曼达　团队成员认为阿曼达相比莉莉对更具指导性的沟通方式回应良好。阿曼达的父母证实了这一点，因为他们的问题往往是很具体的。比如，他们会使用二选一的问题，而不是使用开放式的问题，这样会大大地提高成功得到阿曼达回应的可能性。团队同意就提问风格而言，提供一些选择要比完全指导性的、封闭性的问题要好。

阿曼达在很多情境下，很难维持注意力。目前还不清楚这只是因为肿瘤造成了神经系统的功能问题，还是另一个独立的问题。不管归结于哪一个因素，事实证明她的沟通能力、解决问题能力和潜能都取决于她维持注意的能力。

团队成员意识到并反思了这一模式，他们认为应该使用策略帮助阿曼达先注意，再回应。团队成员一致决定开始的时候不要求阿曼达看着他们，尽管有时这种策略是有用的。相反，他们认为要为儿童创设共同注意的机会。例如，在"饥饿的毛毛虫"中，教师要确保阿曼达在看着书。学生坐的位置也成为影响学生学习的重要因素，通过反思，教师要进行核对，询问阿曼达是否能很好地看到书本。这样做既能与阿曼达建立起积极的关系，也能保证她已经做好准备开始活动。同时，还能减少阿曼达由于缺乏参与导致的干扰行为。

团队成员认为小组的后续活动是促进学生使用表达性语言进行互动的良好机会。教师在这个时间段可以有目的地促进阿曼达与其他孩子的互动交流，同时有意识地强化书中的词汇和语音意识。文字的产生也是艺术活动重要组成部分，这能有效支持阿曼达发音和发展语音意识。

阿曼达当前的发展水平优势：阿曼达有很强的理解能力，并在脑瘤手术后语言表达能力取得巨大进步。丰富的语言经验为其语言理解水平的发展提供了支持。她很喜欢并积极参与感知觉活动。

关注点：阿曼达前两年因为脑瘤一直有语言表达发展迟缓。在集中注意到同一主题并持续参与方面她仍然需要支持。指导语必须简洁、清晰，并持续监控她的参与情况，在她遇到挫折的时候给予鼓励可以帮助到她。现在阿曼达还需要提示以便用语言与同龄人交流，团队成员创设了很多机会让她能够自发互动。

阿曼达的个别化教学计划

> **教学目标**
>
> 目标：发展阿曼达的语言表达能力
>
> 教学目标：
>
> 1. 老师提问时，阿曼达能用 3 个单词的句子回答，连续 5 天，每天至少 3 次。
>
> 2. 阿曼达能自发地用表达性语言与同伴互动，5 天中有 3 天出现，每天至少 1 次。

讨论

在考虑个体的优势和需求特征模式及如何将其与调整性活动策略相匹配时，可以使用反思，以便更有效地确保每位孩子都能参与活动并完成现实的教学目标。我们分享了一些实例，说明要根据孩子的需求选择不同的方法。如果孩子对更加开放的方式回应得很好，就要使用相应的策略。反之，如若他们需要更集中的干预，就要把更结构化的策略整合到活动中。因此，这种分层式的干预方法应该用到所有活动中。

总结

本章介绍了语言习得及过渡到早期读写能力的基本特点。本章也提到了可能发生在语言学习过程中的挑战及如何根据孩子发展需求寻找有效的干预调整方法。书中分享了一些具体的策略，以及可以提高策略与儿童需求匹配程度的相关因素。与语言和文化多样性相关的因素也有提及。

关键术语

Expressive and receptive communication 表达性和接受性沟通

Literacy-rich environment 丰富的读写环境

Phonological awareness 语音意识

Intent to communication 沟通意图

Phoneme 音素

Phonemic awareness 音素意识

与障碍相关的儿童书籍

注意力缺陷障碍

Quinn，P.(1991). *Putting on the brakes：A child's guide to understanding and gaining control over attention deficit hyperactivity disorder(ADHD)*. New York：Magination Press. (Ages 4-7)

脑瘫

Gould，M. (1991). *Golden daffodils*. Newport Beach，CA：Allied Crafts. (Grades 4 and up)

Holcomb，N. (1989). *Patrick and Emma Lou*. Hollidaysburg，PA：Jason &. Nordic Publishers. (Ages 3-8)

盲

Hodges，C. (in press). *When I grow up*. Hollidaysburg，PA：Jason &. Nordic Publishers. (Ages 4-9)

St. George，J. (1992). *Dear Dr. Bell—Your friend，Helen Keller*. New York：Putnam.

唐氏综合征

Becker，S. (1991). *Buddy's shadow*. Hollidaysburg PA：Jason &. Nordic Publishers. (Ages 3-8)

Holcomb，N. (1992). *How about a hug*? Hollidaysburg，PA：Jason &. Nordic Publishers. (Ages 3-8)

Kneeland，L. (1989). *Cookie*. Hollidaysburg，PA：Jason &. Nordic Publishers. (Ages 3-8)

Rabe，B. (1988). *Where's chimpy*. Morton Grove，IL，Albert Whitman &. Company.

学习障碍

Gehret，J. (1992). *Learning and the don't-give-up kid* (2nd ed.). Fairport，NY：Verbal Images Press. (Ages 6-10)

其他障碍

Holcomb，N. (1990). *Sarah's surprise*. Exton，PA：Jason and Nordic Publishers. (About a 5-year-old girl who cannot talk but who uses a picture board and then an augmentative communication device to communicate)

Peckinpah，S. L. (1991). *Rosey ... the imperfect angel*. Woodland Hills，CA：Scholars Press. (About an angel with a cleft palate)

Pirner，C. W. (1991). *Even little kids get diabetes*. Morton Grove，IL：Albert Whitman. Scott，S. (1992). *Not better ... not worse ... just different*. Amherst，MA：Human

Resource Development Press. (A book to teach children ages 5 to 10 to be kind to one another)

Thompson, M. (1992). *My brother Matthew*. Rockville, MD: Woodbine House. (A sibling's story about living with a brother with disabilities)

网站

美国言语和听力协会 http://www.asha.org

扩大和替代性沟通干预 http://www.aacintervention.com/

美国障碍儿童和青少年信息中心 http://www.nichcy.org

参考文献

Barbarin, O. (2002). The black-white achievement gap in early reading skills: Familial and sociocultural context. In B. Bowman(Ed.), *Love to read* (pp.1-16). Washington, DC: National Black Child Development Institute, Inc.

Beukelman, D., & Mirenda, P. (2005). *Augmentative and alternative communication* (3rd ed.). Baltimore: Paul H.Brookes.

Bowman, B. (Ed.) (2002). *Love to read*. Washington, DC: National Black Child Development, Inc.

Brazelton, T. B. & Cramer, B. (1990). *The earliest relationship*. Reading, MA: Addison-Wesley.

Cartledge, G., Gardner, R., & Ford, D. (2009). *Diverse learners with exceptionalities*. Upper Saddle River, NJ: Merrill/Pearson Education.

Clark, M. (2006). *A practical guide to interaction with children who have a hearing loss*. San Diego, CA: Plural Press.

DiCarlo, C., Banajee, M., & Buras Stricklin, S. (2000). Embedding augmentative communication within early childhood classrooms. *Young Exceptional Children*. 3 (2), 18-27.

Dunn, L., & Dunn, L., (2000). *Peabody picture vocabulary test-Revised*. Palo Alto, CA: American Guidance Service.

Epstein, A. (2007). *The intentional teacher*. Washington, DC: National Association for the Education of Young Children.

Genishi, C., & Haas Dyson, A. (2009). *Children, language, and literacy: Diverse learn-

ers in diverse times. New York: Teacher's College Press.

Gonzalez-Mena, J. (2008). *Diversity in early care and education*. New York: McGraw-Hill/National Association for the Education of Young Children.

Horton-Ikard, R. (2006). The influence of culture, class, and linguistic diversity on early language development. *Zero to Three*, 27(1), 6-12.

Hyson, M. (2008). *Enthusiastic and engaged learners*. New York: Teachers College Press.

Marvin, C. A., & Ogden, N. (2002). A home literacy inventory: Assessing young children's context for emergent literacy. *Young Exceptional Children*, 5(2), 2-10.

McCathren, R., & Howard Allor, J. (2002). Using storybooks with preschool children: Enhancing language and emergent literacy. *Young Exceptional Children*, 5(4), 3-10.

McCathren, R., & Watson, A. (2001). Facilitating the development of intentional communication. In M. Ostrosky & S. Sandall(Eds.), *Teaching strategies: What to do to support young children's development* (pp. 25-36). Denver CO: Sopris West/Division of Early Childhood.

Nelson, L., & Johnston, S. (2002). Children with cochlear implants in the inclusive early childhood classroom. *Young Exceptional Children*, 7(1), 2-10.

Ordonez-Jasis, R., & Ortiz, R. (2007). Reading their worlds: Working with diverse families to enhance children's early literacy development. In D. Koralek (Ed.), *Spotlight on young children and families*(pp.44-49). Washington, DC: National Association for the Education of Young Children.

Peterson, D. S., Taylor, B. M., Burnham, B., & Schock, R. (2009). Reflective coaching: A missing piece. *The Reading Teacher*, 62, 500-509.

Phillips, B., Clancy-Menchetti, J., & Lonigan, C. (2008). Successful phonological awareness instruction with preschool children. *Topics in Early Childhood Special Education*, 28(1), 3-17.

Schickedanz, J. (1999). *Much more than just ABC's*. Washington, DC: National Association for the Education of Young Children.

Schickedanz, J. A. (2008). *Increasing the power of instruction*. Washington, DC: National Association for the Education of Young Children.

Schwartz, S., & Heller Miller, J. (1996). *The new language of toys*. Bethesda, MD: Woodbine House.

Snow, C. E. (1983). Literacy and language: Relationships during the preschool years. *Harvard Educational Review*, 53(2), 165-189.

Tabors, P. (2008). *One child, two languages* (2nd ed.). Baltimore: Paul H.Brookes.

Thoman, E., & Browder, S. (1987). *Born dancing*. New York: Harper & Row.

Vygotsky, L. (1978). *Mind in society*. (Trans. M. Cole). Cambridge, MA: Harvard University Press.

Wietzman, E., & Greenberg, J. (2002). *Learning language and loving it* (2nd ed.). Toronto, Ontario, Canada: Hanen Press.

Ysseldyke, J., & Algozzine, B. (2006). *Teaching students with communication disorders: A practical guide for every teacher*. Thousand Oaks, CA: Corwin Press.

第8章

艺术、音乐和运动

目标

读完本章,学生可以:

■ 对幼儿(包含障碍儿童)课程的重要内容之一——艺术活动的范围和内容有一个概念。

■ 明确可能造成儿童在参与艺术活动出现困难的因素。

■ 了解学习的艺术的价值和在艺术领域的合适的策略。

■ 对一系列可能的策略有一个基本的认识。

■ 了解如何在艺术活动中使用积极反思以提高融合的有效性。

艺术的简介:范围和内容

儿童通过游戏来学习。儿童的艺术技巧和知识也在游戏中得以发展。对于障碍儿童或者普通儿童,艺术都是学习重要知识的工具。通过艺术,儿童积极地参与到他们自己的学习中。艺术培养了儿童的想象力和创造精神。感觉意识(视觉、听觉、触觉、嗅觉、味觉)是所有想象性活动和创造性表达的基础。从历史上看,有发展困难的儿童经常参与到特殊的艺术活动(special art activities)中去。虽然这也能起到一定的作用,但并不是一个深入、有意义的学习机会。

艺术对于所有幼儿是同样重要的,无论他们是否有障碍。因为艺术创造看重的是过程而不是结果。儿童通过在艺术中的参与,发展了独立性、自信和自我表达能力。艺术连接了学习的所有领域,而且是孩子发展与教育的基础。艺术能够帮助儿童对于"我是谁"有更多的认识,对于自己的文化和他们周围的文化有更深的见解。幼儿艺术包含视觉艺术、音乐、创造性的运动和戏剧表演。

艺术是儿童早期经验的一个自然的部分。儿童喜欢用他们的身体和材料来设计、创作和探索。然而，那些经验不仅是为了娱乐，而是将所有内容领域的学习联系在一起的丰富的活动。艺术促进了词汇和概念发展。它们为儿童提供了机会，让他们移动、倾听、仔细观察、发掘、创造，参与到不像其他领域一样需要小心翼翼的活动中。使用艺术、相信多元理论的教师能获得期望到的结果（Gardner，2006）。通过使用这种策略，更多的孩子会被纳入，而且他们将能够用一种自己感到舒服、其他人也能够理解的方式展示他们的理解和存在的问题（Pearson，1998）。

理论观点

在 1990 年，芭芭拉·鲍曼（Barbara Bowman）在早期儿童创作性艺术的国际会议上发表了一个演讲。她提出艺术特别适合作为幼儿课程的六个原因。

1. 艺术鼓励感知觉发展。芭芭拉·鲍曼强调儿童的认知发展是基于用他们的感官去了解世界，而且艺术是刺激感官意思、激发欣赏能力的一种极佳的方式。视觉、听觉、动觉、触觉都包含在艺术中，而且儿童能在艺术活动中使用他们的感官为后续学习打下基础。

2. 艺术为儿童提供机会，学会展示经验和使经验符号化。通过艺术，可以塑造现实为自我意识服务，进而为个体提供自我疗伤和自我发展的机会。个体能够有机会探索和掌握情感的、社会的、认知的和身体的经验。芭芭拉·鲍曼把艺术比作游戏是因为它可以提供机会去放松心情，记住过去来并掌控过去，寻找替代性方法来解决问题。它融合了人类意识的情感和认知因素。

3. 艺术为儿童提供了机会去实现想法、去做一些他人很重视的事情、去创造和构建。所有的儿童都需要感觉自己可以对一些人和一些事产生影响。这可以给他们带去力量。鲍曼认为，当儿童发现自己很难与其他人竞争或他们不能够用与其他儿童同样的方法学习时，艺术对他们尤其重要。那些儿童可能在其他活动中会失败。与大多数儿童相比，学习困难儿童可能有更少的机会被评价为是有能力的。在艺术中的成功能够蔓延到儿童生活的其他领域。

4. 参与艺术活动能够增加集体感。一起唱歌或仅仅是处在唱歌的环境中，都能让儿童感觉自己作为小组成员参与到艺术活动中。参与画整个小组图片的一个部分或作为小组的一部分敲鼓，这可以为儿童提供成就感。尽管儿童可能在特定艺术领域没有特别的才能，儿童也会在这种体验中收获力量并享受这种社交的经验。

5. 在艺术情境下的知识学习可能会为后续的学校学习提供动机。不用普通方式学习的儿童经常难以适应他人预期的学习方式的结构。艺术对于很多儿童来说，是一个更合适的学习途径。

6. 艺术扩展了我们的世界。从世界不同的文化和地点看待艺术，从其他的文化中倾听和创造音乐，运用不同的旋律和声音，可以帮助我们对世界有更深、更多的了解。

基准

艺术中包含了许多基准。以下的基准更加全球化,在总体上涉及一般艺术教育。下面的内容包含了艺术在不同领域的基准。

艺术教育的国家标准　艺术教育的国家标准罗列了在艺术领域每个 K-12 学生应该知道的内容和应达到的能力。国家艺术教育协会联盟获得了国家音乐教育协会(MENC,1994)的允许,制定了艺术教育的国家标准。需要记住,这些标准并不特定针对学前儿童,而是提供了艺术重要性的文化背景、艺术融入课堂的参数,这使所有儿童能够不管他们的能力大小,都可以分享同样的机会。标准的叙述提供了关于艺术的一些重要信息。以下论述对于理解跨文化和跨时代的艺术背景十分重要:

发现我们是谁

从一开始,艺术已经成为我们的一部分。自从游牧民族第一次为他们的祖先唱歌和跳舞,自从猎人第一次在洞穴的墙上画出他们的猎物,自从家长第一次为孩子表演出英雄故事,艺术已经在描述、定义和深化人类经验。世界各处的所有人,对于意义都有与生俱来的需求——要将时间和空间、经验和事件、身体和精神、智力和情感联系起来。人们创造艺术来建立这些联系,来表达通过其他方式不能表达的内容。没有艺术的社会和个体是没有想象力的,就好像呼吸却没有空气,这样的社会和个体不能长期生存。

艺术是人类长河中历史延续最长。它们将每一个新生代与离去的一代联结起来,武装他们去追寻以下由来已久的问题的答案:我是谁? 我必须做什么? 我将去哪? 同时,艺术经常是变化的动力,从新的视角挑战旧的观点,或为熟悉的观点提供新的解释。艺术原则也提供独特的思考方式以及彼此不同但又十分丰富的思维习惯。在另一个层面,艺术是社会给它自己的礼物,连接希望与记忆,激发勇气,增加我们的喜悦,并使我们的悲剧变得可以忍受。艺术也是喜悦、快乐的一个独特来源,当我们以一个新的方式看我们自己,掌握一个更深的见解或发现我们的想象恢复时,都让我们为之兴奋。艺术成为每一代的关注重点,因为它们让我们面对自己并超越我们所感受到的内容(艺术教育的国家标准,第 1 部分,1994)。

艺术对生活和学习的重要性

如果艺术教育要发挥恰当的功能,每个学生都必须了解以下问题:艺术是什么? 艺术家怎么工作? 他们使用什么工具? 传统的、流行的、经典的艺术形式怎样相互影响? 为什么艺术对我的社会和我很重要? 当学生寻找这些问题的答案,他们就对每个艺术原则和内在的知识和技能有所了解。标准的内容及相互的关联性都是为了促进这种理解。然而,"达到这个标准"的概念,不能或不应该暗示每个学生将会收获一套普遍的艺术价值观。最终,学生是对自己的价值作出回应。在向年轻人教授艺术对于个体及共同文化参与的价值时,标准为他们提供了一个积极和重要的框架（国家艺术教育标准，第 2 部分，1994）。

下面描述了标准、教师和儿童在一起时所发生的事的价值。这些期望在艺术、学生的生命和整个世界之间建立起联系：

● 艺术有内在的和外在的价值；艺术自身和艺术外在的价值，而且能够用来实现很多目标（例如，展示事件和想法、教学、劝导、娱乐、设计、计划和美化）。

● 艺术在文化创建和文明构建中扮演了一个有价值的角色。尽管每个艺术理念对于文化、社会和个体生活作出独特的贡献，它们之间的联系的产物远多于任何一个理念单独的价值。

● 艺术是知晓（knowing）的一种方式。学生在学习艺术时发展出理解世界的能力。学生创造舞蹈、音乐、戏剧作品、视觉艺术品，他们学会了怎样表达自我和怎样与他人沟通。

● 艺术对于我们日常生活有价值和意义。它们不管是在职业设置、非职业追求或休闲方面都提供了个人成就感。

● 终生的艺术参与是一个完整生命中（a fully lived life）很有价值的一部分，而且应该被培养。

● 欣赏艺术意味着能够理解创造、表演、学习、教学、展示和支持艺术的过程中所涉及的不同专业和角色间的互动，并能欣赏它们相互依存的天性。

● 唤醒民俗艺术及其对其他艺术的影响，深化一个人对自己所在的社区（communities）和他人的社区（communities）的尊重。

● 当作为一个观察者或观众参与艺术时，开放、尊重和沉思的个人态度能够增加愉悦感，应该得到发扬。

● 艺术对于询问和表达自由来说是不可缺少的。

● 因为艺术在没有标准或没有确定答案的环境中持续地提供挑战，那些学习艺术的人对于"价值"意义的不同观点更加熟悉。

● 思考的方式和艺术理念的方法能够被用在其他需要创造性解决方法的理念中的情景中去。

● 自律、合作精神和毅力等特性对于艺术很重要，能够对余生都产生作用。

● 艺术提供了非言语的沟通方式，能加深思想和情感的表达。

● 每个人有增进文明的责任。艺术鼓励承担这个责任，并提供做这件事的技能和想法（艺术教育的国家标准，第 2 部分，1994）。

艺术领域的发展方向

理解艺术的每一个独特领域

了解艺术的每个领域是十分重要的，它有助于为所有人提供艺术机会，无论他们有没有障碍。一些教师因为自身积极经验的缺乏，无法有技巧地、熟练地或自然地参与到艺术中去。教师应该培养一种能力，从而看到在视觉艺术、舞蹈、音乐和戏剧领域可以和儿童做些什么，达到怎样的深度和宽度。

艺术教育的国家标准，1994

国家艺术教育协会联盟（Consortium）（根据艺术标准的国家会议的指南）制定的艺术教育的国家标准是一个文件，它大致罗列了每个美国的学生在 K-12① 的综合性教育中不可缺少的基础性艺术学习方面应达到的结果。这个联盟通过国家音乐教育协会的授权管理，于1994 年发布了国家标准。尽管标准提到了整个 K-12 阶段的教育，本书展示的重点将会放在 K-4，如果合适的话，还包括进入小学预备班之前的一些时间。

经过所有艺术教育组织的审议、磋商后，1994 年发布了国家艺术标准。这些标准首先概述了为所有儿童提供艺术教育的重要性。关于艺术重要性的陈述如下：

了解和实施艺术理念对于儿童的思维和心灵的健康发展有基础性的作用。这是为什么在任何文明中（包含我们所生活的世界）艺术与"教育"这一名词的意义无法分割的原因。我们从以往长期的经历中知道没有一个人能够声称是在缺少艺术基本知识和技能的情况下得到真正的教育。有很多原因支持这个论断：

艺术因其本身而值得学习。它们的影响不能被否定。在历史上，所有的艺术起到了把我们的想象与人类存在中最深层的问题联系起来的作用：我是谁？我必须做什么？我将要去哪？学习跨越时间和文化对这些问题作出反应，掌握工具和知识创造属于我们自己的回应方式，不仅对理解人生而且对充实的生活都是必要的。艺术被用来达到一系列的人类目的：展示事件和思想，教学或劝导，娱乐、装饰或使人快乐。认知艺术帮助学生更好的理解和达到这些目的。艺术对于每个人的日常生活是必不可少的。儿童的早餐餐具垫的设计、上下班途中在汽车广播里的歌曲、夜间家庭的电视里播放的戏剧、青少年的周六舞会、经典作品带来的持久影响，我们个人的、社会的、经济的和文化的环境一直被艺术塑造着。

艺术是提供持续的幸福和想象的独特的来源。它们探索思想和事物间的关系，而且作为思想和行动间的纽带。帮助我们以一种新的方式看到和掌握人生是艺术给予的持续的馈赠。

有很多的证据证实艺术帮助学生发展出有效地参与到今天的社会和经济中所需的态度、性格和知识技能。艺术教会我们自律、增强自信，形成工作中需要的宝贵的思考技能和创造性。它们教会团队和合作的重要性，证实学习、认真工作和高水平的成就之间的直接联系（艺术教育的国家标准，1994）。

---

① 小学预备班（kindergarten）到 12 年级。——译者注

艺术教育的益处

根据国家标准小组：

艺术教育对学生有益，因为它培养的是整个儿童（the whole child）在发展直觉、推理、想象和对于独特形式的表达及沟通的灵敏性时，逐渐发展很多种类的读写能力。这个过程需要一个积极的、受过训练的思维（a trained mind）。艺术教育对社会有益，是因为经过艺术教育的学生获得强有力的工具去理解过去和现在的人类经验。他们学会尊重他人、思考、工作和表达自己的不同方式。他们学会在没有标准答案的情景下做决定。通过学习艺术，学生被激发了他们天生的创造性，并发展这种创造性来满足一个复杂的和竞争性的社会的需要。而且，正因艺术领域的学习和能力彼此强化，学习的乐趣变得真实、有形和强有力（艺术教育的国家标准，1994）。

艺术和其他核心课程

标准强调艺术学科的能力，但是这个能力为连接不同艺术形式中艺术相关的概念和事实提供了稳定的基础，进而与科学和人性产生连接。例如，使用艺术的学术方法把科学理念和发现转化到日常科技中去。

在活动中提升能力

把技术和能力融合到日常班级活动的方式很多。当以学生为焦点的活动被有意识地融入常规活动和日程中去，学生就可以在不同情境中练习和发展重要的技能和敏感性。如何把策略和技能融合到各种活动中以支持儿童达到积极成果，表8.1提供了这样的一个概述。成人的角色根据每一个儿童的需要和活动的复杂程度而变化。

表8.1 在艺术和运动领域的积极儿童结果

结　　果	调　　整	课程机会
探索多种质地 参与精细运动活动	可利用的支持：手把手辅助 防滑表面	抽象拼贴画，手指画，面团等 桌面活动，建构材料（积木、乐高玩具等）
利用一系列的媒体展示象征性的表征 用一系列的媒体来探索颜色和形式 参与粗大和精细运动活动	可用的材料，多种材料（蜡笔的特殊夹具等） 不同颜色和质地的材料 如果需要的话提供脚手架；如果需要的话提供身体的支持	视觉艺术活动；写作；画画等 使用用纸或其他材料的桌面活动 动作游戏

艺术领域挑战的特征

当学生参与艺术，他们带来他们的能力、对艺术的先备知识、对艺术形式的熟悉度、自己的文化、参与的意愿，有时还有危险因素。如果一个个体有肢体障碍，就可以对材料和装备进行调整来支持其在该艺术领域获得积极体验。

调整

对于那些有肢体障碍的儿童来说，这些障碍阻碍他们使用与其他儿童一样的方式同环境互动，艺术既提供了机会也提供了挑战。低科技的和高科技的辅助工具能够帮助所有儿童参与到艺术中去。当参与到视觉艺术活动中，低科技的辅助工具，例如马克（Mark）笔的泡沫夹、毛刷的延伸、固定纸张的斜板都给有肢体障碍的儿童更大的独立性。尼龙搭扣可以保证材料的安全、开关能够激活音乐，各种艺术形式能够联合起来增加儿童的体验，激发他们参与到他们以前没有体验过的活动中去。高科技的辅助工具可能包含有特定软件的电脑和经过调整的外围设备，它们使得任何儿童都有机会获得艺术体验（Hutinger, Betz, Bosworth, Potter & Schneider, 1997）。

视觉艺术的调整

儿童体型

物理器材对一个有肢体障碍的孩子会造成阻碍。当一个孩子够不到画板，就要进行调整进而让孩子能够使用画板。有时，障碍会阻止孩子体验艺术活动，但只需要一个简单的调整就能改变这种状况，如搭一个平台让儿童能够站上去够到画板。这个儿童可能需要把画板和颜料放在较低的位置，这样他能坐在画板上画画。这使有肢体障碍的儿童也能使用画板。这个孩子可能需要一个更高或者更矮的椅子以便能够到桌子，或者这个孩子可能需要站起来以便参与到艺术体验中去。当一个孩子握不住画笔，可以给儿童一把轻一些的画笔。如果轻一些的刷子不容易画，这个孩子可能能够用一个装有专门针对孩子的手的尺寸设计的适应性设备的刷子。这个设备可能是一个中间有裂缝的小海绵球，刚好可以把刷子套入缝隙。把这个海绵球放在孩子握紧的拳头里。儿童可能就可以独立使用它或者在成人很少的支持下用它来画画。成人可能发现托起儿童的肘部提供必要的支持，也能降低活动的难度。如果这个孩子是在轮椅或是其他辅助座椅上，专业人员可能提供一个泡沫楔子来支持孩子的肘部，进而他也许就能够碰到画板上的纸。这是一个简单的调整。像其他儿童一样在画板上画画给特殊儿童带来的满足感，使得为实现这一点所做的所有调整都是值得的。

坐在有托盘的辅助座椅上的儿童，参加艺术活动时可以直接在托盘上完成，而不用试图把孩子移动到桌子旁。如果一个儿童能够很容易地靠近桌子,涂色、画画和制作抽象拼贴画的底板可能需要捆到一个倾斜的表面,例如一个三角形的空心砖或木楔,这样学生能够碰到它。拼贴材料有时被剪成很小的碎片,如果想让有肢体障碍的儿童自己拿材料,可能需要更大或更厚的材料。抽象拼贴画的材料应提供多种材质以供选择。

参与到各种各样的艺术活动中都是有价值的。

视觉障碍

有轻度到中度视觉障碍的儿童所需的调整很少。对于一个有轻度障碍的儿童,把艺术材料拿近一些,就有机会让他和其他儿童一样参与到活动中。让儿童在一个白色或黑色背景下操作以形成视觉对比是必要的。让儿童在一个光照条件好的房间里学习来最大化使用他们的视觉也很重要。刚开始,这个儿童也许需要更大的工具和平面(surfaces)去学习。一旦儿童熟悉了材料、工具和平面,就不再需要做过多的调整。

有视觉障碍的儿童经常用整个身体去体验艺术活动,因为艺术活动本身就涉及感知觉。眼科专家、物理治疗师或作业治疗师就其他必要的调整提出建议。每个儿童向为他工作的专家提出了不同的挑战。团队合作使工作更加简单,并帮助儿童达到更加有效的结果。

这些调整对项目或环境并没有什么害处,也不会干扰其他儿童。在了解什么样的环境和项目对儿童是合适的和可接受的基础上,这些调整展示出成人为儿童提供与其发展相适应的环境的意愿。

社交情绪和行为障碍

表现出对同伴和成人来说具有挑战性行为的儿童有时会远离艺术活动。通常,这些儿童不参与到新的活动中是因为他们并不确定要做什么。他们还不理解开放的艺术活动的本质是什么。有社交情绪和行为障碍的儿童被鼓励自己尝试做一些事之前,他们应该有相当一段时间来接纳这些活动。专业人员应该给予他们所需要的时间和空间使他们感觉舒服。有时,有行为障碍的儿童需要冲动控制方面的支持。尽管艺术活动是帮助这样的儿童提升自控力的理想途径,在儿童掌控材料和工具之前,最初会产生很多混乱。缺乏社交能力的儿童肯定会从艺术活动中获益。艺术活动是激励性的、有回报的,通过分享材料和评价每个人的艺术作品促进儿童的社会化。所有的教师和同伴参与到艺术活动,社交能力也在此过程中得以提升。观察有行为障碍的儿童的教师将会通过儿童的作品记录孩子的成长,随着时间发展,他们会获得更多的自尊和对自身环境的更强的控制能力。

学习障碍和智力障碍

当一个儿童因为生理、视觉或其他原因导致的发育迟缓或学习缺陷而不能与其他同龄儿童以相似的速度学习,专业人员可能需要调整活动使儿童能够参与。教师可能会以一种简单的方式进行教学或描述步骤,强调参与活动的必要的技术,或帮助学生使他能够完全参与。在没有压力的情况下进行实验可以允许儿童发展自己的风格、冒险、不急不忙地完成作品(Barbour,1990)。发展需要时间和很多经验。避免假设学生能做什么和不能做什么是明智的。专业人员应该为所有儿童提供相同且丰富的经验,如果再加上支持和鼓励,将会最大化实现孩子的潜能。

语言和沟通障碍

有很多原因导致儿童语言发展迟缓或出现沟通障碍。艺术在促进该领域的发展方面有着重要的作用。作为一种非言语表达方式,艺术可以成为障碍儿童发起与同龄人和成人沟通的方式。参与艺术活动使儿童有机会听到其他儿童的语言,以及教师在提出问题、回应其他儿童问题时使用的语言。一个有语言或沟通障碍的儿童在小组里能够体验到安全感,他就会得到鼓励、开口说话。

音乐和运动的调整

在音乐领域,调整可能包含乐器和物理环境的调整,使儿童能够与其他儿童使用同样的方式去参与音乐活动。音乐类型也需要被考虑到，以满足儿童可能存在的感知觉方面的需要。

教师应该设计一个音乐和运动项目，这个项目需要考虑儿童的特殊需要范围。因为其他领域的课程都要经过设计来满足儿童个体的需要，并整合到课程主题中去，音乐和运动必须采用一个相似的设计方式。教师必须做好准备，对一些材料或活动作出调整或为有特殊需要的儿童设计替代性活动。一般的调整是依据儿童不能够完成的事情而列举出来的。

儿童体型和儿童的肢体障碍

物理器材造成障碍音乐是所有人都能参与的事，不管是用他们的语言或用他们的身体。有严重肢体障碍的儿童可能是没有语言的，但是也可能有语言的，而且能够使用语言能力对他所听到的音乐作出回应。有肢体障碍和没有沟通能力或沟通能力受限的儿童能够通过对视、一个微笑和一个点头来展示其对音乐的识别能力。这说明在生理上孩子可能是有障碍的，但在音乐上孩子是没有障碍的。诺多夫和罗宾斯（Nordoff & Robbins，1970，1977，1983）所著的音乐治疗文献中报道和讨论了"音乐儿童"这一概念。他们坚信有严重肢体障碍的儿童的音乐参与情况是一种评估儿童智力的方式。音乐活动对每个儿童的独特性作出了回应，提供了刺激和满足，而且提供了关于儿童未触及的潜能信息。用传统旋律乐器弹奏音乐可能对有障碍的儿童不是有效的，但是由开关操作的（switch-operated）乐器可能是合适的替代品。教师和治疗师应该共同合作，头脑风暴想出合适的调整方式，允许儿童参与到更广泛的音乐活动中。音乐对肢体障碍的儿童有治疗价值。恰当旋律和音调的音乐可以让儿童获得能量或感到放松。

帕蒂特，一个大约三岁、有肢体障碍的、娇小的儿童，发现音乐能够使她平静。她的妈妈知道了音乐在儿童早期的价值，当她变得焦虑时，她的妈妈就用一个便携的碟机为她播放音乐。新的社交情景会使她的孩子产生一定的焦虑，而且她通常会要求播放音乐。现在帕蒂特将要进幼儿园，教师将需要为儿童找到一种方式来提供支持，但又不能太过瞩目或分散其他儿童的注意。在连续几天观察处在新环境的儿童情况之后，教师需要头脑风暴想出处理办法以便实现这一音乐支持的必要过渡。

使用适应性设备的肢体障碍儿童可能需要从业者对运动类的活动进行创造性的设计。当设计活动时，教师需要记住有肢体障碍的儿童并不是完全残疾的。这个儿童可能能够移动手臂、手指或他的头和脖子。这使儿童无需调整也能够参与到特定活动中去。有肢体障碍的儿童可能需要在轮椅上参与一些活动。一旦对空间进行组织以至于所有的孩子获得自己参与活动所需的空间，就有可能都会参与进来。如果位置的移动是活动的一部分，使用轮椅的孩子可能需要一个同伴或者成人去移动轮椅。一个例子就是让孩子像鸟一样在房间里移动的活动。坐轮椅但可以活动上肢的儿童在辅助下可以在房间里移动（如果这个孩子不能独立地管理轮椅),也可以就做一只在原地拍打翅膀的小鸟。即使一个老师有应对肢体障碍的儿童的丰富的经验,还是有必要咨询与这个儿童合作过的相关专家,并向家庭描述你所计划的活动以确保活动对孩子是合适的。与专家共事是为有特殊需要孩子制定计划的一个关键因素,专家将会成为你的计划过程的一个宝贵资源。如果设计的活动要用到围巾,使用轮椅的孩子不能握住它,就可以把这条围巾系在孩子的胳膊上。如果这个孩子使用助行器,让儿童在移动的过程中使用围巾是不可行的。在孩子坐下来的时候使用围巾比较合适。尽管移除了在房间内移动的部分,但孩子的上肢得到了运动的机会。教师应该做好调整的计划,鼓励有肢体障碍的儿童以不同的方式、在不同水平参与到每个活动中。孩子会因此感觉到自己是活动的一部分,即使他可能和其他儿童做的事情并不完全相同。教师需要花时间去反思和观察环境,探讨调整的可能性。孩子的同伴小组也能提出关于儿童的新想法和在运动活动中促进融合的新方式。

视觉障碍

有视觉障碍的儿童能够参与到音乐活动中去。不管视觉障碍的程度多么严重,这个儿童能够听到和感觉音乐,而且能用声音和身体作出回应。当把乐器拿出来或者儿童在使用乐器时,可能需要帮助有视力障碍的儿童尽可能地靠近乐器。这个孩子最初可能需要一个成人的指导,在不破坏这个乐器的前提下学习如何使用它。这也将帮助孩子以一个安全的方式参与这个活动。有视力障碍的儿童喜欢音乐活动带来的刺激。通常,有视力障碍的儿童是有律感的,而且以一种很放松的方式去响应音乐。在运动活动中,一个有视力障碍的儿童可能需要握住一个成人或者其他孩子的手,为的是在一个需要在开放空间中移动的活动中让自己感觉到安全。如果这个儿童在这个空间感觉到舒服,可能就不需要上述的调整。一些有视力障碍的儿童不会跨越一些边界,这意味着他们不会跨越门槛、穿过门口或者踏上有稍微的高度变化的平面,除非有他们信任的人帮助他们。一旦他们掌握了这个技能,他们会自如、独立地走过门槛。当设计一个运动类活动时,如果教室里有一个视力障碍儿童,教师应该帮助他,使他在这个活动中遇到的困难(不同高度的地面)最小化,直到他适应环境。

社交情绪和行为障碍

音乐对于很多儿童都有镇静作用。社交情绪和行为障碍儿童有行为外倾的天性,但音乐也可能让他们安静下来。一旦安静下来,他们就有机会参加其他活动。退缩型的儿童可能非常被动。使孩子镇静的音乐可能在这些儿童身上不适用。这些儿童可能需要更加有活力的音乐。在选择背景音乐的时候,同时考量小组内多种类型的儿童是很重要的。一个过分活跃的儿童肯定不需要嘈杂的音乐。这可能会使其更加兴奋而导致其行为无法控制。有些孩子害怕失败,会逃避令他生畏的活动,但他们可能会发现听音乐和玩音乐时不会有那么多的要求。如果这个儿童并不想唱或者移动，只是作为这个组的一员，给这个儿童提供归属感和成就感就行。经过一段时间以后，这个儿童虽然还是不会一起唱歌，但可能会做一些手部的动作或是不出声地说出歌曲中的词语。每个儿童都应该能够在他的水平上、在对其个人有益的框架内作出回应。有社交情绪问题的儿童可能通过音乐舒缓情绪。一旦这个儿童积极参与到音乐活动中去，这些活动可能就成为社会化的核心，而且帮助架起学校与家庭的桥梁。

运动类的活动可能也是同样的模式。这种相似性会造成完美的感觉（perfect sense），因为音乐和运动是紧密相关的。然而，教师可能会发现，对于一个有情绪行为问题的儿童，可能需要花费更长的时间找到其在配对活动中的舒适范围。教师应该帮助学生在参与音乐时寻求喜悦和乐趣而不是追求完美。有发泄行为和较少应对技能的儿童应当参与一些对回应没有严格要求的活动。有这种特征的儿童可能一开始对于参与活动是忧虑的和小心的，因为他们并没有很多关于音乐的经验。随着时间或远距离的观察，儿童可能逐渐接近活动、参与其中、有所收获。在运动活动中，儿童可能也存在一样的谨慎的心态。对于情绪行为障碍儿童，运动类活动的目标是体验运动的乐趣和对身体进行控制的成就感。舞蹈治疗把舞蹈当作非言语沟通、敌对与温和情绪释放、身体放松和增加自我意识的一种方式（Toombs，1968）。很多在学习领域表现很好的被过分限制的孩子的舞蹈动作却很有限，这反映出他们自发性的缺失和情感表达能力的缺失。教师能够把舞蹈作为评价孩子的一种方式。埃斯皮纳克（Espenak，1981）观察发现，特定的情绪或态度可以通过使用个性化的舞蹈姿势进行表达：头埋在胸口、迟疑的脚步可以表现沮丧的态度；耷拉着肩膀、低着头可以表现腼腆的态度；肩膀提到耳边、头缩到脖子里、紧绷的手肘和颤抖的双手可以表现高度紧张的样子；高挺的胸脯、大摇大摆的走、鞋跟发出重重的声音可以表现出攻击性的态度。尽管早期教育教师对基于这些动作类型所作的评价可能还不适应，但它提供了一些例子，告诉我们，一个儿童展示的动作可能比先前想象的更有意义。

基于动作的评价能够帮助教师看到超出传统评价方式以外的结果，并利用儿童的自然行为更好地理解他们。一个缺乏社交能力的儿童在冒险尝试一些音乐活动之前可能需要更多的时间。通常，这是社交技能缺乏的儿童参与所有活动的方式。因为一些音乐活动能够坐在室内完成而不是在露天场所的中央，这会让儿童感觉更安全，相对于一个运动探索类活动，儿童可能更乐意参与这种室内活动。因为儿童可能没有准备好去握住其他人的手或近距离接触其他学生，所以教师必须仔细设计合适的活动，促进儿童的融合。

学习障碍和智力障碍

为了儿童能够参与，不要对音乐作很多介绍。要让有学习障碍的儿童参与其中，并不需要做很多的调整。为了促进这类儿童的参与，可能需要给予鼓励，并在身边有一个成人辅助,但是因为在过程中很少有需要学习的内容,所以音乐是一个自然的活动。如果儿童记忆歌词有困难,可以让他哼唱。如果这个儿童对记忆歌曲有兴趣,可以安排一些特殊的练习内容,这样下一次参与活动时可以拥有一些先备技能。刚开始播放音乐,教师可能会坐在儿童的身边,为儿童提供最好的示范。不管同伴的语言技能达到何种水平,成人的语言总是比同龄同伴的语言更清晰。然而,教师不应该整年坐在儿童身边,因为这个儿童可能会认为教师在旁边时成功参与的必要条件。在这一年的课程中,儿童需要发展出独立性,教师在这个过程中需要提供支持。

在运动活动中,有学习困难的儿童可能需要一名教师或同伴在动作方向的定位方面提供帮助,或者是示范动作供其模仿。因为有学习困难的儿童可能与整个小组的运动方向相反,而导致儿童与其他同伴发生碰撞,做一点简化可能会大有帮助。儿童可能也需要一些鼓励以便能够在露天空间学习。安排一个学习搭档可能对这类儿童有用。这个儿童将不会被其他儿童吓到,将会体验到参与的乐趣,获得对自己身体的掌控感。表 8.2 概述了可能与挑战相匹配的策略。

表 8.2　运动、音乐和艺术活动可能的调整策略

特　点	策　略	可能的结果
肢体方面的障碍	定位;适应性设备:助行器,轮椅,特殊座椅	参与;协调性 无障碍 独立移动能力
感觉加工困难	不同材质的感官材料	全面参与活动
精细动作障碍	适应性设备:剪刀、画笔、蜡笔、马克笔等	协调性 独立性增强
粗大动作障碍	可接近的物理空间	移动性增强
运动困难	不同大小和重量的乐器	融合
感觉障碍		参与
肢体和行为障碍	带有边缘的托盘	清晰、安全的边界
肢体和/或沟通障碍	适当的辅助技术	沟通能力增强
自闭症	社交故事	心理理论 活动的意识
肢体障碍	画架、斜板	协调性增强

针对有障碍和无障碍儿童的创新活动

艺术表达模型

艺术表达模型(the art express model)(1997)是一个创新型项目的范例,它以美国幼儿

教育协会(NAEYC)与发展相适应的指南为基础。在模型的开发过程中,工作人员与 16 个幼儿班,370 个轻中度和多重障碍儿童及其家庭合作并收集相关数据。活动和材料经过行业检验、评估、校订和改编。最终成果是一套指导方针和经验建议,而非固定的课程。这种灵活性是任何艺术经验的关键成分,无论是针对普通儿童或特殊儿童。儿童在不同的时期有不同的经历,因为他们的能力、以往的经历及他们参与新活动的精力都是不同的。

西伊利诺伊大学教育和人类服务学院历时三年的表达艺术推广(EAO)项目的主要目标是整合表达艺术(EA)模型(它基于表达艺术中与发展相适应的经验,并强调视觉艺术),并把它复制到针对三到八岁不同障碍类型儿童的早期教育项目。第二个目标是提高家庭、专业人员和幼儿教育政策决定者的知识和技能,以便他们能有效开展与发展相适应的幼儿艺术活动,并针对重度障碍儿童进行调整。第三个目标是为障碍幼儿提供艺术相关的资料和产品的国家资源和信息交流。目标还包括活动意识;复制产品的开发、校对和宣传;训练和咨询;为开发区、企业团体和州提供援助;参与地方、区域和全国的合作活动。

在 1997 年 10 月 1 日到 2000 年 9 月 30 日期间,21 个试点使用了表达艺术(EA)模型。这些试点包含 60 个教室,38 个教师和 60 个辅助员工。4 个试点拥有设备齐全的特殊教育教室,为多重和重度障碍的孩子提供服务。5 个试点有设备齐全的特殊教育教室,服务对象是轻中度障碍孩子。5 个试点有融合教室,为高危和障碍儿童服务。5 个试点有教室为高危孩子提供服务(两个学前班和三个"开端计划")。2 个试点为婴儿和幼童服务,一个是以机构为中心的项目,另一个是以家庭为中心的项目。三年里,项目影响了 1 176 个儿童。数据收集涉及到 277 个障碍或高危孩子。项目对教师、儿童和家庭都有积极作用。复制试点的员工(replication site staff)在开展艺术活动和为障碍儿童调整活动方面收获很多。他们采用绘画、涂色、创造性 3D 设计等方式为不同发展程度的孩子安排适宜以儿童为中心的活动,在此过程中他们的活动设计能力得到提高。所有的孩子,无论他们的障碍是轻度的、中度的还是重度的,无需成人主导,都参与到与发展相适应的表达艺术活动和项目中,这使得儿童可以获得更深层的发展。

参与表达性艺术活动后,孩子们的交流技巧、社交能力、问题解决能力、表达能力和运动技能有所提高。家庭调查显示他们对项目及儿童发展情况感到满意,在家会更多地与孩子一起参与表达艺术活动。项目产品包括印刷材料,比如修订版艺术表达课程,夏季家庭和儿童艺术活动手册,艺术表达调整资源包和时事通讯月刊。项目网址有 www.mprojects.wiu.edu 和 www.wiu.edu/thecenter/art。影像产品包括表达艺术项目:个案研究方法和通过表达艺术庆祝孩子的学习。三年间,项目成员主持了 34 场工作坊和会议报告,参与人员包括 2 060多名早期教育者、治疗师、辅助专职人员和家庭成员(Hutinger, Potter, Schneider, Guzman & Johanson, 2002)。

儿童早期健康基金会倡议

儿童早期健康基金会倡议由威斯康星州的非常特别艺术项目（Very Special Arts Program）于 1992 年提出。它把艺术作为一种工具，帮助障碍和高危孩子为进入普通学校、取得成就做好充分准备，训练儿童早期教育者运用艺术培养儿童读写能力并支持身体的、社交的和情感的发展，鼓励家长在为孩子提供最佳成长和发展环境时承担责任。这项工作的完成对四项艺术介质（运动、音乐、戏剧或视觉艺术）进行探索。这种寓教育于艺术的项目为创造综合的学习经验、评估和改善 0—6 岁障碍儿童提供了新框架（VSA arts of Wisconsin）。

循证实践

长期以来，早期教育者已经认识到了创造性活动的重要性，并对于提高孩子的创造力充满热情。由于其在提高孩子智力、社会性和情感发展上公认的角色，大多早期儿童课程都非常重视创造性经历，尤其是音乐、运动和视觉艺术领域。

近来，长期存在的对创造性活动的关注受到了脑研究领域的神经系统科学家的热捧，他们认为早期经历形成和塑造了脑神经通路（Shonkoff & Phillips，2000）。特别是在前 3 到 4 年，丰富的经验对于神经通路的形成是必要的，继而会影响发展、整体幸福感和将来在学校的学业表现。关于儿童大脑发展的知识越来越多，帮助我们再次关注和鼓励社区和政府在加强和扩大早期教育项目方面的兴趣。当前的一些运动，比如澳大利亚更强家庭、更强社区项目，都建立在"早期的发展结果与日后的幸福（later well-being）紧紧相连"的强有力的证据基础上。

根据早期经历重要性的证据显示，儿童积极参与唱歌、音乐和运动、讲故事、艺术和手工活动十分重要。所有新的、持久的经历帮助创造独特的大脑连结，这对发展路径有或长期或短期的影响。随着全国读写能力调查接近尾声，发展读写能力的最佳方式及保证每个孩子都能阅读成为关注的焦点。毫无疑问，这项研究将会突出强调早期丰富的语言和文字经验对儿童的关键作用。在学前和托管阶段，这些经验的核心是以艺术为基础的活动，如涂色、绘画、素描、唱歌、跳舞和优质早期读写项目里的讲故事。传承这些传统的早期儿童活动，并结合最新的数码经验，可以转变成牢固的早期读写技能，当然这需要结合周密的计划和来自有目标的最初的训练和专业发展中学会的教育方法（Elliott，2005）。

创造性是什么，它与典型发展儿童和特殊需要儿童有何关系

想到创造力和发展创造力的过程会引发很多问题。与儿童一起工作时，要考虑的一个重要问题就是，人的创造力是与生俱来的，还是后天习得的？

什么可以促进创造力的发展？可考虑的变量如下：

- 个性
- 智力和知识
- 经验
- 思维方式
- 动机和努力
- 环境支持

众所周知，有几个重要的变量会影响创造力的发展。不存在一种科学或公式能使一个孩子比另一个孩子更有创造性，但是几个变量的结合有助于创造性潜能的培养。

对于特殊需要儿童而言，创造力的美丽之处在于创造力的本质并不确定。创造性表现与数学、科学和语言艺术等领域的精确特性是相互平衡的。在视觉艺术、运动/舞蹈、音乐和戏剧某些方面，没有找到确切的标准答案。在艺术发展的早期阶段，过程比结果更重要。艺术对普通儿童和特殊儿童来说都是很有意义的，因为它通过创造没有批判的环境为他们提供了无限可能。

接近艺术教育：教师的角色

在幼儿艺术的不同领域工作时，教师扮演着很多不同的角色。教师可能是一个推动者，对活动实施提出建议，也可能不对相关活动提出任何具体的指示，没有太多的指导性。教师也可能给艺术、音乐和运动或戏剧活动加一些新的材料。再次声明，教师除了确保安全，并不就材料使用方式作出指导。教师可以通过引入使用工具或完成同样动作（涂色、运动、饰演角色等）的新方式来扩展或增加儿童的经验。教师可以通过提出能引发新活动的问题解决式的问题来促进孩子的经验发展。教师也可以为孩子提供机会把不同的艺术融入他们的活动中，而不是提供孤立的艺术体验。

教师可以用很多方式鼓励孩子参与艺术，以便他们有不同的收获。艺术可以成为发展孩子某个需求领域的途径。

孩子们对艺术的参与来自经验。物质经验、活动经验、接触艺术的经验给孩子提供了探索自身的背景。教学是艺术教育的一部分，但探索在整个艺术经历中占有更大比重。小孩子都被期望学习特定领域的大量知识，比如语言、语言艺术、数学和科学。艺术的深层价值是鼓励孩子探索并发展兴趣和能力，但并不要求有具体的结果。孩子可以制作作品并拥有属于孩子的独特经历。艺术对于其他领域的发展是接纳的，并鼓励其他领域的发展。

以儿童为中心的艺术和以教师为主导的活动

确实有一段时间在一些地方存在以教师为主导的活动（或项目和表演）。以儿童为中心的艺术为儿童提供自我表达的机会。项目和表演更公共化和结构化。项目的方法和艺术教育不同。项目方法指一套教学策略,它使教师能够指导学生深入学习真实世界的主题。项目方法不是无组织的,它有一个复杂但灵活的框架,以教学互动为特征。当教师成功地实施项目方法,儿童能得到高度的激励,感觉积极地参与到他们自己的学习中,产生高质量的作品(Katz,1989)。图 8.1 提供了一个调整后的以儿童为中心的活动范例。

成人可以在活动中为儿童提供脚手架

考虑到在早期儿童教育中的项目方法和标准,卡茨(Katz,2007)展示了为儿童提供经验以支持其追求知识的例子。它与直接提供教育产品或成果的观点完全不同。她举了一些儿童体验标准的例子,比如智力参与和吸收、智力挑战、参与持续的调查、对自己的问题有信心、有团队归属感等。

材料

桌上盒子中的剪贴画材料(不同的材质);切割工具;多种剪刀(经过调整的剪刀);背景纸(对比度高);粘合物(胶棒、白乳胶,胶带)

简介

教师用言语介绍主要内容(设置有前瞻性的、清晰的限制);讨论为儿童提供的选择;演示选择材料并把它贴在纸上的过程,不指导儿童的选择

过程

成人待在中间或是附近,在需要时提供帮助;最多四个儿童同时选择这个活动;教师促进语言互动、提供引导但没有直接的指导(如果必要的话,加入儿童以保证其持续地参与)如果儿童产生关于创作过程的语言,成人可能会问孩子是否想要把自己的想法或语言记录下来。

教师不会问儿童他做了什么,但是可能会要求孩子分享观点。("你愿意跟我说说这个东西吗?")

图 8.1 以儿童为中心的活动样本

障碍儿童和非障碍儿童的艺术活动目标

　　一个高质量的艺术方案能够从入园前就开始,并贯穿整个学校阶段。儿童早期的艺术方案应该满足儿童发展的需要,不管他们的年龄、发展速度或障碍程度。这些需要关注语言、认知、情绪、审美和创造性领域,而且能通过视觉的和触觉的认知经验、艺术作品的制作、审美评价的机会、艺术价值的评估和关注多种艺术形式遗产的活动和讨论等方式,来培养上述领域的能力(Arts Education Partnership,1998;Herberholz & Hanson,1995)。为了实现视觉和表现艺术领域的目标,汉森(Hanson,1995)建议教师提供以下的经验:

- 从多种来源、通过多种方式仔细检查自然的和人造的物品。
- 通过使用适合儿童操作能力和表达需要的多种艺术媒体来表达个体感情和想法。
- 用不同艺术材料和艺术过程进行实验,来决定它们在实现个体的表现形式上的有效性。
- 使用适合儿童能力的工具,发展满足艺术表达所需要的操作技能。
- 在过程中组织、评价、识别,以便理解关于线、形式、颜色和材质在空间中的正式结构。
- 运用一系列的教育媒体和社区资源,看、读和讨论包含绘画、雕塑、建筑、建筑学、工业、手工制作等艺术工作(Herberholz & Hanson,1995)。

　　在早期发展过程中,障碍儿童或普通儿童都碰到过很多需要他们学习准确信息的经历。艺术是一个独特的领域,因为儿童所创造的艺术完全是他们自己的表达。这并没有对与错。一个成人不能说这幅画需要再画一次,因为当一个儿童说完成了,就是完成了。允许儿童讨论他们的艺术经验十分重要。教师不仅应该让儿童说他们刚刚制作了什么,还应该让他们去讨论进行艺术创作时的感受。当教师这样做的时候,他们会向儿童传递一个信息,即艺术经验的过程与艺术产品同样重要。教师能够重视儿童的参与和表现他们对儿童的珍视。纸上的最终作品并不是很重要。库施纳(Kuschner,1989)分享了在儿童早期的一些专家的见解(Klein,Kantor & Fernie,1988;Spodek,1986;Suransky,1982),这些专家指出儿童判断什么重要的方式是来源于成人传递的价值信息。如果成人想要去培养儿童对艺术活动的兴趣,他们必须用能体现支持的语言和行为来推进孩子的兴趣。

反思和艺术

　　通过观察一个儿童创造一个艺术作品的过程,教师能够学到很多。一个人可能会基于空间的使用、颜色的选择、颜料或其他媒介的控制、表达创造性来评估一个儿童。观察在创造过程中的儿童,可以让我们了解他是有点冲动的还是更加有反思意识的。教师的观察可能会产生有关儿童的舒适水平、自发性、独立性和与艺术材料接触的先前经验等信息。当教师听取一个儿童谈论过去创作艺术作品的过程时,它增加了教师对儿童语言和概念发展的了解。这可能也会帮助老师了解儿童怎样感知自己,以及儿童分享经验的舒适度。一个人必须仔细观察儿童创造了什么、仔细倾听儿童讲述了什么。当儿童被强迫去讲述某个作品，在创造过程中这个儿童的头脑里可能没有任何特定的想法，他可能会感觉好像老师期待听到一个故事，所以这个儿童编了一个故事。教师在表达这种期望时要十分谨慎。儿童应该享受这些经验，建立知识和探索的框架，并期待其他类似的经验。

行动中的反思

莱特博尼女士

最初莱特博尼女士有一点不愿意拿出凌乱的材料，当乔丹在中心的时候。他的行为有时是冲动的和爆发性的，以至于她担心他会把画笔扔向其他儿童或在教室里乱扔。最终，当她意识到她所担心的事情是什么，她决定尝试提供这个机会，创造一个安全的环境供乔丹探索。他立马对这个机会做出回应并借此来表达自己，艺术活动很快成为他最爱的活动之一。表 8.2 展示了莱特博尼女士的决策过程。

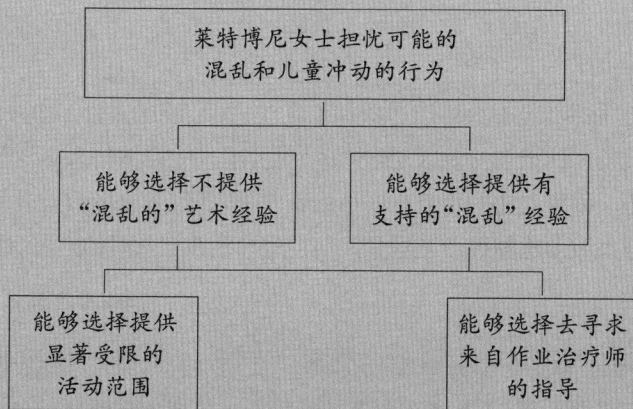

图 8.2 决策树

在艺术活动中进行反思，提高融合有效性

如果在设计艺术活动时没有真正意义上的对或错，那么反思到底扮演什么样的角色？当一位教师在艺术活动进行中或者艺术活动结束后反思，应该考虑以下内容：

● 学生是否愿意参加到活动中去？反思型教师将会记录儿童参与活动所用的方式。

● 活动目标是否达到？当老师考虑班上的儿童的能力和障碍时，反思将会帮助他在决定活动目标否合适、活动是否与儿童发展相适应。有时在设计过程汇总，教师不能知道以上问题的答案。在儿童参与时和参与后的观察和反思将会帮助教师去改善之后活动的计划，以便为儿童提供最佳经验。

● 把这个活动引入后，我对整个班级了解了多少？反思型教师可能学会了如果每天提供不同类型的艺术活动，课堂是否更加安静和有成效的。教师可能识别每天加入艺术活动的最佳时段，使儿童最大化地学习和参与。

● 我对班级里每个儿童的技能水平、兴趣和挑战了解了多少？教师可能发现一个被认为很害羞和安静的儿童在唱歌、创作音乐或跳舞时，并不是那么的害羞和安静。教师可能也会学到一个简单的规则，例如要求一个孩子穿上一件工作服来画画，就会阻止孩子参与到画画的活动中去。

● 开展这个活动之后，我对自己了解了多少？通过观察和参与艺术活动，教师可能会了解到自身的哪些方面？反思型教师可能会开始看到他自己教授的领域需要学习的内容。教师也可能学会参与那些让自己安静下来的艺术活动，并能够恢复精神，而好精神对于每天在早期教育教室中的积极活动中是很必要的。

在教室里与儿童一起参与艺术活动，使教师能够观察一个孩子技能的方方面面，而其中一些内容是通过认知/学习领域观察不到的。教师可能会看到与在其他活动和课程观察到的儿童发展状况不同的内容。一个注意力时间很短的儿童可能会在画画或玩泥土活动中参与很长时间。艺术活动的感知觉部分可以为所有儿童在他自己的水平上获得放松，以及积极参与到活动里。反思型教师可能记录儿童活动水平的变化，用这些评估信息思考后续艺术活动和环境等其他方面的设计。因为关注的重点是缩小成就差距，其他人可能质疑儿童在艺术体验上花费时间的价值。反思型教师能够展示艺术是如何促进儿童在学校里的学习、行为和兴趣发展的。

案例1：卡珊德拉

卡珊德拉是一个非常安静、看起来很害羞的小孩。评估她的技能对于教师来说是有挑战性的，因为她在尝试的时候总是非常犹豫。一天，教师设计了一个需要用到很多音乐的运动类活动。卡珊德拉最初靠在墙上，没有眼神的交流，表现的就是她平常的样子。当卡珊德拉听到加勒比小岛的音乐时，教师仿佛看到了一个完全不同的小孩。卡珊德拉的脸和整个身体都动起来了！她开始很美地移动她的身体，而且热情地参与到活动中去。当教师告诉她的母亲这件事（母亲也是一个很安静的人），并猜想卡珊德拉和母亲一定在家里经常跳舞时，她的妈妈指出她从来没有在家里或车上放过音乐，他们也没有一起跳过舞！教师在思考这种积极的反应来自哪里？

问题与反思：

1. 在这个情境中，动力源于哪里？

2.作为一名教师,你能从这个新的发展中获得什么,并把它应用到其他领域帮助孩子成长和发展?

3.为了更好的帮助这个孩子,你还想要或需要些什么?

案例2:安德鲁

安德鲁是一个有很强语言能力的三岁孩子,但他运动能力不佳,对于做一些他认为很杂乱的事情也非常谨慎。他也不是很愿意参与小组活动。安德鲁却参与到了一个很严肃的戏剧表演中去。当他上幼儿园时,他的妈妈怀了第二个孩子。每天安德鲁在家务区用娃娃进行戏剧表演。在他的表演中,教师观察到他把娃娃放到冰箱或火炉里。当他表演出他的故事时,娃娃总是会受伤、需要抢救和看医生。教师对这件事感到很困惑。

问题与反思:

1.有需要担忧的事吗?

2.你想关注这个儿童的哪一方面?

3.你想对这个家庭说什么吗?你有什么问题要问吗?

4.如果干预的话,你要做什么?

案例3:詹姆斯

詹姆斯很害怕失败,所以让他参与新活动时就会很抗拒。他因为这个原因也不参与艺术活动。他试图告诉其他孩子绘画是女孩子做的事,并吓唬那些想去参加艺术活动的孩子。让他知道男人也能够成为艺术家是很重要的。教师把男性艺术家的相片放在艺术角的周围,也把知名男性艺术家的作品打印出来。最初詹姆斯表现出对那些展览品的漠视,但渐渐发现没人注意他时,便开始展示出对它们的兴趣。在一段时间之后,詹姆斯开始使用艺术材料。他的画经常在本性上是负面的,但是他在艺术领域的参与确实允许他去表达自我并且放松下来。当他参与到艺术活动时,他也开始在与同伴的互动中放松下来。

问题与反思:

1.教师是否恰当地实施了干预?

2.你认为是什么让詹姆斯形成了"艺术是女人做的事"这一概念?

总结

在普通儿童和障碍儿童的课程中加入艺术，为儿童和教师都提供了发展和成长的机会。艺术能作为教学和学习工具，也能作为诊断的工具，通过艺术，可以了解一个儿童的潜能和智力水平。独自创造或与同伴和教师一起创造的乐趣可以帮助一个儿童看到自己的潜能。可能性是无限的。作为一个教师，你总是需要学习和成长。拥抱艺术是更好地享受这个旅途的一种方式！

关键术语

Adaptation 调整

National Standard 国家标准

Creativity 创造性

The arts 艺术

网站

每一个儿童杂志 http://www. earlychildhoodaustralia. org. au/every_child_magazine/every_child_index/new_evidence_linking_the _arts_and_learning_in_early_childhood.html

国家艺术标准 http://www.ed.gov/pubs/ArtsStandards.html

非常特殊艺术（VSA Arts）http://www.vsawis.org

艺术教育网站

手势、符号和身体语言线索的非口语字典

http://members.aol.com/nonverbal2/diction1.ht

艺术教育合作伙伴 http://aep-arts.org

视觉思考策略 http://www.vue.org

学习障碍在线 http://www.ldonline.org

视觉图像网站

自然儿童项目 http://www.naturalchild.com/gallery

乔治·卢卡斯基金会 http://www.edutopia.com

肯尼迪表演艺术中心 http://www.artsedge.kennedy-center.org

艺术教育 Getty 中心 http://www.getty.edu/education

点击艺术—商业艺术作品 http://www.artinaclick.com

美国艺术教育协会 http://www.naea-reston.org

纽约艺术基金会 http://www.nyfa.org/

米兰达个人风景画画廊 http://www.northlight.com/brent

大师作品—商业艺术画廊 http://www.masterprints.com

艺术日报—网上艺术新闻 http://artdaily.com

参观莫奈的住所和花园 http://www.giverny.org/gardens

探索达芬奇 http://www.mos.org/sln/Leonardo/LeoHomePage.html

适用儿童与家庭的网站

儿童艺术—儿童艺术展促进艺术教育 http://www.kidzart.org/

蜡笔—艺术课计划与活动 http://www.crayola.com

儿童空间—给儿童的艺术与儿童的艺术 http://www.kids-space.org

休斯顿儿童博物馆 http://www.rice.edu/cmh

印第安区域儿童博物馆 http://www.childrensmuseum.org/

艺术探险 http://www.alifetimeofcolor.com/

儿童区—非洲裔美国文化 http://www.afroam.org/children/children.html

家庭趣味 http://www.familyfun.com

美国首都国家艺术中心 http://www.nga.gov/kids

教师的参考桌 http://ericir.syr.edu/

核心知识基金会 http://www.coreknowledge.org

诱人的镶嵌 http://mathcentral.uregina.ca/RR/database/RR.09.96/archamb1.html

现代艺术博物馆—视觉思维课程项目 http://www.pz.harvard.edu/Research/MoMA.htm

镶嵌 http://forum.swarthmore.edu/sum95/suzanne/links.html

艺术联结 http://www.arts.ufl.edu/art/rt_room/index.html

美国幼儿教育协会 http://www.naeyc.org

博物馆与艺术中心

纽约古根海姆博物馆 http://www.guggenheim.org/

纽约大都会艺术博物馆 http://www.metmuseum.org/Index.html

亚特兰大埃默理大学卡洛斯博物馆 http://www.cc.emory.edu/CARLOS

新泽西艺术教育 http://www.aenj.org

俄亥俄阿克伦艺术博物馆 http://www.akronartmuseum.org

哈蒙博物馆 http://www.npg.si.edu/exh/harmon/index.htm

Takase 工作室—日本书法艺术 http://www.takase.com

美国首都史密森博物馆 http://www.si.edu/

美国首都国家肖像中心 http://www.npg.si.edu

芝加哥大学东方中心 http://oi.uchicago.edu/

美国首都国家艺术中心 http://www.nga.gov

希尔顿艺术和花园雕像纪念馆 http://sheldon.unl.edu/HTML/ARTIST/Walker_K/SSII.html

林构艺术 http://www.artincontext.org/artist/r/faith_ringgold/

旧金山艺术博物馆 http://www.thinker.org

亚洲艺术中心 http://www.asianart.com/hotlist.html

音乐网站

美国艺术教育协会 http://www.menc.org

通过艺术进行早期学习的沃尔夫教育中心 http://www.wolftrap.org

儿童犀牛音乐商店 http://www.kidrhino.com/kids25.html

沃尔夫教育网上资源 http://www.artsplay.org

教师资源网站

学前儿童艺术活动 http://artforkids.about.com

艺术材料资源 http://www.artistresource.org/market.htm

学习干预资源 http://www.donjohnston.com

计算机资源 http://www.warehouse.com/ed

学术出版社 http://www.scholastic.com/

儿童早期 http://www.earlychildhood.com

艾瑞·卡尔网站 http://www.eric-carle.com/

柯达课程计划网站 http://www.kodak.com/cluster/global/en/consumer/education/lessonPlans/lessonPlan083.shtml

艺术百科全书 http://artcyclopedia.com

视觉艺术资源 http://arttalk.com

特殊教育资源 http://seriweb.com

艺术类搜索引擎 http://dir.yahoo.com/Arts/Education/K_12

学前教育资源 http://www.preschooleducation.com

HILL 的特殊教育链接 http://www.boulderactivist.org/edulinks

创造性沟通 http://www.creative-comm.com

学前艺术活动 http://www.kinderart.com/lessons.htm

林构的网上学术出版 http://teacher.scholastic.com/authorsandbooks/authors/ringgold/bio.htm

亮环 http://brightring.com

学习网 http://www.studyweb.com/teach/tocart.htm

互联艺术资源 http://wwar.com

参考文献

Arts Education Partnership. (1998). *Young children and the arts: Making creative connections*. Arts Education Partnership.

Barbour, N. (1990). Whose creation is it anyway? *Childhood Education*, *66*, 130-131.

Bowman, B. (1990, December). *The arts and development*. Paper presented at the International Conference on Early Childhood Creative Arts, Los Angeles.

Elliott, A. (2005). New evidence of linking the arts and learning in early childhood. *Every Child*, *11*, Early Childhood Australia, Inc.

Espenak, L. and Koch, N. (1981). An interview with Liljan Espenak. *American Journal of Dance Therapy*, *4*(2), 4-20.

Gardner, H. (2006). *Multiple Intelligences: New horizons in theory and practice*. New York: Basic Books.

Herberholz, B., & Hanson, L. (1995). *Early childhood art* (5th ed.). Dubuque, IA: Wm. C. Brown.

Hutinger, P. L., Betz, A., Bosworth, J., Potter, J., & Schneider, C. (1997). *ArtsExpress: A curriculum for young children with disabilities*. Retrieved from ERIC Document Reproduction Service No. ED433653 (Educational Resources Information Center) database.

Hutinger, P. L., Potter, J., Schneider, C., Guzman, M., & Johanson, J. (2002). *Expressive arts outreach project 1997-2000: A final report* (Project No. H024D70014). Washington, DC: U. S. Department of Education Office of Special Education and Rehabilitative Services, Office of Special Education, Research and Innovation to Improve Services and Results for Children with Disabilities. Retrieved March 2007 from ERIC database.

Katz, L. G., & Chard, S. C. (1989). *Engaging children's minds: The project approach*. Norwood, NJ: Ablex.

Katz, L. G. (2007). Viewpoint: Standards of experience. *Young Children*, *62*, 94-95.

Klein, E., Kantor, R., & Fernie, D. (1988). What do young children know about school? *Young Children*, *43*, 32-39.

Kuschner, D. (1989). Put your name on your painting, but the blocks go back on the shelves. *Young Children*, *45*, 49-56.

Lowenfeld, V., & Brittain, W. L. (1987). *Creative and mental growth*. New York: Macmillan.

Lubawy, J. (2009), *Visions of creativity in early childhood: Connecting theory, practice, and reflections*. Castle Hill, New South Wales, Australia: Pademelon Press.

Music Educators National Conference(MENC). (1994). National Standards for Arts Education. Reston, VA: National Association for Music Education.

Nordoff, P., & Robbins, C. (1970). *Therapy in music for handicapped children*. London: Gollancz.

Nordoff, P., & Robbins, C. (1977). Creative music therapy: Individualized treatment for the handicapped child. New York: John Day.

Nordoff, P., & Robbins, C. (1983). Music therapy in special education. St. Louis, MO: MMB Music.

Pearson, B. (1998). Three positive ways to apply multiple intelligences theory in schools. *ArtLinks*. Retrieved April, 2007 from http://www.barbarapearson.com/p-mi-apply.html

Schirrmacher, R., & Fox, J. E. (2009). *Art and creative development for young children*. New York: Thomson Delmar Learning.

Shonkoff, J. P., & Philips, D. A. (Eds.). (2000). *From neurons to neighborhoods: The science of early childhood development*. Washington, DC: National Academic Press.

Spodek, B. (1986). Development, values, and knowledge in the kindergarten curriculum. In B. Spodek (Ed.), *Kindergarten: Exploring the knowledge base, expanding the curriculum* (pp.32-47). New York: Teachers College Press, Columbia University.

Suransky, V. (1982). *The erosion of childhood*. Chicago: University of Chicago Press.

Smith, S. (2001). *The power of the arts: Creative strategies for teaching exceptional learners*. Baltimore: Paul H.Brookes.

The National Standards for Arts Education(1994). The National Association for Music Education. http:// www. menc.org/resources/

Toombs, M.(1968). Dance therapy. In E. Gaston(Ed.), *Music in therapy*. New York: Macmillan.

Very Special Arts of Wisconsin.(1992). Early Childhood-Healthy Foundations Initiative. Wisconsin: VSA Arts of Wisconsin Early Childhood.

第9章

在日常生活中解决问题：
数学、科学及其他

目标

读完本章，学生可以：

- 理解各种关于认知发展和问题解决的理论；
- 识别认知评估方式，以便进行课程调整；
- 识别在特定条件下影响认知的方式；
- 了解如何调整以应对儿童在数学和科学活动中出现的挑战；
- 反思如何将策略嵌入问题解决类的活动中；
- 将识别到的优势和不足与可能的差异化教学调整策略联系起来；
- 有能力将数学和科学概念整合和嵌入日常生活活动中。

理论观点概述

问题解决和认知发展是所有年龄阶段个体的学习核心。研究强有力地支持了早期生活对认知形成的重要性。儿童生命第一年的经历对儿童以更好或更糟的方式接触世界上有巨大的影响。这可以从儿童的行为和儿童做了什么得到证实。在生物学水平上，从每个儿童的大脑发展过程来看这也是正确的。大脑，也叫作中枢神经系统(CNS)，会受到每个儿童经历的影响。这一点非常重要，早期教育人员和幼儿及其家庭之间的互动会对儿童的生活产生极大的影响。

早期教育项目会把学习带来的兴奋感觉传达给所有儿童。早期教育项目应该是每天都能有新发现、庆祝新发现并记录新发现的地方。这种愉悦的文化可能会被"大人"世界认为是简单的快乐。许多精彩的课程模式和环境创设的方法能让儿童的思维和社会幸福感发展得更好(Katz & Chard，2000；Chalufour & Worth，2003)。

　　创造让儿童能够茁壮成长的环境是早期教育的核心。早期教育者必须以最佳状态开始早期教育项目，对于充分参与的实践的重要性抱有清晰、新鲜的理解，并激发儿童参与到自己的学习过程。专业人员不能把这个当作轻而易举的。如果不能协调班级里所有儿童的需求和兴趣，那么即使是最好的策略和调整也发挥不了作用。

　　本章详细叙述了对于问题解决和认知的理解，特别是在日常的活动中的问题解决和认知。本书并不认为某个领域比其他领域重要。在一个综合的课程模式中，各领域之间有大量的关联。如果专业人员关注问题解决这一十分重要的发展领域，他们应该了解关于认知的不同观点。

　　表 9.1 提供了不同理论模型的一个概述。

表9.1　你知道吗？理论观点：与特殊幼儿相关的关键理论

理论家	理　　论	要　　素
让·皮亚杰 (Jean Piaget)	建构主义	阶段 感觉运动活动和因果、方法—目的、守恒等概念
玛丽亚·蒙特索里 (Maria Montessori)	建构主义	感官材料 自我修正材料 日常生活活动
列夫·维果茨基 (Lev Vygotsky)	建构主义	脚手架 最近发展区
霍华德·加德纳 (Howard Gardner)	多元智能理论	不同类型的智力
伯尔赫斯·斯金纳 (B.F.Skinner)	学习理论	刺激，反应，强化
乔治·米勒 (George Miller)	信息加工理论	重复，长时和短时记忆，提取
本杰明·布鲁姆 (Benjamin Bloom)	布鲁姆教育目标分类法	不同水平的学习

　　第一个观点，以列夫·维果茨基(1978)，让·皮亚杰(1952)，玛丽亚·蒙特索里(1912/1964)和霍华德·加德纳(2000)等理论家及瑞吉欧教学法(Reggio Emilia approach)(Wein，2008)等方法为代表，引导我们开展与发展相适应的教学(Gardner，2000；Wein，2008)。当专业人员进行课程和环境设计的时候，是按照已经被证明对儿童是成长和发展有益的方向设计的，毫无疑问，这些被推荐的实践将成为建构主义理论的例证。

　　儿童能够建构他们自己的知识，这个观点是强有力的。教师的角色是根据需要提供脚手架、帮助和指导。这个角色要足够灵活，以至于能适应不同的学习风格和能力(Hyun,

2006）。建构主义观点认为认知是一个丰富的过程，在这个过程中，儿童参与有意义的和有趣的感官活动，对概念有一个更深的理解（Schickedanz，2008）。

其他有关认知的观点主要集中在机械记忆和事实与信息的检索上，并通过特定测试和特定类型的表现进行测量。信息加工理论（Miller，1956）提供了一种认知成分框架，就像一台电脑，在里面有输入、输出、存储和回忆或提取。这些过程的有效运行取决于每个成分都运作良好。一个人必须能够在需要的时候接收信息、储存信息和提取信息，并将它与其他已存储的信息结合使用来解决问题。所有这些过程在典型儿童发展过程中都是以非常自动的方式发生的。

环境

在儿童早期的环境中，有很多不同的、与发展相适应的实践是有益于儿童学习和健康的发展的。每个教室都有其独特之处，所有的教室不应该是严格统一的。但与此同时，在环境中明显存在一些共同元素，提供支持、凝聚力和聚焦。这些元素包括光照、传音效果，家具的布局及房间的大小（Clifford & Harms；Watson & McCathren，2009）。显然，在整个幼儿群体中，他们对结构的需求、对干扰的忍受度，以及杂乱的事对他们的影响度都有相当大的不同。同样的，在教师和父母之间也存在关于上述重要元素的个体差异。本书关于问题解决和认知的方法包括一些对核心要素和个人风格的详细讨论。

日常生活活动和适应能力

实际上，专业人员将会持续使用一些方法为儿童提供机会练习他们新获得的技能。这些机会可能是以有意义的、亲身实践的、与日常活动相结合的方式来提供。在现实生活中机械性回忆的价值低于在有意义的情境中回忆相关信息的能力的价值。

特殊教育的焦点越来越多地集中在功能性技能的获得或日常生活活动（ADL）。当团队考虑到儿童在认知领域的当前表现水平，他们需要知道对每个个体来说什么是有用的，以及如何提供支持来帮助每个儿童更有效地应对日常生活（Montessori；1912/1964）。

功能性体验

调整一个人的行为来使其起作用　功能性智力的主要指标就是基于结果和正在发生的事情进行策略调整的能力。对幼儿来说也是如此。幼儿每天都在解决出现在他们生活中的许多问题，但是这种问题解决通常是凭直觉或冲动来完成的。对于父母和医生来说也会出现这种状况。在情急之下，成年人有时是先行动后思考。持续的观察和评估使得我们有可能重组、反省、重新考虑这些方法。学会如何从经验中学习是取得进步的核心。识别关键元素是持续的调整过程中不可或缺的。

想要能更直接、更有意识地决定如何提供支持,识别关键元素是很重要的一部分。对儿童来说,犯错也是学习过程不可避免的一部分。专业人员应该对错误作出回应,提供指导,帮助支持建立一个温暖、舒适和安全的环境让儿童发挥主动性、建立信任和尝试新的冒险。成年人常常能够在犯错之前深思熟虑,但是有些时候他们也必须愿意重新考虑自己在做的事情并能够接受建设性的反馈。

技能泛化

对儿童来说,使用高度结构化的、教师主导的、以儿童为重点的活动来学习离散的概念和技巧更容易,但是这些技巧可能没有什么实用价值,除非它们能泛化到现实生活中。对于需要更多直接、明确指令来让他们启动的儿童,后续的活动提供的联系十分关键,将有可能使他们掌握有意义的、有用的技能。例如,脱离情境识别一种颜色可能是可测量和相对容易记录的,但是要求儿童拿红色的杯子或者红色的蜡笔才是功能性的行为。提供两张大小不同的苹果图片,能够在高度结构化的环境中指出大苹果的图片,这是一个可测量的技能。能够在吃点心的时间要求大苹果才是一个功能性的技能。积极的反馈可以强化离散技能。本身就是情境或场景一部分的自然强化物可以强化功能性技能。如果一个儿童想和别人玩,而他能够加入其中,这就是自然强化。

有意义的活动

与发展相适应的活动的一个关键特征即它们对儿童是有意义的。一个自闭症儿童可能会循规蹈矩地仪式化地把玩具拼接在一起,但是当这个儿童举起他的建筑给人看并说"梯子"的时候,就有一种超越了持续(重复)操作物体的意义。当团队成员注意并回应了每个孩子的兴趣和发起,并赋予这些活动相关的意义,这个活动就是有效的(Hyson,2008)。

比如,系列化(seriation)概念放到包含顺序性步骤的烹饪活动中可能会比通过闪卡进行机械性学习的方式更加有效。在烹饪中,步骤的顺序是由内在的意义决定的。鸡蛋必须先敲碎才能放入面糊中。盒子必须先打开才能倒入碗里。先做什么、再做什么、最后做什么是由一个有意义的环境决定的,儿童通过参与具有激励性的、亲身实践的活动理解这种顺序。

智力的延展性

环境和经验的影响

优质经验在中枢神经系统发展上的生物效应已经被很好地证明(Bailey & Bruer,2001;Farran,2001;Shonkoff & Phillips,2000;Zigler & Styfco,2004)。专业人员为儿童

提供的机会确实能够在细胞层面对认知发展的生物学基础产生影响。

积极和消极的变化

环境和经验的复杂的交互作用可能对大脑发育有消极或积极影响。如果儿童在出生时伴有生物学风险，如早产，给予适当的机会他们就会取得重大进展。如果他们出生时没有明显的生物学风险，不利环境因素的影响，比如接触到铅或营养不良，会导致中枢神经系统发展受到挑战进而造成认知困难。

成就差距

关于成就差距有很多研究（Farran，2005），并且已经成为教育领域关心的一个主要问题（Shonkoff & Phillips，2000）。在不同群体中的儿童表现差异必须被仔细解释，不要作出关于儿童本身能力和缺乏能力的假设。数据分析表明，生活在贫困集中地区的儿童的表现要比生活在高收入环境中的儿童表现差。

专业人员需要考虑儿童成长过程中的环境条件和风险因素（Bronfenbrenner，1979；Zigler & Styfco，2004）。如果在评估儿童的表现时不考虑他们成长的环境，可能就会导致长期存在的严重的误解。表 9.2 提供一些关于支持认知健康发展的环境因素的观点。

表 9.2 在课堂中支持性询问和参与的方法

方 法	基本原理
令人兴奋的材料	材料的范围满足不同发展水平
通过经验学习支持概念发展的各种活动	参与和体验的机会对于机会受限的儿童尤为重要
对儿童想法和兴趣的回应能力	当儿童的动机得到激发，有意义的学习更可能发生
通过口头叙述、读写等方式整合经验	适当水平的言语叙述可以支持概念的发展
文件材料，技术的使用如数码摄影	在概念发展过程中，可以将社会故事整合在活动中
有趣和相关的内容，如多变的天气、季节、"绿色"的环境	当儿童对内容感兴趣时，更有可能参与其中
大量支持概念发展同时也涉及其他领域的感知觉活动	多种感知觉活动为体验增加了维度。对一些儿童来说，这可能是特别重要的

反思儿童的生活环境

在反思儿童的表现时，老师应该考虑他的生活环境，包括风险因素和保护因素。在评估和干预中，专业人员能够了解儿童能力和表现之间的差异。他们可以显著地缩小经常出现的成就差距，特别是在贫困和缺乏相关机会的环境中。这些风险因素在研究中有清楚的记录（Farran，2001；Zigler & Styfco，2004）。通过有效的评估和反思，专业人员可以识别可能导致发展的挑战的因素,可以将其与有更多的生物学基础的发育障碍区分开来。当设定了适当标准,不降低对成长在贫困中的儿童的期望,教师可以将这些标准与一个系统范围所作的支持学生达到最佳结果的承诺相匹配。儿童保护基金会(Wright Edelman, 1992)等组织长期以来一直主张支持和服务儿童,以此来降低贫困和风险对出生在充满挑战性环境中的儿童的消极影响。教师应该知悉这样的风险并创造可以减轻这些因素影响的方法,而不是注意多种风险因素对发展造成的可预测的消极影响,降低对成长中伴有这样风险的学生的期望(Farran, 2001)。

经济因素和贫困

当教师反思幼儿的认知发展情况时,儿童生活背景中的经济差距变得清晰。一些儿童在有很多资源和支持的环境中成长,而其他人却在充满挑战的家庭和社区中长大。当在儿童早期生活中出现多种风险因素时,这些风险将可能阻碍儿童达到积极结果。贫困是发展困难的一个重要预测因素。当儿童生活在贫困中时,这并不意味着发展问题一定会出现,但它增加了儿童遇到挑战的可能性。统计数据显示,贫困可以预测发展困难的发生。不幸的是,家庭的贫困是一个不均衡的因素,因为在美国家庭来自多元的文化群体。文化不是一个风险因素,贫困才是一个风险因素。教师必须通过为所有儿童提供丰富的和适当的经验来弥补被贫困影响的环境。

影响认知表现的障碍

智力障碍或精神发育迟滞儿童

智力障碍是一种会影响认知表现的障碍类别,也称为精神发育迟滞。某些障碍,如唐氏综合征,相对来说是比较为大众熟知的。其他疾病,如酒精引起的出生缺陷,可能经常出现但不太被人了解。当孩子患有会对其表现产生影响的疾病,对他人来说作出适当的调整可能就是理所当然的结果。然而,有时孩子看起来"正常",但是存在认知差异。这些差异也包括智力障碍。

智力障碍涉及能力的降低。智力障碍的简明定义参见"智力障碍的定义"。

智力障碍的定义

智力障碍是一种以在智力功能和适应性行为方面都显著受限为特征的障碍,它包括许多日常社交和实践技能上都受限。这种障碍一般在 18 岁之前出现。美国智力和发展障碍协会(AAIDD) http://www.aaidd.org/content_100/cf,?navID=21(retrieved on 11/25/09)。

避免刻板印象

人们对一些障碍会产生刻板印象,其中一个例子就是人们认为患有唐氏综合征的人非常随和和友好。虽然这可能是大多数患有唐氏综合征患者的特征，但这类人群也会有不同的情绪，包括悲伤和愤怒。他们往往看重独立性。因此，团队成员了解刻板印象并在儿童评估中能小心地不要无意中延续这种误解是很重要的。愿意审视自己信仰和观点的专业人员能提高自身对于多元文化观点的理解。这种审视和反思假设意愿有助于持续地减少偏见。

智力障碍儿童可能喜欢挑战性的认知活动并享受工作出色完成后的满足感。他们可以参与到日常活动中并在教室中作出有价值的贡献，比如为点心时间做准备，在每天的例行性活动中加入群体里。日程、常规的可预测性可以帮助儿童学会预测接下来要发生的事情。它有助于儿童适应融合教室。

学习障碍儿童

学习障碍是一系列的加工障碍，会影响有平均或高于平均智力水平儿童的成就。在学龄儿童中，学习障碍可能表现为阅读或数学困难。在幼儿中，它可能表现为语言发展迟缓或在组织经验和持续参与方面存在困难。简明的学习障碍定义参见"学习障碍定义"。

天才儿童

天才儿童在他们年幼时通常不会被诊断。在学习和参与的时候他们可能是非常积极和热情的。但是，他们也可能是退缩的，较少有参与社会性学习的经验。他们可能在被要求等待别人时会沮丧，也可能总是渴望回答问题。早期学习环境为不同发展能力的幼儿提供挑战，这是很重要的。

儿童可能同时具有学习障碍和天赋才能（Renzulli & Reis，2004）。在幼儿正式评估之前这可能很难被发现。这类儿童可能在每日活动中出现行为与表现的不一致性。不幸的是，成人很容易误解或错误地解读这种不一致性。有时成人可能会基于在其他情境中的表现记录，臆断儿童是故意不去表现。

学习障碍定义

"学习障碍"这个术语的意思是一种存在于一个或多个基本的心理过程中的紊乱，包括理解或运用语言，说或者写，这可能体现在听、想、说、读、写、拼，或者是进行数学计算等方面的能力有缺陷，具体包括知觉障碍、脑损伤、轻微脑功能障碍、阅读困难及发展性失语等。

障碍并不包括在内。学习障碍不包括主要由视觉、听觉或者运动障碍、精神发育迟滞、情绪障碍，或者环境、文化和经济不利导致的学习问题。"（障碍者教育法.Section 300.7(c)(10)of 34 CFR Parts 300 and 303）学习障碍的鉴定不再采用记录能力和表现之间的严重差异的模式（learning disabilities ...）。

激励性的以儿童为中心的活动可以支持概念获得

　　当专业人员考虑多个领域潜在的调整需求时,思考儿童可能获得的特定的技能、知识和概念是很重要的。这些提供了一个发展性的框架和有用的指导,可以为每个孩子确定合适的目标。表 9.3 明确列出了具体的认知过程,以及它们是如何从信息加工模型的角度帮助解决问题的。这些功能位于表格的第二列。

表 9.3　积极的结果:信息加工模型

功　能	儿童的结果
记　忆	保持、回忆相关信息与加工信息的能力
短　时	
长　时	
提　取	
排　序	以有意义的顺序组织活动和符号的能力
持续性注意	在一个活动上保持足够长时间的注意从而形成概念的能力
知觉—运动协调	以有意义的方式有意地操作物体和符号的能力
听觉加工	能倾听和处理信息并按照指示操作的能力
感觉统合	组织感觉经验来增强概念发展的能力

　　表 9.4 提供了一些积极结果的概述,包括建构主义认知发展模型。虽然大多数孩子在没有明确的干预下达到了这些基准,但有时孩子在一个或多个功能方面会有困难。如果儿童有资格获得特殊服务,他可能有针对困难领域的个别化教育目标和目的。教育的长期目标和短期目标(goals and objectives)的使用有助于对活动调整作出策略性的规划,因为它为完成活动提供了一个方向。

表9.4　在建构主义模型中的重要认知基准

基准或概念	范例或情境
因　　果	参加日常活动。 当一个动作导致另一个动作或事件,那么因果就发生了。
客体永久性	与重要他人分离。 游戏(例如：躲猫猫)
转　　换	烹饪将原材料放在一起以产生不同的结果。
手段—目标	儿童请求和得到。儿童可能用一种工具或器具来完成其他事情。
单词的使用：词汇	口头表达需求。用语言来描述和解决问题。用语言来和其他人互动。
对环境的好奇	探索和发现；活动。 积极参与探索。
问题解决能力 计算能力	在多种情景中应用计算能力。(算出 8 个儿童需要的纸巾数。)
分类的技能	在课堂活动中应用分类技能。(把不同的积木放在架子上)
颜色的概念	颜色存在于环境的各个方面。
大小的概念	大小的概念可以泛化到环境的各个方面,在数学基础知识很重要。
模式的概念	各种模式在环境中产生关于排序、数学和读写的有意义的概念。
非语言的问题解决	当试图通过操作去解决问题时,儿童可能会改变他们的策略。

认知的形成性评价

超越智商

　　自从第一版智商(IQ)测试出版以来,认知和概念发展的评估已经有了巨大改变。当智商的概念第一次被提出,很明显是具有开拓性的,但是一些人太受儿童测试成绩的影响,有时会根据智商分数报告无意中调整他们自己对儿童的行为。罗森塔尔和雅各布森(Robert Rosenthal & Roman Jacobson, 1968)的一项经典的研究表明,教师对儿童的期望受到他们所获得的信息的影响。相比于真实的智商分数,儿童的发展结果与他们老师所获得的错误信息的相关性更高。

　　在期望会受到影响的方式之外,一些关于能力的误解,可以概括为强调短时记忆,而忽略概念的发展。认知发展的许多理论既互补又相互矛盾。建构主义理论认为儿童通过积极参加和亲手操作材料的实践活动来学习,该理论已经广泛地被儿童早期教育工作者接受。皮亚杰、维果茨基、蒙特梭里、加德纳以及许多其他教育家,都在儿童早期教育领域享有盛名。教师对于认知各个方面的理解要进行良好的整合,并且能够在幼儿发展评估的过程中考虑到多种可能性。如果儿童理解概念,教师就应该记录这种理解。如果儿童在加工方面有困难,教师必须尽可能具体地了解儿童遇到了怎样的困难。由于儿童在某些特定年龄出现特定的认知错误是很正常的,这就使得情况变得更加复杂。如果专业人员和父母完全理解这些正常发展的模式,他们就更有可能确定在典型发展范围外的儿童。

有些因素是认知加工的至关重要的方面,如"执行功能"、有意识的控制,以及在问题解决过程中组织多个维度的能力。意识到不同的动态过程,对于我们理解儿童的理解有很大的意义。教师对认知的良好的整体概念将有助于提高评估的效度。

数据驱动的决策:识别与回应

每个儿童当前表现水平的记录可以用来指导实践。这叫作反应式干预或者识别与回应(Buysse & Wesley,2006)。在认知领域,这通常涉及对儿童已经掌握的内容学习方式的广泛观察和了解。为了提升自己有效地将儿童需求与干预相匹配的能力,避免学生产生习得性无助或减少自主权,教师应该考虑到学生多种多样的模式和不同的表现水平。

行动中的反思

莱特博尼女士

很多年前,莱特博尼女士参加了专业发展课程来增加她解决数学和科学教学问题的方法。她成功地将许多材料和活动整合到班级环境和课程中。这是非常有益的,而且注意到儿童参与也让人获得满足感。当被要求让一个智力障碍儿童进入她的班级,莱特博尼女士非常乐意,但是不太确定这个儿童如何参与到涉及高级思维的活动中。她发现这个儿童会从一个区角快速地转移到另一个区角,难以参与一些更复杂的活动。这个儿童也很容易受挫。在深刻反思之后,莱特博尼女士发现她关于提升数学、科学和问题解决的学习机会的投入,反而导致了她不愿意简化环境。最终,她决定循环使用材料,这样可以减少过度刺激的可能性。她也调整了这个儿童的目标,这样他就能够有效地进行社会参与。感知觉地参与调动了儿童的积极性,教师对概念也作了调整以便适应这个儿童的发展水平。

表 9.5 总结了评估幼儿时可能会遇到的一些问题。了解可能妨碍认知表现的潜在特征和模式,有助于对儿童在正式或非正式的各类评估中产生的信息进行建构、组织。

表9.5　各种障碍对认知表现的潜在影响

障　碍	可能的特征
自闭症	难以超越的仪式性持续重复行为
严重的情绪障碍	在活动中难以保持参与或与其他儿童建立联系
行为挑战	扭曲的思维,需要"不断检查情况",强迫观念,逃避
盲/视力受损	难以注意到视觉线索
	难以从概念上连接复杂问题的不同方面
	需要更多的实物而不是图片
聋/听力受损	难以捕捉到听觉线索和言语指令

（续表）

障　　碍	可能的特征
肢体方面的挑战：粗大动作、精细动作和感官	在感官体验、运动活动和协调性方面有困难
语言迟缓	难以加工言语叙述和指令
	很难表达自己的想法
焦虑	注意力被占据
	难以集中（注意）
	分散的思维
神经功能缺损	难以保持参与，容易分心，紊乱
	难以停止一系列的想法（言语反复不止）

了解和反思儿童提供的信息

下面的一组例子将向读者介绍不同的儿童和代表每天不同场景的情境。这些小片段为反思可能的解决方案提供了机会。

案例 1　贾里德

贾里德四岁，他在转介到一家儿童医院接受全面评估时正在参加一个融合性的儿童早期项目。他有自闭症和癫痫的症状。在医院时，其中一个脑电图（EEG）是关于癫痫的测试，涉及在剥夺睡眠之后脑电波研究。第二天，一个专业人员试图使用标准化的工具评估他在认知任务上的表现。贾里德太累了，在评估中睡着了。如果心理学家被充分告知了其他正在执行的评估的顺序，贾里德在认知任务上的注意力的缺乏和表现就会有很不同的解释。但不幸的是，他得到了一个非常低的得分记录。

在一个熟悉的环境中，当走过一张海报时，贾里德对他的老师说："噢，看！三只狗！"这个事件的记录提供了关于贾里德的认知和语言能力的宝贵信息。他表现的不一致性确实值得注意。当一个儿童的表现非常不一致时，问题不仅仅在于是高水平还是低水平的表现更加准确。更相关的问题是明确和识别这些最能影响表现的因素并调整课程以应对这些因素。

问题与反思：

1. 你要如何将来自至少两个评估方法的信息进行整合，以此提供一个有关贾里德发展的清晰、准确的观点？

2. 根据所提供的信息，你会怎么描述贾里德目前的表现水平？

案例2 贝丝

在贝丝五岁的时候,从一个典型发展的幼儿园学生变成了一个有很大健康问题的儿童。有一天在操场上玩耍的时候,她从跷跷板上摔下来,第一次出现了强直阵挛性发作。

问题与反思:

1. 从现在起,你预计在课堂上需要想什么和做什么,以便有效地与贝丝一起工作?

2. 根据提供的信息,你可以预想到贝丝现在是什么样子吗?

跟踪信息 经过一段时间和大量的医学测试,贝丝被确诊患上了一种称为拉斯姆森脑炎的罕见疾病。它已经影响了她一边的大脑半球,并造成每日约一百次的癫痫发作。

贝丝去了位于美国马里兰州巴尔的摩市的约翰霍普金斯大学医学中心,在那里她进行了手术,切除了一半的大脑。这个大脑半球切除术在当时是一个相对较新的诊疗手段(relatively newly mastered procedure)。贝丝的年纪小所以恢复得很好,她的大脑右半球接管了许多以前由大脑左半球完成的功能。她在语言和读写方面有困难,接受了特殊服务,但是她现在在普通教室里接受完全的融合教育,并且取得了显著的进步。

案例3 宋彬

宋彬在五岁的时候被收养。在收养他的时候,他与人交流大多是用非言语的方式。因为他出生在韩国,学习英语是他遇到的众多挑战之一。他用手势这一非言语沟通形式交流,因为他患有手足徐动型脑瘫,他的手势变得更加难懂,因为这种病的无意识的运动模式使他很难有意地使用手势。

但是在五岁的时候,宋彬被确定他能用独特的方式表现出他的敏锐的天赋。他能记住人。当被放置在游戏区域的适当的位置时,他能够加入游戏。他能充分参与课堂常规和活动,他的参与、他的动机和他的分享的能力是显而易见的。

问题与反思:

1. 如果宋彬在被收养后进入了你的学校,你如何在更多地了解他的认知能力的同时让他感受到在你的班级中他是受欢迎的?

2. 如果宋彬已经是你班上的一名学生,为了帮助他的认知成长和发展,你可能会做些什么呢?

案例4 马克：数据的反思和解释

认知能力的评估所包括的内容远远不止标准化测验的结果。这在第7章中已有说明，在马克的例子中，他在三岁时因为语言表达的严重迟缓而转介到特殊服务。然而，在其他领域，马克都很好地达到了基准水平。当一位与他建立了温暖和信任关系的老师对他进行评估时，他看见一只猫的照片，用手指点还做出"11"的手势：先是伸出10根手指，然后再伸出1根。老师对他的非语言信号回应道："是的，一只猫。11吗？"他点了点头。"你有11只猫吗？"他又点点头。老师记录了这个显著的互动，并在之后和马克的母亲确认，她证实他们家的谷仓里确实有11只猫！

老师没有忽视儿童的手势。当马克有语言迟缓时，他也在用其他方式进行交流，他能够用这些方式表现他的认知能力。经过一年的学前教育，他能够说复杂的长句子，进一步的评估表明他是有天赋的，他的智商达到155。目前尚不清楚他为什么会有语言延迟，但重要的是他的老师没有因为这些延迟而降低对他的能力的期望。

问题与反思：

1. 马克用什么符号来表达他内心的想法？
2. 如果你是他的老师，你可能会如何调整自己的风格来帮助他？

三个案例片段

小片段 贾登

贾登是一个充满活力的男孩。他对许多活动都表现出了兴趣，但是在自然环境中他经常被观察到从一个活动冲到另一个活动中，而不是持续地参与。正式评估期间，他很少能保持注意力超过几分钟，报告结果表明他难以维持注意。

问题与反思：

1. 为了更好地记录贾登的能力，你将如何调整评估程序？
2. 你可能会使用什么措施确保评估能全面地代表贾登的发展？

小片段　乔舒亚

乔舒亚正试图完成一个拼图,他连续几次犯了同样的错误,但却不改变他的策略,最后他只能用强力勉强把这块拼图推进去。他的老师记录了她观察到的乔舒亚的问题解决能力。

问题与反思:

1. 你觉得可以为乔舒亚准备怎样的材料供其使用?

2. 你有什么建议可以帮助这个老师来调解乔舒亚固执地使用自己的策略完成拼图的情况?

小片段　杰茜卡

杰茜卡难以完成拼图,但是她尝试了各种策略。有证据表明她有更广的问题解决能力。她的老师和父母已经观察、反思并记录了她的困难和优势。他们可以用这些信息来更好地理解杰茜卡的加工过程并提供脚手架。有时提供一些口头指示可以帮助到她。如果有人在她有机会展示她的方法之前进行干预,对她学习策略的真实动态的评估就会被掩盖。因此,老师可以选择在确定一个儿童自己如何表现之前不要对他进行干预。

问题与反思:

阅读乔舒亚和杰茜卡展示给你的一些关于这两个儿童完成拼图时所经历的挑战的信息。

1. 这两个儿童及他们各自运用的策略之间的区别在哪儿?

2. 在这些小片段中还有其他区别吗?　如果有,具体是哪些?

规划学习经验

为普通幼儿或障碍幼儿创造与发展相适应的学习经验时,需要注意很多细节:内容标准、合适的材料、环境的安排、特殊儿童和他们的学习需要。

在数学和科学领域,下述类似的内容标准被提出(康涅狄格州教育部数学标准——幼儿园和学前预备班),帮助老师聚焦于提供与儿童发展相适应的课程和学习机会。

回顾这些标准,然后思考可能使用到这些标准的课堂场景。思考这个任务时,想象一下这个学习场景是否可以通过特殊课程计划来创建,或者机会是否每天都会在学校出现。表9.6 介绍了美国东北部一个州的数学标准。

表9.6　康涅狄格州教育部数学标准

学生应该……	幼儿园	学前预备班
1.1　理解和描述模式与功能性关系	a. 根据物体的一个属性进行排序和分类 b. 用各种物体的属性来描述和扩展模式	a. 使用物体的属性进行排序和分类 b. 用物体的物理属性或者它在一个序列中的位置来识别一种模式和描述规则
1.2　用各种方法表述和分析定量关系		
1.3　使用运算、属性和代数符号来确定等值并解决问题		
2.1　理解各种数字表达式可以用来描述定量关系	a. 用数字去计数、排序和比较 b. 将整个物体分成相等的部分	a. 用数字去计数、排序、比较、归类、定位和测量 b. 将整个物体分成相等的部分 c. 将一组物品分成数量相等的几组
2.2　能使用数字和它们的属性去灵活流利地计算和合理估计尺寸和数量	c. 计数,在之前的数量中增加一个	a. 计数,在之前的数/组中再增加一个/一组,能一个一个数或者十个十个数
3.1　使用两维三维形状的属性、特征及几何定理来描述关系,交流思想和解决问题	a. 根据物理特性,对图形和立体图形进行识别和分类	a. 根据物理特性,对图形和立体图形进行识别和分类
3.2　使用空间推理、定位和几何关系来解决问题	a. 使用定位的语言来描述位置、方向和物体的方位	a. 使用定位的语言来描述位置、方向和物体的方位
3.3　开发和应用单位(units)、系统、公式和适当的工具来估计和测量	a. 在一段有限的时期内将事件排序 b. 使用非标准化的单位来估测长度、面积和容量的大小	a. 使用日历和时钟来测量和记录时间 b. 使用非标准化的单位来估测长度、面积、温度、重量和容量的大小
4.1　用适当的统计和图表方法收集、整理,并展示数据	a. 比较真实图表(real graphs)中所展示的信息	a. 将信息可视化,比较真实图表和图像图表(picture graphs)所展示的信息
4.2　分析数据集以形成假设并作出预测		a. 扩展不同类型的模式并作出预测
4.3　理解和应用概率的基本概念	a. 确定事件是否有可能再次发生	a. 观察现实世界的事件频率,并确定未来事件的可能性

结构框架	等级指标

物质的属性

K.1-物体有可被观察的属性,可以使用这些属性描述相似性和差异性

K.1.a. 一些属性可以用感官观察到,还有一些属性可以通过使用简单的工具或测试发现。	1. 将五种感官和与之相关联的身体部位及其感知到的信息相匹配。 2. 使用五种感官进行科学观察,将物体的可观察到的属性和它的名字或用途区分开来。 3. 根据生物体或物体的一两个可观察到的属性进行分类,并解释分类依据(如:大小、颜色、形状、质地、弹性)。 4. 使用简单的工具和非标准化的单位估计和测量属性,比如重量、磁引力和上浮/下沉。 5. 比较由不同材料做成的物体的可观察到的属性(如:木头、塑料、金属、布和纸)。 6. 根据物体的可观察到的属性进行计数、排序和分类。

遗传与进化

K.2-许多不同种类的生物生活在地球上

K.2.a. 生物有一定的区别于非生物的特征,包括生长运动、繁殖和对刺激的反应。	1. 使用感官观察生物和非生物的特点和行为。 2. 通过观察推断生物为了维持生命,都需要空气、食物、水、遮蔽所和空间。 3. 比较和对比:生物可以生长并能够创造出一个像自己一样的新生命,而非生物不能生长或繁殖。 4. 给出生物和非生物的例子。 5. 观察和区分植物与动物的特征。 6. 将父母和它们的后代(包括植物和动物)相匹配,以此来表示后代和父母之间、后代和后代之间是相似的,但是不完全相同。

地球系统中的能源

K.3-每天的和季节性的天气变化

K.3.a. 每天的和季节性的天气条件会影响我们做什么、穿什么,以及我们的感受。	1. 使用感官和简单的测量工具来估计并记录天气数据,并用柱状图描绘出来。 2. 分析一段时间内收集的气象资料(同一天、不同日子或不同季节)来确定模式和作出预测。 3. 观察、比较和对比云的形状、大小和颜色,并将云的外观和晴天或降水联系起来。 4. 总结天气影响人类、其他动物和植物的方式。 5. 根据天气情况,判断可以穿的服装和可以进行的活动。

社会中的科学和技术

K.4-一些物体是天然的,而另一些则是被人设计和制造出来改善生活质量的。
这个内容标准是内容标准 K.1 中概念的一个应用,应该整合到同一单元中。

K.4.a. 人类根据当地气候条件、材料的属性和它们在环境中的可用性,选择天然的和人造的材料来建造遮蔽所。	1. 进行简单的测试来确定材料的属性,将不同的材料用于屋顶、窗户、墙壁和地板的制作(如:防水、透明、牢固)。 2. 在书籍、杂志和图片中寻找信息,了解世界上不同地区的人使用何种材料建造遮蔽所。 3. 比较和对比人类和动物建造遮蔽所使用的材料。

来源:Connecticut State Department of Education http://www.sde.ct.gov/sde/site/default.asp retrieved on 11/24/09。

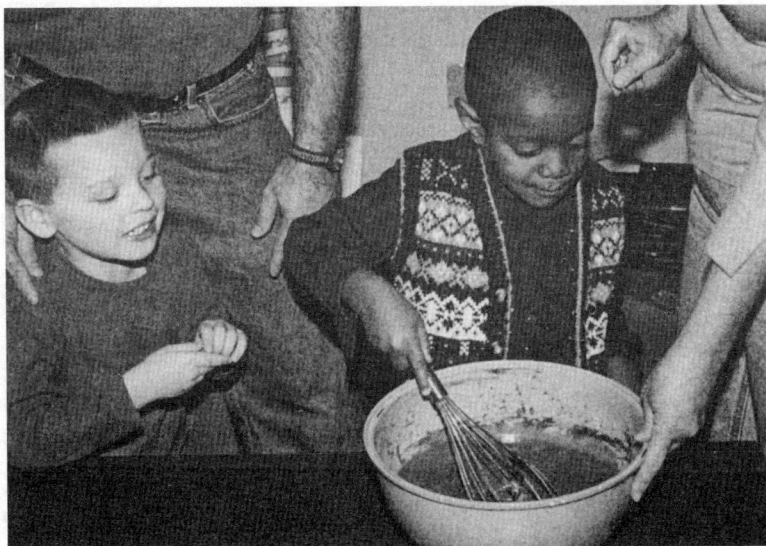

孩子通过能调动积极性的活动，比如烹饪，来学习数学和科学

数学和科学活动

小组活动

烹饪——苹果松饼

幼儿园或学前预备班

目标：儿童将参加苹果松饼的制作过程。

儿童将通过称量配方的材料来展示对数量概念的理解。

儿童将使用"一半"、"四分之一"、"切碎"、"搅拌"、"混合"等词汇。

儿童参与讨论：苹果从哪里来（作为实地考察旅行的一个扩展。）

材料：苹果（来自之前的实地考察旅行）

原料（根据食物过敏情况可以有变化）：鸡蛋、面粉、黄油、盐、松饼罐、搅拌碗、搅拌勺、量匙和量杯。

开始：教师介绍活动并提问——"我们要做什么？"等。

步骤：按顺序排好的步骤，儿童将材料混合并搅拌。讨论面团黏度的变化，等等。

结束：使用提问策略，回顾刚才所做事情的顺序。

问题与反思：根据之前表格中包含的数学和科学标准，在这个活动中所涉及的目标中提到了哪些标准？

想一想不同障碍类型的儿童，确定这个活动可能要修改的地方，以便这些儿童能够参与这个活动，并从中学习到知识。

图 9.1　差异化教学

下面是精选的为这个年龄组所设计的活动和课程计划。花时间分析和讨论这些想法，可以让你有机会思考如何满足教室里每个儿童的需要，而不管其能力水平如何。其中几个是综合课程的例子。本章明确关注数学和科学,但是也认可其发展语言和运动技能的方式。图 9.1 提供了一个活动计划的范例。

为积极结果提供支持

有许多策略可能会支持面临各种形式挑战的儿童取得积极认知结果。其中一些策略在其他领域也可能有帮助。图 9.2 提供了可能有用的具体策略,以及选择的基本原理。

相关活动

加强理解和强化概念的一个非常有效的方法是设计彼此相关的活动。创造共同的主题增加了儿童发展出综合概念和更深层次理解的可能性。图 9.3 提供了一个关于烹饪可选的后续活动。很明显,通过这个活动可以扩展某些概念。

策　　略	基　本　原　理
环境——可预测的,结构化的和有组织的	以有意义的方式组织结构化的环境,通过创建一个能让儿童安全地、有意义地参与的情境,来支持和指导儿童。
时间——延长或缩短,可预测的时间表,常规	当孩子比较慢时,他们可能需要更多的时间。当他们很难保持注意力,可能需要缩短时间。
材料	教具和物体可以帮助孩子们理解概念。真实的物体对象征性功能有困难的儿童会有帮助。
提供援助和脚手架(可能包括任务分析和反向链锁)	基于特殊儿童的特征的连续支持可以确保辅助和实际需要之间有一个良好的匹配。
言语叙述和指导	带领儿童讨论可以帮助儿童发展心理概念。
提问策略	问题集中可以帮助吸引和引导儿童进行询问。
同伴介入策略	同伴可以作为正面榜样,还能提高有发展挑战的儿童的积极性。
多水平的活动	当活动以适合一系列发展水平的方式设计时,它们适用于所有儿童。
目标的调整和差异化	如果一个活动最初的目标不能很好地适用于所有儿童,那么可以使用修改后的目标。
"组块"式复杂的活动分解成更容易管理的单元	当一个任务被视为整体时,对儿童来说可能是难以应对的。致力于较小的一部分而又不忽视大局,可以使所有儿童更有可能参与并完成这个任务。

图 9.2　哪些是有效的:可能的策略

问题与反思:

1. 根据前面表格中包含的数学和科学标准,该活动的目标提到了哪些标准? 该活动是否涉及其他领域的内容标准?

　　2. 这是一个不管儿童的能力如何,能容纳所有儿童的活动吗? 如果需要作一些修改,它们可能是什么呢?

小组活动

烹饪书

幼儿园或学前预备班

目标:儿童将用文字和图片来描述做苹果松饼的过程。

　　　　儿童将使用"首先"、"接下来"、"最后"等单词来表达一系列步骤。

　　　　儿童将在烹饪书中使用插图和字母/单词符号。

材料:写作用纸和绘画用具。

开始:教师将指导初步的探讨。

　　　　教师分享关于孩子创造自己的书的指导。

　　　　回顾活动顺序(实地旅行考察、制作松饼、吃松饼等)。

程序:儿童会利用教师提供的材料和脚手架,制作自己的书。根据个体需要提供不同的支持。

结束:教师和学生共同"阅读"这些书。

评估:教师观察和事件记录;工作取样法。

图 9.3　差异化教学

　　图 9.4 显示了一个更深入的教案,它参考了康涅狄格州教育部学前教育框架,这个框架是按发展领域而不是内容领域组织的。图 9.4 是差异化教学活动计划的一个范例。

反思

　　创造有利于高质量概念发展的课堂,意味着聚焦于课堂的结构和老师为儿童的经验搭建脚手架的过程。小组活动需要得到赞赏和鼓励。教师应在反思中考虑一系列关于认知发展的因素。他们需要考虑儿童如何思考他们的经验和需要,吸引他们参与有意义的讨论,以便帮助他们根据自己所做的事情来形成概念。当教师反思的时候,他们更有可能引导孩子对正在发生的事情产生好奇。

　　通过适应和调整,教师可以解决陷入困境的学习者的一些问题,以及技能水平和发展水平之间的正常差异引起的问题(Ebeling, Deschenes, & Sprague, 1994)。为孩子们提供机会使用不同的学习方式,有可能让更多的孩子能够理解新概念或技能。下面有一些基于霍华德·加德纳的多元智能理论的方法,适用于不同优势的孩子:

　　空间:使用视觉线索

　　语言:阅读文字题

实习教师:艾丽莎·希维萝

适用年级:学前班

课程日期:2010 年 12 月 3 日

机构:教堂小学

课程长度:50 分钟

内容标准:确定一个或两个主要的本地、州或国家的课程标准,这节课的目的是帮助学生达到这些标准。学习任务如何引导学生达到所确定的标准呢?

康涅狄格州教育部学前教育框架,COG 5:比较和排序事件及物体。儿童将会作出简单的比较。

康涅狄格州教育部学前教育框架,COG 8:使用复杂的句子和词汇来描述想法与经历。

学习背景:适当地使用来自预评估的数据,描述学生的学习目标以及这节课的内容相关的先备的知识或技能。学生在该内容或技能领域中的以往的表现对你这节课的设计有何影响?

学生在本学年已经学习了按照大小排列。

学生按照大小排列的表现水平不尽相同。

学生的学习目标:为这节课确定具体的、可测量的学习目标。

儿童准确地将三到五个物体按照大小排列。

儿童理解并用言语做出比较。

儿童用复杂的句子和词汇来描述的想法和经历。

评估:你将让学生如何展示他们对学习目标的掌握情况?

附上一份任何你将使用的评估材料副本及相应的评估标准。

学生分别将一组物体从最大到最小排序。

学生将通过言语比较一组物体。

老师将使用观测数据收集和轶事记录进行评估。

材料/资源:列出你在每个学习活动中将要使用的材料,包括任何技术资源。

三个一组、四个一组和五个一组的标有刻度的磁性物体

磁性白板

矩形板

五个有刻度的几何图形

分级挑战

矩形板显示有刻度大小的几何形状的轮廓,五个相同的有刻度的形状

托盘,分为五个部分

五个一组的有刻度大小的物体

学习活动:

确定你在这节课各环节会使用的教学分组方式(全班、小组、结对、个体)和各环节的大致时间。

图9.4

开始：简单描述你将如何导入这节课。（设置学习期望；向学习者明确地表达在这节课上他们将要做什么和学习什么，他们将如何展示学习结果，以及为什么这是重要的。）

和大组一起读书《大小》

* 在分组活动中把 **A.** 放在很靠近的位置。

* 在分组活动中为 **A.** 提供可以抓握的东西。

讨论按照大小顺序排列。

使用磁性白板和一组磁性的图形/动物，示范按从最大到最小的顺序排列。

* 保持眼神接触

* 用温柔的碰触让 **A.** 的思想重新回到课程内容上，重新集中精神。

实践指导——要求志愿者演示按大小排序。

检查是否都已理解

* 在提问之前得到 **A.** 的关注。

　提问：

　哪一个图形/物体是最大的？

　哪一个图形/物体是最小的？

介绍区角材料

* 明确告知 **A.** 小组或区角活动的规则和期望。

用矩形板/托盘示范排序。

促进学生在教师主导的小组活动中的参与。

* 保证指导式的活动时间不会太长。

开始——**10 分钟**

课程发展：描述你将如何设计这堂课，你将做什么来示范或指导实践和学习活动，让学生参与其中以便掌握学习目标中确定的关键知识和技能。

* 在区角活动将 **A.** 和亲社会的、有积极性的同伴组成一队。

* 明确告知 **A.** 小组或区角活动的规则和期望。

要求儿童从最简单的技能开始（将五个几何物体从最大到最小排序）。

如果有必要的话可以实施分级挑战。

通过按大小排列物体，儿童将学会比较物体。

问题：

我想知道你现在是否能够将物体从最小到最大进行排序。

哪一个物体是最大/最小的？

哪一个物体比_____大？

哪一个物体比_____小？

观察儿童排序。

使用轶事记录评估学习目标的掌握情况。

结束：简要描述你将如何结束这节课，帮助学生理解这节课的目的。（与学习者互动，引出学生理解学习目的、掌握学习目标的证据。）

图 9.4 续

回到大组中

＊在分组活动中把 A.放在很靠近的位置。

让三到五个学生去做示范

＊保持眼神接触

＊通过温柔的碰触让 A.的思想重新回到课程内容上,重新集中精神。

要求小组把三到五个学生从最大到最小排序。

＊在提问之前得到 A.的关注。

问儿童:"我想知道我们现在是否可以将物体从最小到最大进行排序?"

＊将分组/区角活动与 A 感兴趣的领域相关联。

使用复杂的句子来表达比较(例如:_____是最大的;_____比_____

_____大;_____比_____小。)

＊保证指导式的活动时间不会太长。

结束——10 分钟

需要进行差异化教学的个体:描述一到三个有学习差异的学生。这些学生可能是特殊或普通教育学生,每节课接受差异化教学的学生不必相同。学生可能代表一系列能力和/或成就水平,包括有个别教育计划的学生、资优学生、很吃力的学习者及英语语言学习者。

注:差异教学可能不需要在每节课中使用。但是,在学生的教学安排过程中,期望每个实习老师都能展示开展差异化教学的能力,以满足有学习差异的学生的需求。

你预测哪个学生可能对这节课的内容/学习目标感到有困难?

学生姓名	学生需要差异化教学的证据	在这节课你将如何进行差异化教学,来支持学生的学习?
A.	1. 难以保持注意力	在小组活动中把 A.放在很靠近的位置。
	2. 听力困难	在提问之前得到 A.的关注。
	3. 难以完成任务	保持眼神接触。
	4. 很容易厌倦	通过温柔的碰触让 A.的思想重新回到课程内容上,重新集中精神。
		在小组活动中为 A.提供可以抓握的东西。
		在中心活动将 A.和亲社会的、有积极性的同伴组成一队。
		将分组/区角活动与 A 感兴趣的领域相关联。
		明确告知 A.分组或区角活动的规则和期望。
		保证指导式的活动时间不会太长。

图 9.4 续

数理逻辑：建立和求解等式

身体—运动：探索触觉模型

音乐：创造听觉模式

人际：共享式策略

内省：写日记（King & Parker，2001）

在你的课堂上发展和实施反思技能的需要将永远是你教学实践中的关键变量。这里有一种方法可以快速启发你的思维，以便你可以帮助自己得出关于自身实践和课堂中特殊儿童问题的答案：

个人检核表

- 你如何支持儿童的认知发展？
- 你使用什么类型的问题？
- 请提供一些例子。
- 你如何鼓励儿童对正在发生的事情感到好奇？
- 在认知加工过程方面，当儿童表现出沮丧，你会做什么？你如何提供脚手架？

问题与反思：

1. 教师如何使用"鼓励儿童进行分析和推理的讨论和活动"？
2. 教师如何"为学生提供机会去创新和/或产生自己的想法和作品"？
3. 教师如何"始终将概念和活动彼此联系，并将它们和以往的学习相联系"？
4. 教师如何"始终将概念与学生实际生活相联系"？

资料来源：Pianta，LaParo & Hamre（2008）. Classroom Assessment Scoring System. pp.67—68。

总结

本章回顾了一些与幼儿数学、科学和问题解决活动相关的关键问题。我们分享了一些例子，说明了如何解决复杂的问题，以便为面临各种影响认知的挑战的儿童制定和实施策略，以及这些策略如何整合到与发展相适应的活动中去。

关键术语

Activities of daily living 日常生活活动（ADL）

Scaffolding 脚手架

Zone of proximal development 最近发展区

Multiple intelligence theory 多元智能理论

儿童书籍

好奇心

Polly Hopper's Pouch by Louise Bonnett-Rampersaud

Red, Red, Red by Valeri Gorbach

A Penguin Story by Antionette Portis

Curious George: Are You Curious? by H.A.Ray

网站

全国数学教师委员会

http://standards.nctm.org/

"披萨项目"(为了讨论 address 学习标准)

http://www.journal.naeyc.org/btj/200301/PizzaProjectStandardsChart.pdf

网上数学资源

http://www.journal.naeyc.org/btj/200301/onlinemath.asp

参考文献

Bloom, B. et al (1956). *Taxonomy of educational objectives*. Boston: Allyn & Bacon.

Bronfenbrenner, U. (1979). *The ecology of human development*. Cambridge, MA: Harvard University Press.

Cartledge, G., Gardner, R., & Ford, D. Y. (2009). *Diverse learners with exceptionalities*. Upper Saddle River, NJ: Merrill/Pearson Education.

Chaille, C. (2008). *Constructivism across the curriculum in early childhood classrooms*. Boston: Allyn & Bacon/Pearson Education.

Chalufour, I. & Worth, K. (2003). *Discovering nature together*. St. Paul, MN: Redleaf Press.

Charlesworth, R. & Lind, K. (1995). *Math and science for young children* (2nd ed.). Albany, New York: Delmar.

Clements, D. H., Sarama, J., & DiBiase, A. (Eds.). (2004). *Engaging young children in mathematics: Standards for early childhood mathematics education*.

Copley, J. (2000). *The young child and mathematics*. Washington, DC: National Council of Teachers of Mathematics/National Association for the Education of Young Children.

Division for Early Childhood, Council for Exceptional Children. (2007). *Promoting positive outcomes for children with disabilities: Recommendations for curriculum, assessment, and program evaluation*. Missoula, MT: Author.

Ebeling, D. G., Deschenes, C., & Sprague, J. (1994). *Adapting curriculum and instruction in inclusive classrooms: Staff development kit*. Bloomington, IN: Institute for the Study of Developmental Disabilities.

Eliason, C., & Jenkins, L. (2008). *A practical guide to early childhood curriculum*. Upper Saddle River, NJ: Merrill/Pearson Education.

Epstein, A. S. (2007). *The intentional teacher*. Washington, DC: National Association for the Education of Young Children.

Farran, D. (2001). Critical periods and early intervention. In D. Bailey, J. Bruer, F. Symons, & J. Lichtman(Eds.), *Critical thinking about critical periods* (pp.233-266). Baltimore: Paul H.Brookes.

Gardner, H. (2000). *The disciplined mind*. New York: Penguin Books.

Greenes, C. E., Ginsburg, H. P., & Balfanz, R. (2004). Big math for little kids. *Early Childhood Research Quarterly*, *19*, 159-166.

Grisham-Brown, J., Hemmeter, M. L., & Pretti-Frontzcak, K. (2005). *Blended practices for teaching young children in inclusive settings*. Baltimore: Paul H.Brookes.

Harris, K., & Gleim, L. (2008). The light fantastic: Making learning visible for all children through the project approach. *Young Exceptional Children*, *11*(3), 27-40.

Henderson, A., Gerson, S., & Woodard, A. (2008). The birth of social intelligence. *Zero to Three*, *28*(5), 13-20.

Hyson, M. (Ed.). (2003). *Preparing early childhood professionals: NAEYC's standards for programs*. Washington, DC: National Association for the Education of Young Children.

Hyson, M. (2008). *Enthusiastic and engaged learners*. New York: Teacher's College Press/ National Association for the Education of Young Children.

Hyun, E. (2006). *Teachable moments: Re-conceptualizing curricula understandings*. New York: Peter Lang Publishing Co.

Katz, L. & Chard, S. (2000). *Engaging children's minds*. New York: Ablex Publishing.

King, M., & Parker, C. (2001). *A galaxy of mathematics strategies and accommodations*. city, FL: University of Florida Instructional Technology Resource Center. Retrieved from www.itrc.ucf.edu/other/fdlrs2001/workshops/math/ppt/mathintro.pdf.

Milbourne, S. A., & Campbell, P. H. (2007). *CARA's Kit: Creating adaptations for routines and activities*. Philadelphia: Child and Family Studies Research Programs, Thomas Jefferson University.

Miller, G. A. (1956). The magical number seven, plus or minus two: Some limits on our capacity for processing information. *Psychological Review*, *63*, 81-97.

Montessori, M. (1912/1964). *The Montessori method*. New York: Schocken Books.

National Council of Teachers of Mathematics. (2006). *Curriculum focal points for prekindergarten through grade 8 mathematics: A quest for coherence*. Washington, DC: NCTM(National Council of Teachers of Mathematics).

Notari-Syverson, A., & Sadler, F. (2008). Math is for everyone: Strategies for supporting early mathematical competencies in young children. *Young Exceptional Children*, *11*(3), 2-16.

Piaget, J. (1952). *The origins of intelligence*. New York: International University Press.

Pianta, R., LaParo, K., & Hamre, B. (2008). *Classroom assessment scoring system*. Baltimore: Paul H. Brookes.

Pretti-Frontzcak, K., & Bricker, D. (2004). *An activity based approach to early intervention* (3rd ed.). Baltimore: Paul H.Brookes.

Renzulli, J., & Reis, S. (Eds.). (2004). *Identification of students for gifted and talented programs*. Corwin Press.

Rosen, D., & Hoffman, J. (2009). Integrating concrete and virtual manipulatives in early childhood mathematics. *Young Children*, *64*(3), 26-33.

Schickedanz, J. (2008). *Increasing the power of instruction*. Washington, DC: National Association for the Education of Young Children.

Shonkoff, J., & Phillips, D. (2000). *From neurons to neighborhoods*. Washington, DC: National Academy Press.

Shore, R. (1997). *Rethinking the brain*. New York: Families and Work Institute.

Skinner, B. F. (1948). *Walden two*. New York: MacMillan.

Stormont, M. (2007). *Fostering resilience in young children at risk for failure*. Upper Saddle River, NJ: Merrill/Pearson Education.

Vygotsky, L. (1978). *Mind in society* (M. Cole, Trans.). Cambridge, MA: Harvard University Press.

Watson, A. & McCathren, R. (2009). Including children with special needs: Are you and your early childhood program ready? *Young Children*. *64*(2), 20-26.

Wein, C. (Ed.). (2008). *Emergent curriculum in the primary classroom: Interpreting the Reggio Emilia approach in the schools*. New York: Teachers College Press.

West, M. (2007). Problem solving: A sensible approach to children's science and social studies learning and beyond. *Young Children*, *62*(5), 34-41.

Wright Edelman, M. (1992). *The measure of our success*. Boston: Beacon Press.

Zigler, E., & Styfco, S. J. (2004). *The Head Start debates*. Baltimore: Paul H.Brookes.

资源

全国数学教师委员会(NCTM)

学校数学的原则

公平:卓越的数学教育要求对所有学生有同等的高期望和同等的大力支持。

课程:课程不仅仅是活动的集合,它必须是连贯统一的,专注于重要的数学问题,并且能很好地使各年级之间相互连贯。

教学:有效的数学教学需要了解学生知道什么、需要学习什么,然后提供支持和挑战让他们学得更好。

学习:学生必须在理解的基础上学习数学,基于经验和先备知识,主动构建新的知识。

评估:评估应该支持重要的数学学习,并为教师和学生提供有用的信息。

技术:技术在数学教学和数学学习中是必不可少的,它影响所教授的数学问题,能促进学生的学习。

在课堂中

策略:

为了实现3—6岁儿童的高质量数学教育,教师和其他关键专业人员应加强儿童对数学的自然兴趣和运用数学来了解物理和社会环境的倾向。

以儿童的经验和知识为基础,包括他们的家庭、语言、文化和社区背景,个人的学习方法,以及他们的日常使用非正式的知识(informal knowledge)。

把数学课程与教学实践建立在了解幼儿的认知、语言、身体和社会情感发展的基础上。

使用课程与教学实践,加强儿童的问题解决和推理过程,表现、交流,以及和数学思想相联系的过程。

确保课程连贯性,并能与已知的关系和一连串的重要数学思想相匹配。

为儿童提供机会,让儿童与关键的数学思想进行深度、持续的互动。

将数学整合到其他活动中,也将其他活动整合到数学互动中。

为儿童提供充足的时间、材料和支持让他们参与游戏,在游戏环境中他们怀着浓厚的兴趣去探索和操作数学思想。

通过一系列适当的经验和教学策略,积极引入数学概念、方法和语言。

通过仔细地和不断地评估所有孩子的数学知识、技能和策略来支持儿童的学习。

来自 National Council of Teachers of Mathematics. Http://standards.nctm.org/retrievedon 11/25/09

第 10 章

专业化:成为终身学习者、
整合社区资源

目标

读完本章,学生将会:

- 反思终身学习的价值;
- 确定专业化的关键特征,因为它们与标准和融合实践有关;
- 将关于反思的价值的概念融入到他们自己的专业发展中;
- 通过建设性的反思来树立信心;
- 识别在持续的专业化发展过程中,对于保持专业化有帮助的社区资源,从而增加智慧;
- 积极参与学习一系列的专业技能。

终身学习

在教育领域,为什么致力于终身学习如此重要?

终身学习实际上是一种世界观,它适用于所有专业化的领域。聚焦于融合的早期特殊教育领域正处于一个重大的范式的转换过程中,它涉及态度、掌控、系统管理,以及在课堂上的日常实践(Sandall,Hemmeter,Smith,& McLean,2005)。鉴于以往已经稳固存在的歧视和排斥的程度,公民权利的转变要发生实质变化,可能需要很多年。

决定改变

决定改变可以被视为踏向终身学习的第一步。本书已接近尾声的部分,但很明显,在继续你的专业化发展过程时,反思过程仍将持续进行。因此,在最终关于专业化的讨论中,需要了解专业化是达到目的的手段,也是一个结果。

在早期融合特教领域,为什么致力于终身学习如此重要?

终身学习在早期特殊教育领域尤其重要,这是因为在法律、最佳实践及政策上每年都有许多变化。另外,研究在多种类型的复杂障碍方面会有所进展,这可以增加我们对很多综合征的了解。它与致力于持续的专业发展有关的这一章相关。

问题与反思:

1. 通过你的反思,请记录下与家庭共事时可能会对你的信仰系统或生活方式造成挑战的任何方面。你可能会使用哪些策略和资源来解决这些问题?

2. 当你和家庭、儿童共事的时候,你将如何监测自己的进步?

3. 什么样的记录策略会对你特别有用?

4. 你会如何表达你对家庭的同理心和支持?

5. 你在团队中扮演什么角色?

6. 请描述你的互动风格,因为它关系到持续参与专业发展的承诺。

不管任何人在给定的时间里,对早期特殊教育了解多少,新的变化都会持续出现,这就需要专业人员愿意不断扩展自己的知识库。因此,这就有必要运用技能持续地获取和使用新出现的信息(Buysse & Wesley, 2006)。

变化的结构

当专业人员关注融合,对终身学习的承诺也就是对变化的承诺。融合致力于识别可以作出必要且适当的调整的值得推荐的实践。这也意味着愿意创建和使用变化的结构(Catlett, 2009;Guralnick, 2001)。这种结构可能包含定期回顾进展和更新关于结果的观点。实现和维护共同目标的愿景,教师所重视的及他们如何进行,是变化过程的一部分。一开始,教师关注形成集体方向感。在教师们专业化发展过程中,他们相互协作并确保所有人都在不断进步。这个过程的本质在于教师要有承认自己需要提高的信心和勇气。

专业化

随着越来越多的人接受障碍儿童进入融合教室,主要的专业组织基于应对不同发展能力的需要,重新对专业化作出了定义。例如,美国幼儿教育协会(NAEYC)将应对非典型发展作为教师和助理教师能力的核心标准(Copple & Bredekamp, 2009;Hyson, 2003)。美国特殊儿童协会早期教育部(DEC/CEC)将对发展连续性的理解和实施与发展相适应的实践的能力确定为基本标准(Sandall et al.，2005)。组织通常为所有儿童提供适当的服务。这意味着专业化包括拓宽一个人的专业知识，而不是只针对典型或非典型的发展。它包含两者的全部范围。因为目标是发展出更具有融合性的系统，早期教育和特殊教育的领导人仍在共同努力去定义和阐明共同的责任和优先事项(Copple & Bredekamp，2008，2009)。全国幼儿教育协会和早期教育部发表的关于融合的联合声明可以作为一个指南(2009)。

知识和技能

"专业化"这个术语在不同专业领域有着普遍的特定含义。无论关注的领域是什么，品质(quality)都是这个词语内涵的一部分。但其中也有与特定的工作类型相关的专业化的特殊特征。在早期教育中，专业化包括以儿童和家庭为中心，实施与发展相适应的活动，并加入反歧视课程以适应这个多元文化的世界(Derman-Sparks，1989；Derman-Sparks & Edwards-Olsen，2010；Trawick-Smith，2008)。所有的这些也适用于早期特殊教育(Chandler & Loncola 2008)。但是，对于早期融合特殊教育领域的专业化来说，还有一些必需的额外品质(Stayton，Miller，& Dinnebeil，2003)。这些品质包括对保密性的尊重、优秀的沟通技巧、法律方面的知识、有关协议和体系的知识、责任性(accountability)和关于儿童障碍的知识。

专业判断和问题解决

重要的品质还包括积极的性格、高效的组织能力和从事文案工作的能力。本书主要关注具体干预策略的实际应用，以及专业人员运用自身的判断能力与问题解决能力，建设性地共同作出有关障碍儿童课程和项目的积极决定的过程。虽然教师有丰富、可用的有效策略，鉴于未来不可避免的变革和进步，他们必须不断发展自己的知识和技能，这已成为一个共识。

持续的变化

举个例子，一个肯定会发生变化的特定领域是辅助技术。随着时间的推移，专业人员需要做好准备，继续发展知识和技能。这也适用于许多其他领域，比如影响体系发展的法律、法规(Turnbull，Turnbull，& Wehmeyer，2007)。

性情倾向

在早期特殊教育中，性情倾向包括聆听别人观点的接受能力、没有偏见和有足够的爱心。性情包括对个体差异的接受性，即使这些差异包括障碍。愿意承担责任，没有防御、自然地应对困境的能力，表达对孩子和家庭的支持，这些都是体现专业化的品质（Jalongo & Isenberg，2008）。尤其重要的是，在儿童经历困难时（如出现破坏性行为），教师不要感情用事或认为是针对自己。

一般化和个性化

与障碍儿童一起工作的专业人员必须能够运用一般原则并能调整自身的风格，以满足每个孩子的个人需求。他们必须能够坚持不懈地努力，展示对每个孩子的学习能力的信任，即使某个儿童的进步可能比大多数儿童要慢，或者他们的学习方式与通常期望的方式有显著差别。当所有的教师做好准备教所有的儿童，并在团队合作的情况下调整教学策略能力，这就是专业化的一种体现。

指标和进展

教师经常说，看到一个儿童的进步是最大的激励因素之一。这当然是真的。然而，当教导障碍幼儿的时候，在找到最有效的策略之前，教师可能需要尝试一些基于证据的策略（Buysse & Wesley，2006；La Rocque & Darling，2008；McWilliam & Casey，2008）。作为专业人员，教师不能依靠儿童简单的成功来获得自信。他们必须准备好去帮助幼儿，即使儿童发现日常的任务会更加困难。当一种策略起作用时，教师必须认可这种成功。有时这也会给儿童带来真正的鼓励和积极的反馈。

性情倾向和线索解读

性情倾向和态度在有效的融合中发挥着重要作用。如果教师采用所有最好的技术和方法，却对儿童能力没有足够的接纳和信任，他们的努力将会被大量非言语线索和信号（如语音语调、缺乏肢体接触）所隐含的信息所破坏。观看指导反思的视频有助于提供关于性情倾向的看法。有时候如果一个老师是暂时代课，在他们观察自己并反思自己的表现之前，可能不会意识到无意中的非言语线索的影响（Pianta，La Paro，& Hamre，2007）。

承认问题

在大多数情况下，如果早期教育者的性情倾向有一个问题，作出改变的一个很好的起点就是"拥有"这一问题。有时专业人员不能全心全意地认可融合是一个可行的选择，并且/或者尚未完全确认自己有能力在教室里实施一些方法将有不同发展挑战的儿童融合在一起。来自同事、主管或者其他观察到教师行动的人所给出的建设性反馈可能使教师获益。反思性的监督现在在早期教育和特殊教育领域已经建立起来（Caruso & Fawcett，1999；Eggbeer，Mann，& Seibel，2007）。它有助于成为一个健全的、合作的团队的一部分，如果教师在他们的反思中缺少什么，他们愿意接受别人指出来。例如，当一位老师经常说："你们这帮家伙"，他们可能试图建立融洽关系或甚至可能不会意识到他们在这样说。同样，教师有可能在一天中说了上百次"干得好！"，但没有意识到自己存在这种半自动的反馈形式。来自其他人的建设性的反馈有助于将不同的看法融入自己的反思中。

致力于差异化教学的问题解决

特殊儿童的教师认为自己的角色就在于弄清楚如何教授学习方法不同于典型儿童的儿童。这是一个重大的，但可能还没有被足够认可的功能。这是教师调整、区分和实施通用设计，以此来支持每个儿童的学习过程的功能的一部分。因此，当一个儿童遇到困难时，团队和老师的工作就是解决问题并试图找出一种更有效的方法。这并不意味着孩子对于自己的学习可以不负责，但教师的责任有主要的影响。在一些环境中，隔离可能是需要解决的一个因素。以社区为基础的项目可能不容易获得特殊服务，除非他们与当地教育机构（LEAs）建立了联络网。在对特殊服务支持有限的团队中工作的专业人员可能需要变得积极，主动联系其他机构，获得支持。

积极参与持续的专业发展

虽然本书已经提到了一般方法、趋势和观点，但是专业发展的区别性特征是每位读者，也就是你在反思过程中的积极参与。

个人/专业储备的重新讨论

现在是时候让你重新审视自己最初对在专业化发展的旅程中所学的知识的反思。当你参与到这个过程中，你会发现它有助于回顾你的日记，突出关键的见解、观察和转变。你也会发现它有助于回顾你最初的目的和目标，这些目标以你之前对自己的优势、需求和风格的反思为基础。在思考自己如何成长和改变的时候，了解针对自己的专业化发展是很重要的。鼓励是有帮助的，但关注具体细节、明确自己对自己的反馈也有帮助。来自他人的具体反馈也可以整合到一起。你觉得什么是重要的？这可能涉及你已掌握的特殊技能或者与态度、想法的改变有关。可能你以前的世界观是以某些关于人员和体系的未确认的假设为基础，现在你可以重新定义这些假设，并采用之前未曾考虑过的方式行动。你可能在与障碍儿童互动中曾被吓到过或保持谨慎，怀疑自己满足他们独特需求的能力。如果是这样，希望你有机会改变自己对自身可能性的看法。

致力于融合

致力于融合的重要性是贯穿本书的一个主题。这要求个人和团队的持续投入。考虑到有关特殊学生在社会公正和倡导完全无障碍环境方面的巨大变化,虽然工作还远远未完成,但在这一领域还是有很大进展。伴随民权运动的开展,法律层面已经有变化,人们的态度也有显著的改变,但是仍需要作为个体和团体成员的我们每个人共同努力,持续地致力于改变(Copple & Bredekamp, 2008, 2009; LaRocque & Darling, 2008)。早期教育专业人员必须承担责任,持续不断地进行自我监控,愿意根据需要作出调整。美国特殊教育协会早期教育部和美国幼儿教育协会(DEC/NAEYC)在关于融合的联合声明(2009)中阐明了这一转型过程中的重点。即使在最好的情况下,改变也是有压力和挑战的。当改变涉及推翻根深蒂固的歧视,它需要持续的努力并致力于创造更多积极的选择(Sandall et al., 2005)。

倡导

那些障碍者的倡导者,包括那些有障碍的个体,都不希望得到的是同情、傲慢(屈尊俯就)或者特殊照顾。完全的接受和融合意味着消除在系统、法律、实践和态度方面长期存在的障碍,意味着质疑自己的假设,一直愿意从别人的角度去看待和体验情境。这有时是很困难的,但回报也是惊人的(LaRocco & Bruns, 2005)。不需要完美,但需要考虑和接纳,诚实而确定地看待这一观点是一个强有力的结果。即使在重大经济困难的时候,在很多层面的倡导仍获得了持续的对于幼儿教育和特殊教育的立法支持。致力于倡导与致力于融合相辅相成,因为这个领域正处在主要范式的转变过程中(Copple & Bredekamp, 2008/2009; Robinson & Stark, 2002)。系统和结构的转变正在全球的不同层面上发生。显然进步是一致的、持续的,同样清楚的是,这一过程并没有结束。不论是完全的无障碍环境,还是对"隐性障碍"影响功能的理解和接纳,继续提升融合实践的需求仍然存在。

与系统合作

本书讨论了对于家庭和专业人员来说,如何理解特殊教育系统和普通教育系统并与之进行协商的能力是至关重要的技能(Anderson, Chitwood, Hayden, & Takemoto, 2008)。这肯定是一个动态的过程,因为系统在变化,通常变得更加一体化。对于这一过程,倡导是一个关键元素,特别是如果需要的服务目前还无法获得的时候(LaRocco & Bruns, 2005)。

维姬和约翰的儿子麦克斯二岁时被诊断患有自闭症,当时他们无法知道未来会怎样。从麦克斯接受 0—3 岁服务开始,他们就一直在积极倡导。在幼儿园的时候,他们帮助指导当地教育机构为自闭症儿童制定了一个专门的计划,后来又主张在社区小学中提供融合机会并获得了成功。

创建支持网络

完全的融合不是一个人可以做得到的事情。它总是需要集体的投入。这意味着为项目的转换提供系统的支持。针对融合情境中的早期教育工作者有很多标准,合作是这些标准包含的领域之一(Hyson, 2003)。当教师持续致力于融合项目中,与一个支持网络合作是很重要的。工作环境的设置可能会有所不同。在某些情境中,项目的结构中已经包含了支持网络的建设。在其他情境中,那些负责实施融合方法的人可能会更加孤立。支持网络为有效地和专业地提高融合服务提供最佳的条件。

减少孤立

当专业人员创建健康的支持系统的时候,他们在团队中提供了最佳实践的示范,这些实践本质上也有助于家庭参与。当家庭习惯了有障碍儿童,被孤立是很常见的现象。这并不意味着每个家庭将会隔离自己,但也的确存在这种情况。专业人员也同样可能被孤立。尽管隐私是珍贵的,但明显的孤立可能是一个风险因素。相比之下,社会支持被认为是一个保护因素。教师可以去计划和组织,以便创建或连接一个支持网络,例如,确认5名可能组成支持团队的人。另一方面,教师可能已经与他人有牢固的、支持性的连接。如果是这样,也许他们只需要再次确认这些连接,并核实他们是否愿意成为非正式支持团队的一部分。考虑到许多可能的组合,需要记住的重要的一点是,教师不需要独自完成这些事情。事实上,与他人合作也是专业化的一部分。清楚和熟悉可用的支持网络,使我们有可能在最需要这些支持的时候能有效和明确地使用它们。

与导师合作

一些项目需要新员工和新的专业人员(emerging professionals)与导师合作。无论你是否会照做,本书强烈建议你找到一个有效的导师(effective mentor),并建立一个强大的、充满信任和支持的工作关系。在早期特殊教育领域,导师对该领域可能非常了解,也可能并不十分了解,因为它是一个专业知识快速变化的领域,而且完全的融合实践的开展达到了前所未有的程度。导师并不需要知道所有的答案。事实上,在快速变化的早期融合领域,专业人员有经验的话,可能更容易接纳他们需要不断学习新技能和收集更多关于各种条件及方法的信息。

卡拉·李(Kara Lee)是一个在早期教育和特殊教育方面有全面认证的经验丰富的专业人员。她已经在一个师资培养项目中担任众多候选人的实习课导师。卡拉·李是一个很好的导师,她坦诚自己需要持续的专业发展。最近她特别关注伴有自闭症谱系障碍相关特征和有感觉差异的儿童。她在持续专业发展上的诚实是促使她可以很好地给予他人指导的因素之一。

承认自己有所不知,这种矛盾的智慧似乎可以延长寿命。通常,知道他人不知道的东西的信心,是导师价值的核心所在,为持续的专业发展和教育经验创造一个安全地带。导师可能是机智的且拥有有价值的观点,同时也在潜在的困难时期提供持续支持。如果有人能够不带批判地聆听或参与到关于选项的、有成效的反思中,将有助于高效地解决问题,无论是在建设性的情境,还是独特、个别的情境中,这种高效的问题解决是关于独特个体的状况的建设性解决方案(Hanft,Rush,& Sheldon,2004)。虽然专业关系的风格可能不同,但有效的导师制一般都包括维果斯基(1978)提到的"学徒制"。自然获得的支持程度和类型因个体差异各不相同,但有价值的、符合需要的支持一般是以维果斯基所说的"脚手架"的形式存在的。本书讨论了关于与幼儿一起工作的成人的角色的脚手架。它在其他环境中也是相关的。随着新的专业人员的成长,提供的支持也逐渐减少,从而允许每一个新的专业人员能设定自己的节奏、变得更加自主。

持续的团队合作是有效融合的一个重要元素。

通过建设性的反思建立自信

对自己抱有合理期望

随着主要范式的转换,想知道自己是否能够有效地应对障碍儿童的需要,这对专业人员及家庭成员来说是很正常的。这种质疑可能不会发生每个人身上,但如果你对自己产生质疑,知道自己并不孤单,这对你非常重要且很有帮助。人们可能有许多理由怀疑他们在这个领域的能力。一个常见原因,是难以从"完美"模式转变过来,尤其是对于那些经验可能非常丰富的人来说。当儿童有障碍,教师应该关注他们的优势领域和有需要的领域,但定义一个"完美"的总体目标是不现实的。实施融合的教师的目标应该定为接纳,这并不是勉强接受或降低标准。教师希望儿童和自己都尽可能有最好的表现。这意味着专业人员必须对儿童和自己抱有现实的期望(Sandall et al.,2005;Stayton, Miller, & Dinnebeil, 2003)。

为自己设定现实目标

在个别化教育项目(IEPs)和个别化家庭服务计划(IFSPs)的规划与安置过程中设定现实的目标和目的,可以大大增加孩子实现这些目标和目的的可能性(Turnbull, Turnbull, Shank, & Smith, 2004)。同样的,如果教师为自己设定现实的期望,不期望自己能拯救世界或者单独解决世界上所有的问题,他们更可能建设性地参与自我评估并确定他们在做有效的事情,而不是对尚未完成的事评头论足。

丰富的资源

资源丰富性:整合和利用社区资源的重要性

机智地、熟练地获取最新的信息是很有必要的。当法律和实践发生变化时,就需要进行相应的调整。在一个不断变化的专业领域开展实践工作要求做好准备获取社区资源,以确保服务提供方面的观点是最新的。在早期教育中,有一系列可用的社会资源,州与州之间有一些区别,但是全国范围内有许多共通之处。在早期特殊教育中,和为年龄较大的儿童提供的项目不同,很多融合服务可能是涵盖在以社区为基础的早期项目中。此外,许多学校系统开始提供他们自己的早期融合项目。从技术上讲,不需要为了履行《障碍者教育促进法》(IDEIA)的法律规定而在学校环境中提供服务(2004)。但是,法律要求学校需要确保提供服务。地方教育当局可以提供基于 IDEIA 的授权服务,如果设计和安置团队接受的话,可以在社区托儿所为儿童提供服务。在 IDEIA 近期指定的选项中,有一个0—3岁服务的无缝整合,家庭可以选择在同一行政结构中接受所有的 0—3 岁服务(Walsh, 2005)。但是 0—3 岁和 3—5 岁的服务之间通常仍需要有转衔过程(Rous & Hallan, 2007)。

不同类型的机构

本书提到地方教育当局(LEA),以社区为基础的学前融合教育项目,以及由国家组织为所有年龄段的障碍者提供服务的项目。还有许多其他类型的机构,一些提供专业化的相关服务,如职业治疗、物理治疗和言语语言治疗。一些机构专门从事倡导工作。一些机构主要由联邦政府、州或地方政府运营。这些机构可能包括"资料交换中心(clearinghouses)",如国家障碍儿童和青少年信息中心(NICHCY;http://www.nichcy.org)。有些是非营利的、私人的、独立的组织,还有一些以盈利为目的的企业。

基于网络的资源

美国大多数已建立的机构和组织都有基于网络的资源,这大大增加了家庭和专业人员的可用信息。使用基于网络的资源的好处之一就是信息通常是最新的,而且更新频繁。一旦一个机构或者个人建好网络并使用它们,这些基于网络的资源是比较节约成本的。虽然这个媒介最初需要一定的财政投入,但是其长期效益是无限的。基于网络的资源很容易获得,能提供丰富资源的同时还因为减少纸张的使用而更"环保"。使用网络资源的另一个主要好处是节省时间。了解基于网络资源的导航技术和知识,可以很快产生大量的信息。最后,因为信息基于万维网,可以不受地域限制提供全球范围的网络资源(Catlett,2009)。

早期特殊教育中使用互联网的注意事项

教师应该谨慎使用互联网资源,因为它可能会增加那些准备好和没有准备好使用电脑的人之间的"数字鸿沟"。当家庭无法接触到技术和计算机知识,就不应该只通过技术手段提供资源。为了解决这个问题,许多组织已经以一种容易打印并易于与家人共享的形式发布宣传册和网络信息。通常,这些资源会使用多种语言。如果考虑到文化和语言的多样性,找到一个可以流利地使用第二语言且能理解语言含义的细微差别的人对翻译的材料进行检查就变得很重要。有一些资源能广泛地解决这类问题,比如伊利诺伊大学厄巴纳—香槟分校的文化和语言服务中心(CLAS)(http://CLAS@uiuc.edu/)。

资源的质量

在使用网络资源时,另一个要谨慎的是不同类型资源之间的区别。这些可能是概念化的可信和不可信的资源,但根据第一手资料推测一种判断不是目的(这些资源可能被冠以可信或者不太可信的概念,但相比于获得一手资料,这已经包含了一种判断,而这并不是我们的目的)。重要的是准备利用互联网获取资源的家庭和专业人员清楚地理解用来鉴定许多可靠的、被小心证实过的资源的标准。基于立法和研究的变化被整合到网站,这些网站由相关组织管理,它们积极地监控信息内容并在需要时定期更新。本书提到了国家障碍儿童和青少年信息中心(NICHCY),这是一个由联邦政府支持的信息交换中心,它提供网络和纸质资源。美国特殊儿童协会早期教育部(DEC/CEC)有一个网址提供了很多其他资源的有用链接。

通过互联网建立非正式交流网络的机会

对家庭和专业人员来说，在网络通信的背景下有很多与世界各地的人们建立非正式交流网络的机会。教师应认识到这种沟通和支持的潜在价值，但他们也应该把它与有一系列说明和责任的且信息准确的资源区分开来，就像不同的观点。这种区别对于一些争议很大的主题尤其重要，有些主题甚至专家们也有不一致的意见。当重要的研究成果即将出现，这种争议是很正常的，网络提供了一个巨大的思辨机会。因此，虽然网络资源在紧跟快速变化的领域上有明显的价值，但仍然有需要仔细考虑的因素。

整合资源：与家庭共享

清楚了解可用的资源是很有帮助的。当教师创造了一个有组织的、可访问(accessible)的系统去协调资源，家庭就可以更方便地定期地使用这些资源。家庭通常创建他们自己的资源档案，以此支持他们持续地应对日常问题。有最新的获得信息的渠道，包括支持性的网站，经常大大提高团队的有效性(Catlett，2009；McWilliam，2005)。当有团队共同承诺获取并分享资源，每个人都能受益。一些网站和组织致力于提供信息交流中心、收集切题的内容或重点突出的相关资料和资源。本章最后提供了一些网站，它们为家庭协调整合相关资源。考虑到资源的数量，掌握组织和获取所需资源的应对策略变得非常重要。

建议的活动

利用从机构收集的宣传册和 DVD 等信息材料的资源文件，创建自己的资料档案。把档案放在一个功能性的、可接近的、耐用的容器里，这样你可以在需要时使用它，材料随手可得。

列出你发现的相关性很高的网站和组织的清单。写下注释或打印出有用的信息可以让你有信心提供可用资源。

专业组织

本书讨论了许多专业组织。国际、国家、地区和地方上都有支持专业活动的组织。是时候来回顾一些主要的组织，并考虑如何参与其中以便为你持续的专业化发展提供支持。早期教育的三个主要机构包括美国幼儿教育协会(NAEYC)，美国特殊儿童协会早期教育部

(CEC/DEC)和国家开端计划协会(NHSA)。这些组织在第二章已经讨论过了，现在你可以考虑如何专业地发挥更积极的作用。所有这些组织都面对处理发展多样性的连续统一体的问题。

　　这三个组织中，美国特殊儿童协会历来更关注特殊儿童的发展，但在过去的十年中，它对与发展相适应的实践的关注逐步增加。并不是要求所有专业人员都成为这些组织的成员，但了解这些组织提供什么资源、知道它们作为非盈利组织可能会在早期融合教育中为家庭和专业人员提供优秀资源，是很有帮助的。这些组织的会员可以订阅优秀期刊，在报名参加专业化发展活动(如研讨会)时报名费可以打折。使用提供给会员的宝贵资源所带来的价值远远超过所缴纳的会费。会员也有机会通过图书馆和网络获得杂志和其他出版物。

领导者的机会

　　你可能决定以组织领导的身份参与。有很多方法可以让你为所在社区的家庭和专业人员提供帮助。你也可以参与在线讨论组和/或选择订阅有用的发布列表(distribution list)，比如自然资源(Catlett, 2009)。意识到参与自己的选项和选择是一个很好的起点。一旦恢复动力，就成为一个可持续的过程。

真实动机的重要性

　　正如本书总结的，要记住自己的动机和灵感是至关重要的。只是以机械的方式进行调整是不够的。有效干预的一个核心是建立和保持与儿童融洽的关系。通过关注每个孩子的优点和兴趣，你就找到了一个很好的定位来建立积极的联系。识别而不是否认儿童的需求可以确保你能够适当地调整课程和互动。对可能的选项进行结构化的反思，以此为引导的有效干预可以大大增加成功的可能性。我们坚信发展融合实践的过程是非常有希望的。

　　虽然有时肯定会有挑战，但我们相信，倡导优质项目的意愿、与团队建设性地开展合作的意愿，会让你更有可能发现这个过程的价值和意义。

反思和经验式学习

　　你已经参与本书中提供的一个持续的反思过程。本书讨论了一些反思性实践的历史(Dewey, 1910/1933)、有效反思的好处，以及使用到的一些程序。在致力于持续专业发展的过程中，反思是有意义的。持续成长和发展不仅仅是不断获得新信息和新技能的累积过程。它是变化的。它涉及对思想开放、责任、全心全意的承诺，并在反思性实践中不断增强。它涉及真实性和重新定位的能力(Larivee, 2008)。反思性实践与以下的概念是一致的，即变革推动者愿意与其他团队成员一起考虑和构建目前不存在的选项(Goodland, J., Mantle-

Bromley & Goodlad, S., 2004；Miller et al., 2003)。考虑到向完全融合的方向发展的过程前进时所发生的剧烈社会变革,反思性实践为从业者提供了一个过程和结构,指导他们发展出与不同小组的儿童或个体进行互动的方式(Goodlad, J., Mantle Bromley, & Goodland S., 2004；Reagan, Case, & Brubacker, 2000)。在重新建构教育和让教师为日益增加的多样化做好准备时,反思性实践的使用可能被认为是一个重要的元素(Yost, Forlenza-Bailey, & Shaw, 1999)。

反思自己的经验式学习

本书基于这样的信念,即经验学习是至关重要和强有力的。然而,仅仅为了获得意义和从经验中学习而去做一些事情是不够的(Jalongo & Isenberg, 2008；Larivee, 2006)。合成、整合、产生意义的过程,为你创造以动态方式内化概念的机会,这样你就能够根据需要应用它们。因为反思是这个过程的核心(Buysse & Wesley, 2006),这本书使用了一个引导式反思的模式。现在,当你读完这章,对你们每个人来说重要的是思考在整个过程中你所学习到的所有东西。你发现了你自己的个人和专业领域的优势,以及你需要努力的领域。对自己专业发展的审视或者总结之后,你要在此基础上确定目标,利用资源来帮助你解决这些领域的问题。你监控自己的进步情况,根据需要调整方法(Hemmeter, 2000)。你反思自己的经验,考虑如何调整你所做的事情使它变得更有效。你密切关注儿童对你所发起的互动的回应,以及你对他们发起的回应。

总结你自己的进步

请花些时间来想一想,自从你参与到本书介绍的反思过程中,你和儿童、家长及同事开展建设性互动的能力是如何提高的。当你回顾你的日志,有出现关键的因素吗? 有出现重要的模式吗? 是否在某些领域,你最初认为自己不是很擅长,但随着时间发生了变化? 如果是这样,你注意到哪些具体的成长吗? 你会发现重新思考自己最初在自我检查(personal inventory)时的一些问题是有帮助的。你对儿童的主动发起给予回应了吗? 儿童可以寻找你的帮助吗? 你对家庭关心的事项和文化敏感吗? 这些内容在第一章对反思进行最初指导时都有呈现。

当你继续你的专业工作时,你阅读本书参与反思的过程,以及和幼儿在一起的积极经验,对你来说仍然是有价值的。关于经验式和反思式教学,有一个发展很好、被证明过的教学方法。为了应对在融合情境中面临挑战的儿童的个人特征,可以在经验学习和持续专业发展的需要之间做一个很好的联合。虽然本书的大部分内容都在讲形成性的方法,我们最后将提供一个更具总结性的方法,将本文内容与自己的经验相结合,从而把自己学到的知识进行综合和概念化。

有意义的整合

自身经验的意义会因每个人背景、先备知识和工作范围而有很大不同。不管你具备什么样的条件，你都有可能成长和转变自己的认知。人们常说一个人必须首先从改变自己开始，才能真正改变与他人工作的方法。存在多元文化差异时，这肯定是正确的（Wah，2004），在出现发展挑战时，这也是正确的。愿意继续反思自己的质性和量化方面的因素，对于持续专业发展是不可或缺的。当你密切关注自己的进步情况，对你所学习的知识、技能和性格方面的东西进行组织，以配合一些用于评估项目的标准，可能会有帮助。你越了解自己的学习方式，越了解哪些类型的经验对自己的成长和理解最有利，就越有助于你获得优质的经验。你可以选择自己经验的结构、强度和节奏。你可以维持一个相对透明的反思过程，这会对所有参与其中的人都有帮助。

早期特教领域的持续变化

如果当你在阅读本书的过程中积极参与经验学习并将所学的内容进行整合，但却感觉仍然没有获得所有的答案，那么你做得很好。本书不会为读者提供所有问题的答案。事实上，它是基于这样一个前提，即对任何人来说，当我们知道自己有所不知时，反而是有益的，而如果我们知道如何寻找所需资源、如何寻找问题的答案就会更好。早期融合教育领域几十年来发生了翻天覆地的变化。随着融合教育的普及，大量课程结构和人员的不同搭配要求专业人员以通用的方式做好准备，可以让他们根据项目模式及个人需求开展高质量的融合实践（Chandler & Loncola，2008；DEC/NAEYC，2009）。出于以上这些原因，本文是过程本位的，在你进行经验学习时以动态的方式提供支持和指导。

如何参与才能更有意义？

确定你需要持续的专业化发展是积极的。你可以继续以有意义的方式积极参与。例如，确定在特定情境中需要做什么之后，你可以和其他专业人员及家庭一起合作，共同解决问题。你可以识别、获取和共享资源。你确定的持续的专业发展的需要，可能由目前你正在教和干预的儿童表现的情况来决定。随着相关研究提供更多关于循证实践的信息，即使是之前有自闭症儿童工作经验的专业人员，继续推进专业发展也是有帮助的（Buysse & Wesley，2006；Winton，McCollum，& Catlett，2008）。如果在一个特定的社区里还没有提供优质服务，你可以发出倡议（DEC/NAEYC，2009；Robinson & Stark，2002）。随着融合项目的不断发展，你可以提高人们对于发展差异的意识和接纳度。你可以和儿童、家庭建立牢固、积极的联系,与他们共同发出倡议、形成联盟。儿童和家庭是优质项目持续发展的极好的推广者。我们为他们努力,也与他们一起努力。

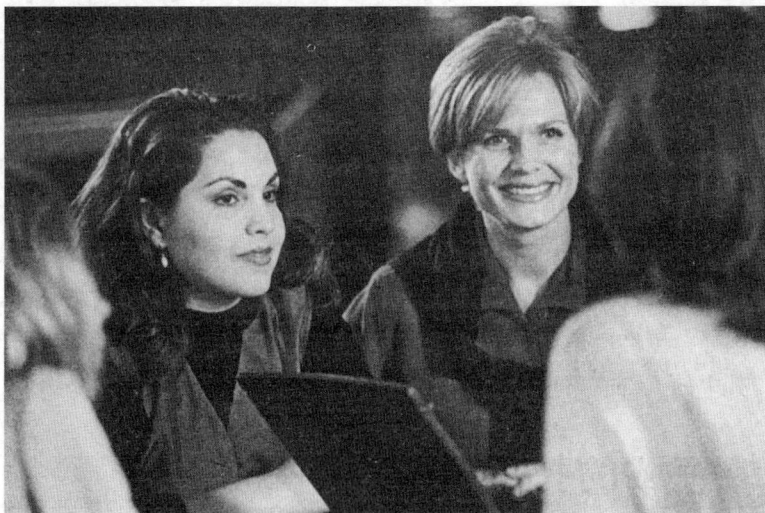

合作式的循证实践有其内在价值。

问题与反思

1. 当你思考许多与高质量融合相关的因素时,你如何确定工作的优先级? 相关因素可能包括时间分配、资源利用和课程调整。

2. 找到在需要时确定可以提供帮助的三位同事或三种支持来源。

3. 反思自己的专业发展,你是否有一些领域后续需要额外关注? 如果有,你将如何得到你所需要的和应有的支持?

总结

我们希望阅读和使用本书作为工作模式,成为你的一种综合性的经验,将继续支持你成为终身学习者。你的智慧、意愿和反思能力,以及在该领域中与其他专业人员的联系,都将对你继续在融合环境中与幼儿和家庭合作起到很好的作用。在过去的 25 年里,出现了一个巨大的范式转换及关于特殊儿童信仰和实践的转变。

我们已经从是否让特殊儿童"回归主流"变成提出到所有儿童的融合预设。当你学习如何开展有效的融合实践,你就成为这个转变过程的一部分。在阅读本书的同时,你参与反思和经验学习,这提高了你解决问题的能力,让你相信自己是一个有能力满足融合教室里多样化需求的专业人员。当你完成一个周期后,就开始另一个周期。当你再次出发,我们希望在这个激动人心的和不断变化的时刻,你能够相信自己与障碍幼儿及其家庭合作的能力。

网站

伊利诺斯州大学(Urbana-Champagne)的文化和语言适当服务(CLAS)

http://CLAS.uiuc.edu/

特殊的父母

http://www.exceptionalparent.org

国家障碍儿童信息中心

http://www.nichcy.org

国家早期技术支持中心

http://NECTAC.org/

美国开端计划协会

http://www.NHSA.org/

明尼苏达州(Minneapolis)Pacer 中心

http://www.pacercenter.org

威斯康星大学 Waisman 中心

http://www.waisman.wisc.edu/

参考文献

Anderson, W., Chitwood, S., Hayden, D., & Takemoto, C. (2008). *Negotiating the special education maze* (4th ed.). Bethesda, MD: Woodbine House.

Buysse, V., & Wesley, P. (Eds.). (2006). *Evidence-based practice in the early childhood field*. Washington, DC: Zero to Three.

Caruso, J., & Fawcett, T. (1999). *Supervision in early childhood: A developmental perspective*. New York: Teacher's College Press.

Catlett, C. (2009). Natural resources. Message posted to online resources/listserv, archived at gtto://www.fpg.unc.edu/~scpp/nat_allies/na_archive.cfm

Catlett, C. (2009). Resources within reason. *Young Exceptional Children*, 12(4), 40-41.

Chandler, L., & Loncola, J. (2008). Rationale for a blended education. In M. LaRocque & S. Darling(Eds.), *Blended curriculum in the inclusive K-3 classroom*(pp.1-31). Boston: Allyn & Bacon/Pearson Education.

Copple, C., & Bredekamp, S. (2008). Getting clear about developmentally appropriate practice. *Young Children*, 63(1), 54-55.

Copple, C., & Bredekamp, S. (2009). *Developmentally appropriate practices* (3rd ed.). Washington, DC: National Association for the Education of Young Children.

DEC & NAEYC. (2009). *Early childhood inclusion: A joint position statement of the Division for Early Childhood (DEC) and the National Association for the Education of Young Children (NAEYC).* Chapel Hill, NC: The University of North Carolina, FPG Child Development Institute.

Derman-Sparks, L. (1989). *Anti-bias curriculum: Tools for empowering young children.* Washington, DC: The National Association for the Education of Young Children.

Derman-Sparks, L. & Edwards Olsen, J. (2010). *Antibias Education.* Washington, DC: The National Association for the Education of Young Children.

Dewey, J. (1919/1933). *How we think: A restatement of the relation of reflective thinking to the educative process.* Lexington, MA: Heath.

Eggbeer, L., Mann, T., & Seibel, N. (2007). Reflective supervision: Past, present, and future. *Zero to Three*, *28*(2), 5-9.

Goodlad, J. I., Mantle-Bromley, C., & Goodlad, S. J. (2004). *Education for everyone.* San Francisco: Jossey-Bass/John Wiley.

Guralnick, M. (Ed.). (2001). *Preschool inclusion.* Baltimore: Paul H.Brookes.

Hanft, B. E., Rush, D. D., & Shelden, M. (2004). *Coaching families and colleagues in early childhood.* Baltimore: Paul H.Brookes.

Hemmeter, M. L. (2000). Self-Assessment: Child-focused interventions. In S. Sandall, M. McLean, & B. Smith (Eds.), *DEC recommended practices* (pp.121-124). Longmont, CO: Sopris West.

Hyson, M. (Ed.). (2003). *Preparing early childhood professionals: NAEYC's Standards for Programs.* Washington, DC: National Association for the Education of Young Children.

Jalongo, M. R., & Isenberg, J. P. (2008). *Exploring your role: An introduction to early childhood education* (3rd ed.). Upper Saddle River, NJ: Merrill/Pearson Education.

Larrivee, B. (2008). *Authentic classroom management.* Boston: Pearson Education.

LaRocco, D., & Bruns, D. (2005). Advocacy. *Young exceptional children 8*(4), 11-18.

LaRocque, M., & Darling, S. (Eds.). (2008). *Blended curriculum in the inclusive K-3 classroom.* Boston: Allyn & Bacon/Pearson Education.

McWilliam, R. (2005). Assessing the resource needs of families in the context of early intervention. In M. Guralnick(Ed.), *The developmental systems approach to early interven-*

tion(pp.215-234). Baltimore：Paul H.Brookes.

McWilliam，R.，& Casey，A. (2008). *Engagement of every child in the preschool class-room*. Baltimore：Paul H.Brookes.

Miller，P.，Ostrosky，M.，Laumann，B.，Thorpe，E.，Sanchez，S.，& Fader-Dunne，L. (2003). Quality field experiences underlying performance mastery. In V. Stayton，P. Miller，& L. Dinnebeil (Eds.)，*Personnel preparation in early childhood special education；Implementing the DEC recommended practice* (pp.113-138). Longmont，CO：Sopris West.

Pianta，R.，La Paro，K.，& Hamre，B. (2007). *Classroom assessment scoring system*. Baltimore：Paul H.Brookes.

Reagan，T. G.，Case，C. W.，& Brubacker，J. W. (2000). *Becoming a reflective educator：How to build a culture of inquiry in the schools*. Thousand Oaks，CA：Corwin Press.

Robinson，A.，& Stark，D. (2002). *Advocates in action*. Washington，DC：National Association for the Education of Young Children.

Rous，B.，& Hallam，R. (2007). *Tools for transition in early childhood*. Baltimore：Paul H.Brookes.

Sandall，S.，Hemmeter，M. L.，Smith，B.，& McLean，M. (2005). *Recommended practices：A comprehensive guide*. Longmont，CO：Sopris West.

Shonkoff，J.，& Phillips，D. (2001). *From neurons to neighborhoods*. Washington，DC：National Academy Press.

Stayton，V.，Miller，P.，& Dinnebeil，L. (2003). *Personnel preparation in early childhood special education：Implementing the DEC recommended practices*. Longmont，CO：Sopris West.

Trawick-Smith，J. (2008). *Child development：A multi-cultural perspective*. Upper Saddle River，NJ：Merrill/Pearson Education.

Turnbull，R.，Turnbull，A.，Shank，M.，& Smith，S. (2004). *Exceptional lives*(4th ed.). Upper Saddle River，NJ：Merrill，Prentice Hall.

Turnbull，R.，Turnbull，A.，& Wehmeyer，M. (2007). *Exceptional lives*(5th ed.). Upper Saddle River，NJ：Merrill/Pearson Education.

Vygotsky，L. (1978). *Mind in society：The development of higher psychological processes*. Cambridge，MA：Harvard University Press.

Wah，L. M. (2004). *The art of mindful facilitation*. Oakland，CA：Stir Fry Seminars and Consulting Useful Resources.

Walsh, S., & Taylor, R. (2006). *Understanding IDEA: What it means for preschool children with disabilities and their families*. Reston, VA: Division of Early Childhood, Council for Exceptional Children.

Winton, P., McCollum, J. A., & Catlett, C. (Eds.). (2008). *Practical approaches to early childhood professional development*. Washington, DC: Zero to Three.

Yost, D. S., Forlenza-Bailey, A., & Shaw, S. F. (1999). The teachers who embrace diversity: The role of reflection, discourse, and field experience in education. *The Professional Educator*, 21(2), 14.

图书在版编目(CIP)数据

儿童早期融合教育实用指导/(美)安·M.格林伯格
(Ann M. Gruenberg),(美)瑞吉娜·米勒
(Regina M. Miller)著;苏雪云,吴择效译. —上海:
上海人民出版社,2018
(特殊教育系列丛书)
书名原文:A Practical Guide to Early Childhood
Inclusion:Effective Reflection
ISBN 978-7-208-14924-3

Ⅰ.①儿… Ⅱ.①安… ②瑞… ③苏… ④吴… Ⅲ.
①儿童教育-特殊教育 Ⅳ.①G764

中国版本图书馆 CIP 数据核字(2017)第 302178 号

责任编辑 李　莹
封面设计 陈　酌

特殊教育系列丛书
儿童早期融合教育实用指导
[美]安·M.格林伯格 [美]瑞吉娜·米勒 著
苏雪云 吴择效 译

出　　版 上海人民出版社
　　　　　(201101　上海市闵行区号景路 159 弄 C 座)
发　　行 上海人民出版社发行中心
印　　刷 常熟市新骅印刷有限公司
开　　本 720×1000　1/16
印　　张 17.75
插　　页 4
字　　数 343,000
版　　次 2018 年 5 月第 1 版
印　　次 2021 年 10 月第 2 次印刷
ISBN 978-7-208-14924-3/G·1878
定　　价 78.00 元

Authorized translation from the English language edition, entitled A Practical Guide to Early Childhood Inclusion：Effective Reflection, First Edition, ISBN：9780132402198 by Ann M.Gruenberg, published by Pearson, Education, Inc, Copyright © 2011.

All rights reserved. No part of this book may be reproduced or transmitted in any form or by any means，electronic or mechanical，including photocopying, recording or by any information storage retrieval system，without permission from Pearson Education，Inc.

Chinese language edition published by Shanghai People's Publishing House, Copyright © 2018.

本书中文简体字版由培生教育出版公司授权上海人民出版社出版，未经出版者书面许可，不得以任何形式复制或抄袭本书的任何部分。
本书封面贴有 Pearson Education(培生教育出版集团)激光防伪标签。无标签者不得销售。